아이의 마음을 읽는 연습

관계 편

옮긴이 **김락준**

중국어 출판서적 전문 번역가로 충북대학교 중어중문학과를 졸업하고, 베이징공업대학과 상하이재경대학에서 수학했다. 현재 출판 번역 에이전시 베네트랜스에서 전속 번역가로 활동 중이다. 옮긴 책으로 『칼 비테의 자녀 교육법』 『부모 대학』 『엄마가 아이에게 들려주는 맨 처음 가르침 49가지』 『현명한 엄마의 대답 77가지』 『고집불통 내 아이를 변화시키는 대화의 기술』 『좋은 엄마가 좋은 선생님을 이긴다(공부 편)』 『좋은 엄마가 좋은 선생님을 이긴다(인성 편)』 등이 있다.

아이의 마음을 읽는 연습

아이와 엄마가
함께 행복해지는
감동 부모 수업

관계 편

인젠리 지음 | 김락준 옮김

디엔
에듀

아이의 마음을 읽는 게 교육의 시작이다

아기가 탄생하는 순간은 사실 엄마가 탄생하는 순간이기도 하다. 아기는 순간순간 엄마의 생명에 새로운 의미를 부여하고 엄마의 마음과 생각을 새롭게 바꾸며 일상생활을 응당 있어야 할 존재로 생명력 있게 만든다. 엄마가 어떤 교육관을 가졌느냐에 따라 작은 육체가 표현하는 영혼의 모습이 달라진다. 아이의 성격은 엄마의 말과 행동에서 뿌리를 찾을 수 있는데, 엄마는 아기 인생의 첫 페이지를 장식하는 작가다.

『아이의 마음을 읽는 연습』의 저자인 인젠리는 좋은 엄마의 표본이다. 여기에서 '좋다'는 지혜롭고 이성적이며 자녀 교육 이론에 통달해 있고 감성, 협력 정신, 용기를 지닌 것을 의미한다. 그녀의 책, 교육관, 문제를 처리하는 방법에서 이들 장점을 어디서나 찾아볼 수 있다. 그녀는 자녀 교육의 문제점을 지적하는 데서 그치지 않고 많은 부모들이 미처 알아차리지 못한 문제의 근원을 파헤치고 해결 방법까지 제시하고 있다. 이 점이 매우 중요하다.

인젠리는 전통 교육의 오류를 사소한 것까지 용감하게 바로잡는다. 특히 대수롭지 않아 보이는 일에서도 모두의 뒤통수를 치는 일침을 가한다. 그녀의 말처럼 아이의 영혼에 관한 교육은 부모의 처세술, 행동 규범, 도덕관과 심리 건강 상태를 총망라하는 경계가 없는 일이다.

농부가 성급하게 호미로 옥을 조각하면 어떻게 될까? 옥은 산산조각이 나고 원래의 가치마저 잃게 될 것이다. 사실 모든 부모는 옥을 지녔지만 조급함, 단편적인 지식, 감정 통제 실패라는 호미로 옥을 망가뜨린다. 인젠리는 말한다.

"지나친 자신감은 현대인을 스스로 반성하지 못하게 만드는 함정에 빠뜨렸다."

예를 들어 어떤 박사는 중년에 얻은 두 살짜리 아들이 어른의 말을 안 듣고 놀기만 하자 예절을 가르치기 위해서 수시로 장난감을 빼앗고 "어른이 물으면 '예', '아니오'라고 대답해!"라고 엄격하게 가르쳤다. 이 아이에게 세상은 얼마나 두려운 곳일까? 박사 학위를 가진 이 부모는 사랑이라는 이름 아래 옥을 호미로 망치는 일을 자행한 것이나 다름없다. 지옥행 문은 때때로 호의를 통해서도 열린다. 일부 부모는 자녀가 무기력한 것을 사회, 교육 정책, 시대 탓으로 돌린다. 그러나 인젠리 작가는 모든 아이의 내면세계를 보호할 수 있는 완벽한 교육 정책을 가진 국가는 없다고 못을 박는다. 아이가 어떤 모습으로 성장하느냐는 부모, 가족, 교사가 어떤 환경을 조성하느냐에 달렸다는 것이다. 다시 말해 교육 환경은 아이의 성장에 영향을 주는 결정적인 요인이다.

연약해 보이는 외모와 달리 강인한 내면을 지닌 인젠리는 모든 부모가 손안에 귀한 옥을 가진 이상 반드시 정확하게 조각해야 한다고 말한다.

인젠리는 성실하고 현실적인 어머니다. 그녀의 책에서는 아이를 속이는 오만함, 허영심, 난폭함이 아니라 전문적이고 침착하고 의지가 굳은 어머니의 지혜를 발견할 수 있다.

푸레이(傅雷, 중국의 유명한 번역가이자 작가, 교육가-옮긴이)는 『장 크리스토프』의 번역 후기에서 아동이 세상에서 느끼는 두려움은 어른에 뒤지지 않을 정도로 크다고 말한다. 어린 시절의 기억, 특히 어두운 기억은 호르헤 루이스 보르헤스, 칼 구스타프 융, 마르셀 프루스트, 샬럿 브론테 등이 지적한 것처럼 아동에게 두려움을 남기고 마음의 문을 굳게 닫게 만든다. 심리적인 고통은 쉽게 드러나지 않지만 성장하는 내내 아이의 영혼에 독소처럼 퍼지므로 엄마의 역할이 매우 중요하다.

장양(張揚) 감독은 어느 텔레비전 프로그램에서 어려서 아버지에게 맞은 아픈 기억을 털어놓은 적이 있다. 사실 1960년대에 태어난 사람들 중에는 부모에게 맞고 자란 사람이 많다. 문화 수준이 낮고 교육적으로 무지했던 지난 1960~1970년대의 부모님 세대는 자녀의 따귀나 발바닥을 때리는 것을 당연하게 여겼다. 하지만 2000년대에 들어 자녀를 버릇없이 제멋대로 키우는 부모, 사랑이라는 이름으로 폭력을 행사하는 부모, 책가방의 무게와 수강하는 학원의 개수로 아이의 지능과 재능을 평가하는 부모 등 극단으로 치닫는 부모들이 생기기 시작했다. 그리고 이들 부모 밑에서 의식주에 대한 걱정이 없고, 외모에 관심이 많고, 지능은 높지만 공격적인 '컴퓨터 아동'이 대량 '생산'되자 사람들은 뒤늦게 가정 교육의 중요성을 깨달았다.

인젠리는 자녀를 욕하고 때리는 '도저히 봐줄 수 없는' 부모를 '양복을 입은 야만인'이라고 부른다. 가족은 가장 기본적인 인간관계다. 사람은 어떤 행동을 할 때 어떤 결과가 생길지 직감적으로 안다. 예를 들어 아이를 때리는 부모는 자신이 아이를 때리면 화가 풀리고 아이가 자신에게 반항하지 않을 것을 알기에 대놓고 권위를 내세운다. 또한 스스로 아이의 '주인'이라고 생각하기 때문에 번번이 화를 참지 않는다.

인젠리는 말한다.

"어떤 사람들은 어른이라는 유리한 입장을 이용해서 그저 장난 삼아 아이를 실수에 빠뜨리고 울리고 두려움에 떨게 만든다. 그 결과 아이는 수치심, 걱정, 실망감을 느낀다."

첸리췬(錢理群) 교수는 이 책을 "용기가 있고 사상이 있고 지혜가 있는 책이다"라고 평가했다. 기계적인 교육 프로그램이 범람하는 시대에 인젠리의 책은 버팀목이 되어 준다. 가장 중요한 점은 '아이를 사람으로서 진심으로 존중하라'는 가장 기본적인 생각을 널리 퍼뜨린다는 것이다. 이것은 매우 사소하지만 지키기 어려운 부분이다.

— 쉬훙(徐虹), 서평가 및 작가

엄마가 먼저 변해야 아이도 변해요

전작 『좋은 엄마가 좋은 선생님을 이긴다』 출간 후 많은 독자가 상담 메일을 보내왔어요. 지난 몇 년 동안 약 22만 통의 이메일을 받았습니다. 독자분들이 제게 도움을 요청하기까지 얼마나 망설였을지 잘 알아요. 때문에 책에서 답을 찾을 수 있는 경우를 제외하고는 행여 절박한 도움 요청을 빼놓을세라 모든 사연을 읽고 답장을 보냈어요.

그중 기억에 남는 사연을 하나 들려드릴게요. 사연의 주인공은 7살 아이 여우여우와 그 어머니입니다. 어느 날 집에 있던 딸이 그림책이 아닌 두꺼운 책을 읽고 있더랍니다. "여우여우, 지금 무슨 책 읽어?" 라고 묻자 "엄마, 『좋은 엄마가 좋은 선생님을 이긴다』라는 책인데 너무 재미있어요. 엄마도 같이 읽어요."라고 말했지요. 같이 읽자는 아이의 말을 차마 거절할 수가 없어서 그날부터 잠자기 전에 그림책 대신에 제 책을 읽었다고 합니다. 아이와 함께 책을 읽은 후 여우여우 가족은 세상을 보는 관점이 바뀌었습니다. 여우여우의 엄마와 아빠는 제 책에 나온 교육 방법을 하나씩 적용했어요. 아이가 시험을 잘 봐도 상을 주지 않고, 강물을 분홍색으로 색칠해도 괜찮다고 말해주는 것처럼요. 그러자 여우여우도 자연스럽게 변화했어요. 이를 보여주는 메일 내용은 아래와 같아요.

지난주에 감기에 걸린 남편이 열이 40도가 넘어 병원에 가서 피 검사를 받았어요. 대기실에서 기다릴 때 뒤쪽에 대여섯 살 된 여자아이가 잔뜩 겁을 먹은 채로 "엄마, 주사 맞기 싫어요. 무서워요……"라고 투정을 부리더라고요. 아이 엄마는 별것 아니라는 말투로 "주사 맞아도 하나도 안 아파"라고 말했죠. 아이는 엄마의 말을 믿지 않는 눈치였고, 여전히 무서운지 엄마 뒤로 숨었어요. 이때 여우여우가 아이의 말을 듣고 아이 엄마에게 말했어요.

"아줌마, 주사를 맞으면 하나도 안 아픈 게 아니라 조금 아파요. 개미에 물린 것처럼 조금 따끔해요."

엄마 등 뒤에 숨은 여자아이는 여우여우의 말을 듣고 호기심에 고개를 빼죽이 내밀더라고요. 여우여우는 여자아이에게 말했어요.

"울어도 똑같이 따끔하니까 조금만 참아."

여자아이의 엄마는 여우여우의 말을 인정하는 듯 따뜻하게 웃어주었고, 여자아이는 언제 긴장했냐는 듯이 대기실에서 여우여우와 장난을 치고 놀았답니다.

여우여우는 더 이상 주사를 두려워하지 않게 되었고, 자기만의 방식으로 또래 친구가 겁을 먹지 않게 도와주었어요. 『아이의 마음을 읽는 연습』은 여러분도 여우여우의 가족처럼 변화할 수 있길 바라는 마음에서 시작되었습니다.

현대인은 바빠요. 또한 각종 이해관계로 서로 복잡하게 얽혀 있어요. 때문에 일부 현실적인 문제는 해결책을 느긋하게 기다리지 못하고 당장 적용할 수 있는 명쾌한 답이 필요한데, 제 책에서 맞춤형 답을 찾으셨다는 분이 많았어요. 실제로 많은 부모님이 제 책을 읽고 선택과 판단 측면에서 많은 도움을 받았으며, 일상생활과 자녀 교육이 근본적으로 변했다고 말씀하셔서 매우 기뻤어요. 그리고 문득 더 많은 부모님과 더 구체적이고 현실적인 자녀 교육 지혜를 나누기 위해서 일대일 방식의 문답집을 출간하기로 했습니다.

갓 태어난 아기는 모두 똑같이 말도 못하고 숫자도 못 세고 그림도 못 그려요. 그저 호기심 어린 눈빛으로 주변을 관찰하기만 해요. 하지만 부모에게 어떤 교육을 받느냐에 따라서 어떤 아이는 깨끗한 백지에 예쁜 그림을 그려나가는가 하면 어떤 아이는 엉망진창인 그림을 그려나가요. 완성된 그림은 다시 수정하기가 어렵고, 잘 그린 그림은 스스로 망치고 싶어 하지 않아요.

자녀 교육의 참된 자세는 부모 스스로 더 나은 사람이 되기 위해서 노력하는 것이에요. 자녀를 잘 교육하려면 부모가 먼저 성장해야 한다는 말이죠. 다른 사람들의 조언은 갈림길의 표지판처럼 정확한 방향을 가르쳐줄 수 있지만 목표 지점에 도달하기 위해서는 여전히 부모 스스로 발걸음을 내딛어야 해요. 목표 지점까지 가는 길이 의심, 불안, 갈등으로 험난할 수 있지만 자신을 믿고 끝까지 노력하면 반드시 도달할 수 있어요.

모든 아이는 엄마 아빠에게 무엇이 진정한 사랑인지 가르쳐주기 위해서 찾아온 천사예요. 인생의 목표는 다양할 수 있지만 최고의 목표는 '사랑'을 배우고 실천하는 것이죠. 아이를 키우는 과정에서 부모도 아이 못지않게 성장합니다. 세상에 모든 것이 사라져도 사랑과 자비심은 사라지면 안 돼요.

"한 권의 책이 지혜를 깨우쳐주고 인생을 바꿔주면 진실로 소유할 만하다"라는 글을 본 적이 있어요. 책의 가치와 의미는 저자가 단독으로 정하는 것이 아니라 저자와 독자가 함께 만드는 것이에요. 저에게 상담 요청 메일을 보냈던 모든 독자분들께 감사의 마음을 전합니다. 그리고 지금부터 이 책을 읽는 여러분도 여우여우의 가족처럼 행복할 수 있었으면 좋겠습니다.

– 베이징에서 인젠리

1장 지나친 관심으로 아이의 영역을 침범하지 마세요
부모와 자녀 사이의 적당한 거리

2장　사랑이라는 이름으로 아이를 통제하지 마세요

사랑을 제대로 표현하는 방법

3장　천천히 자라면 아이의 마음이 단단해져요

아이의 감정을 이해하는 소통

4장 건강한 관계가 자녀 교육의 시작이에요

인간관계가 자녀에게 미치는 영향

5장　부모의 자존감이 아이의 행복을 결정해요

아이와 부모의 자존감

1장

지나친 관심으로
아이의 영역을
침범하지 마세요

부모와 자녀 사이의 적당한 거리

●

모든 관계는 서로 적당히 선을 지킬 때 잘 유지돼요.
아이는 부모의 부속물이 아닙니다.
완전히 분리되고 독립적인 존재임을 인식하세요.
생명을 살찌우는 가장 좋은 양분은 진정한 사랑과 자유입니다.
빨리 자라라고 비료를 주고
강제로 모를 뽑아 올리는 것은 '특급' 실수예요.

아이가 제 관심을 거부해요

딸아이가 한 명 있어요. 곧 열다섯 살이 되는데 저와 사이가 안 좋아요. 특히 딸아이가 저의 관심을 거부하는 것이 가장 마음 아파요. 그렇다고 다 큰 아이를 때릴 수도 없고, 그저 울거나 자학하며 아이를 겁주는데 이 방법도 잘 통하지 않아요. 어떡하면 좋을까요? 딸과 충돌하는 상황은 대부분 다음과 같아요.

1. 요즘 날씨가 추워져서 따뜻하게 입고 다니라고 말하는데 도대체가 말을 안 들어요.

2. 딸아이가 좋아하는 신발(아이가 직접 산 신발인데 제 마음에 들지 않아

요)이 다 낡아서 새로 사 줬더니 기어코 헌 신발을 신고 다녀요.

3. 어느 날 아이가 학원을 마치고 집에 돌아올 시간에 비가 내렸어요. 아이가 우산도 안 챙겨 갔는데 날씨도 쌀쌀해서 우산을 들고 마중을 나갔더니 고마워하기는커녕 쌩 하고 혼자 저만치 앞서 걸어가지 뭐예요?

정말 딸 때문에 너무 속상해서 어떻게 해야 할지 모르겠어요. 선생님, 도와주세요.

 ## 아이의 사생활을 존중해 주세요

어머님은 딸아이가 인정 없고 엄마의 관심을 거부한다고 하지만, 제가 보기에는 어머님이 아이의 사생활 영역을 지나치게 많이 침범하고 있네요. 본의 아니게 자녀의 사생활을 방해하고 있다고나 할까요? 어머님은 스스로 '경계선'을 넘어 놓고 '침략'을 당한 딸이 왜 화를 내는지 모르고 있어요.

어머님은 자녀를 아끼는 마음에 자녀의 모든 생활에 개입하고 있어요. 동기는 좋아요. 하지만 결과는 그렇지 못하죠. 어머님의 신경은 온통 아이가 자기 의견이나 도움을 받아들이느냐 아니냐에 쏠려 있어요. 아이가 어머님의 의견이나 도움을 필요로 하는지는 신경 쓰지 않고요. 이를테면 첫 번째 사례에서 날씨가 추우니까 옷을 따뜻하게 입고 다니라는 말에 딸이 싫다고 해서 의견 충돌이 일어났어요.

먼저 외투를 껴입는 것은 누구의 일인가요? 아이의 일인가요, 엄마의 일인가요? 만약에 전자라면 아이에게 따뜻하게 입고 다니라고 상기만 시켜 주면 돼요. 강요할 일이 아니란 거지요. 물론 어머님은 "우리 애는 날이 추운지 더운지 잘 몰라서 제가 일일이 가르쳐 줘야 해요"라고 할 수도 있어요. 하지만 중학생인 딸을 그렇게 생각하는 것은 자녀를 무시하는 것일뿐더러 자녀의 지능을 모욕하는 것이에요.

한때 인터넷에서 유행했던 글이 있어요. 아마 글의 제목이 '엄마만 느끼는 추위'였던 것 같아요. 어느 선선한 가을 아침에 초등학교 학생들이 교문에 들어섭니다. 이 중에는 얇은 긴팔을 입은 아이도 있고 짧은 반팔을 입은 아이도 있죠. 그런데 어떤 여자아이가 패딩을 입고 등교해요! 너무 더워 보였어요. 한 남자아이가 물었어요. "가을에 왜 패딩을 입어? 너 감기 걸렸어?" 여자아이가 하늘을 보고 체념하듯 말해요. "감기는 무슨. 엄마가 추울 것 같으니까 입고 가래." 보세요. 아이의 의견을 존중하지 않고 자기 생각만 강요한 이 엄마의 이해심은 얼마나 부족한가요? 이 글이 인터넷에서 크게 유행한 것은 무얼 의미할까요? 현실에 이런 엄마들이 매우 많다는 거예요. 어머님은 자신도 모르게 이 대열에 합류한 거고요.

어머님은 서로 의견이 충돌할 때 아이는 반드시 자기 의견을 포기하고 나의 의견에 복종해야 하고, 언제나 나의 생각은 옳고 딸의 생각은 그르다고 여기고 있어요. 때문에 어머님이 아이를 위해 산 신발은 예쁘지만 아이가 직접 산 신발은 안 예쁘고, 어머님이 사 준 신발을 신지 않고 자신이 산 신발만 신는 아이의 행동이 가소롭고 못되게 느껴지시는 거예요. 이뿐인가요? 아이는 어머님의 선택과 관심을 받아들이고 마땅히 감사하게 생각해야 해요. 어머님의 논리가 얼마나 강압적인지 느껴지시나요?

지금 어머님은 딸아이보다는 어머님의 필요, 요컨대 '내 의견이 관철되느냐', '마땅한 피드백을 받느냐'에 더 많은 신경을 쓰고 있어요. 그래서 자신의 목적을 달성하기 위해 때리고 욕하는 강압적인 방식, 울거나 자신을 학대하는 위협적인 방식까지 써서 아이를 통제하는 거예요. 어머님은 엄마에 대한 아이의 감정과 어른에 대한 존중심을 이용해, 아이의 심리를 꽁꽁 동여매고 있어요. 이런 상황에서 아무 때나 '관심'을 갖고 딸아이의 세계를 침범하면 아이의 정신은 고스란히 방해를 받아요. 어머님은 '난 책임감이 강한 엄마야'라고 생각하겠지만 아이가 느끼는 것은 사랑이 아니라 통제예요. 딸아이에게 엄마는 침략자와 같아요. 침략자로부터 자신을 보호하려면 어떻게 해야 할까요? 사사건건 저항하는 수밖에요. 아마 어머님은 아이가 어릴 때부터 경계선을 넘어 일일이 간섭했을 테고, 그동안 아이는 엄마의 간섭과 강압으로부터 자신을 보호하는 데 많은 에너지를 썼을 거예요. 이런 상황에서 딸아이가 어머님의 관심을 받아들일 수 있을까요? 비 오는 날 우산을 가져다줘도 본능적으로 불쾌함을 표현할 수밖에 없는 상태일 거예요.

모든 관계는 서로 적당히 선을 지킬 때 잘 유지돼요. 모녀 관계도 마찬가지죠. 지금 어머님은 딸아이에 대한 사랑이 지나친 것이 문제예요. 이렇게 생각하는 게 어떨까요?

아이는 엄마와 분리된 완전히 독립적인 존재임을 인식하세요. 아이는 엄마의 부속물이 아니에요. 부모와 자녀는 평등한 관계입니다. 딸아이의 자주적인 선택을 존중해 주세요. '내 생각은 옳고 네 생각은 틀려. 내가 괜히 이러니? 이게 다 널 위한 거잖아. 내 말을 안 듣는 건 옳지 않아'와 같이 일방적인 사고방식으로 자녀의 모든 일에 엄마의 생각을 강요하지 마세요.

지금처럼 아이를 사랑하되 관심이라는 이름으로 아이를 방해하지 말고, 구체적인 일에 대한 관심을 줄여 보세요. 하고 싶은 말이 있어도 꾹 참고 아이 앞에서 조금 '약해'지세요. 조금 '무능'해져 보세요. 관심을 조금 줄인다고 해서 딸에게 문제가 생길까 혹은 스스로 좋은 엄마가 되지 못할까 걱정하지 마세요. 엄마의 간섭이 줄어들면 아이의 상황은 더 좋아질 거예요. 자신감을 가지세요.

심리적으로 딸아이에게 줄 수 있는 최고의 응원은 신뢰와 기다림이에요. 이것이 가장 진실한 사랑이에요. 아이가 무슨 일을 겪든 스스로 결정하고 행동하게 지켜봐 주세요. 아이에게는 충분히 그렇게 할 수 있는 능력이 있어요. 물론 실수할 때도 있을 거예요. 그러면 실수한 대로 결과를 받아들일 수 있게 놔 두세요. 실패를 왜 두려워하죠? 실패의 가치를 보세요. 실패하지 않으면 무엇이 좋은 것인지 알 수 없어요. 설령 아이가 옷을 얇게 입어서 감기에 걸렸다고 쳐요. 이 일을 통해서 아이는 쌀쌀할 때 외투를 입지 않으면 어떤 불편함을 겪는지 알게 되지 않을까요? 한편으로 엄마가 아이의 옷차림을 일일이 신경 쓴다고 해서, 아이가 감기에 안 걸릴까요?

지금부터 드리는 조언은 매우 중요합니다. 과거에 경계선을 넘어 아이의 일에 일일이 간섭한 것에 지나치게 죄책감을 느끼거나 마음에 담아 두지 마세요. 누구나 자녀를 키우면서 실수를 해요. 자녀의 실수를 마음에 담아 두지 않듯이, 어머님의 실수도 마음에서 내려놓으세요. 실수는 고치면 되니까요. 그렇지 않고 과거의 실수에 연연하면 새로운 문제가 생겨요. 자기 자신을 진심으로 용서할 때, 자녀도 진심으로 받아들일 수 있어요.

딸아이에게는 아무 문제가 없으니 안심하세요. 아이에게 반항하는 용기가 있는 것은 어머님의 파괴력이 크지 않았고 어머니가 아이의 마음을 크게 다치게 하지는 않았다는 걸 의미해요. 단지 반항심을 조금 자극했을 뿐이죠. 저는 아이가 반항했다는 점에 외려 마음이 놓여요. 여전히 자유 의지가 살아 있고 독립적인 의식이 완전히 소멸하지 않았다는 증거이니까요. 어디까지가 엄마의 영역이고 어디까지가 자녀의 영역인지 서로 경계선을 확실하게 그으세요. 아이와 단순하게 지낼수록 모녀 관계는 더욱 화목해질 거예요.

행운이 함께하길 빕니다.

"자녀의 모든 일에 부모의 생각을 강요하지 마세요. 부모와 자녀는 평등한 관계입니다. 자녀의 일에 간섭을 줄이세요. 그러면 자녀의 상황이 더 좋아질 거예요."

아이의 마음을 어떻게 위로해야 할까요?

저에게는 네 살짜리 아들이 있어요. 어제가 시어머니 생신이라서 다같이 저녁 식사를 했는데 아이가 배가 고팠는지 허겁지겁 먹더군요. 아니나 다를까, 사레가 들어 숨이 넘어가게 기침을 해서 할아버지, 할머니, 고모까지 식사를 잠시 멈추고 얼른 위로해 줬어요.

"그렇게 천천히 꼭꼭 씹어 먹어야지. 우리 다음부터는 조심해서 천천히 먹자."

그런데 이 말을 들은 아이가 갑자기 밥을 안 먹겠다고 화를 내면서 엉엉 우는 거예요. 영문도 모르고, 모두가 어안이 벙벙했죠.

아들은 전에도 이런 적이 있어요. 예를 들어 어린이집에서 작은 시합을 종종 하는데, 잘하는 아이에게 작은 장미꽃을 줘요. 거의 모든 아이가 한 송이씩 받죠. 아들은 작은 장미꽃을 받으면 한껏 들떠서 종알종알 떠들지만, 가끔 못 받을 때는 저한테 말도 안 걸어요. 무슨 일 있냐고 물어도 대답도 안 하고 그냥 풀이 죽어 있어요. 그러면 제가 위로해 주죠.

"다음에 받으면 돼. 괜찮아."

그런데 이렇게 위로하면 아이가 더 우울해해요. 하지만 장미꽃을 못 받아 축 처져 있는 모습을 보고 위로를 안 할 수도 없고, 그렇다고 위로해 주자니 아이가 더 우울해하고…… 어쩌면 좋을까요?

남편과 저 모두 아들에게 관심이 많아요. 특히 아이 마음을 잘 이해하려고 노력하는 편이죠. 하지만 아들은 이런 부모의 마음을 몰라줘요. 위로를 하면 오히려 반감을 표하니, 이제는 어떻게 해 줘야 할지 모르겠어요.

선생님, 아이의 기분이 안 좋을 때 어떻게 마음을 위로해 주는 게 좋을까요?

 ## "천천히", "조심조심"은 최악의 말이에요

어머님의 메일을 읽고 갑자기 저의 못된 버릇 하나가 생각났어요. 저는 실수를 저질렀을 때 옆 사람이 조언이나 위로를 해 주는 것보다 못 본 척해 주는 걸 더 좋아해요. 예를 들어 평소에 길을 걷거나 계단을 올라갈 때 넘어지거나 비틀거리면 같이 가던 사람이 말하죠. "조심해!", "그러게 앞 좀 보고 다녀!" 물을 마시다가 사레가 들어도 "누가 안 빼앗아 먹어. 천천히 마셔"라고 하고요. 다 저를 걱정해서 하는 말이라는 것을 알아요. 하지만 가뜩이나 창피한 상황에서 이런 관심을 받으면 기분이 썩 좋지는 않아요. 도리어 더 숨고 싶죠. 차라리 옆에 있는 사람이 아무 말도 안 하면 덜 창피하고 좋더라고요.

어쩌면 '인정머리' 없는 저의 이러한 모습은 전통적인 습관에도 맞지 않고 가족이 지켜야 하는 예절에도 맞지 않아요. 하지만 인간관계에서 옳고 그름은 남이 아니라 당사자의 느낌으로 정해야 한다고 생각해요. 최고의 예절은 풍습에 맞는 행동이 아니라 상대방을 편안하게 해 주는 행동 아닐까요? 제 경우를 예로 들어 볼게요. 제가 걸어가다가 넘어졌어요. 그러자 옆에 있는 사람이 아무 말도 하지 않고 그냥 손을 내밀어 일으켜 주고 다친 곳이 있나 살피며 옷의 흙을 털어 줘요. 아니면 아무 일 없다는 듯 가만히 기다렸다가 제가 다시 걷기 시작하면 아무렇지 않게 대화를 이어 가요. 차를 마시다가 너무 뜨거워서 조금 흘리면, 옆 사람이 아무 말 없이 티슈만 건네주고 창 밖을 쳐다보거나 다른 친구와 계속 이야기해요. 제가 기침을 하든 콧물을 흘리든 못 본 체하다가 제가 괜찮아지면 마치 아무 일 없었던 것처럼 계속 화제를 이어 대화를 하고요. 저는 옆에 있는 사람이 제게 이렇게 해 줄 때 편안함을 느끼고, 이것을 예의로 여깁니다.

우리는 남에게 지나치게 관심이 많아서, 그렇지 않은 사람을 냉정하다고 생각하는 경향이 있어요. 하지만 조금 더 깊게 생각해 볼까요? "천천히 해" 혹은 "조심해"는 과연 진심으로 상대방을 걱정해서 하는 말일까요, 상대방에게 그저 자신의 관심을 표현하기 위해 하는 말일까요? 사레가 들었을 때 조심하지 않아서 사레가 들었을까요? 계단에서 발목을 삐끗했을 때 조심하지 않아서 삐끗한 것일까요? 상대방의 지능을 폄하하는 말로 관심을 표현하면 상대방의 기분이 좋을까요? 최고의 예절과 선의는 상대방이 편안해하고 스스로 자신이 쓸모 있는 사람임을 느낄 수 있도록 상황에 맞는 예의를 지켜 주는 것이에요. 많은 사람이 이 점을 망각하고 형식적인 말을 해 주는 것을 예의라 생각하고, 필요 없는 지적을 해 주는 것을 도와주는 것이라고 생각해요. 이것이 잘못임을 인식하지 못할 정도로 이런 습관이 매우 깊게 침투해 있어요. 성인과 아동의 관계에서는 더더욱 그래요.

아이가 국물을 흘리는 것, 걷다가 넘어지는 것, 실수로 컵을 깨뜨리는 것, 물을 마시다가 사레가 드는 것, 신발을 거꾸로 신는 것, 문을 쾅 닫는 것, 숙제를 하다가 틀리는 것, 시험을 못 보는 것…… 이 모든 것이 아이의 일상생활이에요. "천천히 해", "똑바로 해야지", "조심해"라는 주의를 듣기 딱 좋은 상황들이죠. 예전에 어느 바닷가에서 서너 살 된 아이가 모래 위를 마구 뛰어다니며 노는데 아이 아빠가 끊임없이 "천천히, 천천히!"라고 말하는 것을 들은 적이 있어요. 어떻게 하면 아이가 다치지 않고 천천히 뛰어 놀 수 있는지 이 아빠는 정말 모르는 거예요.

형식적인 주의를 주는 것은 아이에게 도움이 안 돼요. 그저 짜증만 나게 하죠. 아이가 일상적인 행동을 완벽하게 하지 못하는 것은 당연해요. 처음부터 잘하는 사람은 없으니까요. 하지만 그럴 때마다 부모가 입버릇처럼 "천천히", "조심조심"이라고 말하는 것은 자녀에게 "넌 너무 덤벙거려", "네가 하는 일이 그렇지 뭐", "이러니 내가 따라다니면서 잔소리를 안 해?"라고 말하는 것과 같아요. 아이도 잘하고 싶고 칭찬을 듣고 싶어요. 때문에 자신이 충분히 잘하지 못하는 것을 알면 매우 괴로워하죠. 이때 부모가 "조심해"라고 말하면 아이는 자신의 '부족함'을 남에게 들켰다는 것을 알고 불편해해요. 신경 쓰는 사람이 많아질수록 부끄럽고 괴로운 마음은 더 커져요.

이제 왜 아이가 모두의 관심과 위로를 받는 상황에서 '이상 반응'을 보이는지 이해가 갈 거예요.

아이가 음식을 먹다가 사레가 들면 사실 살짝 기침을 하면 괜찮아져요. 모두가 관심을 가질 필요도 없고 주의를 줄 필요도 없어요. 어른들이 갑자기 관심을 표현하면서 너도나도 한마디씩 말하는 것은 아이에게 당혹스러움만 느끼게 할 뿐이에요. 그런 상황에서 아무 말도 안 하면 불친절하게 보일까 걱정하는 사람이 있는데, 이것은 자신의 우월함과 체면을 추구하는 것이지 진심으로 아이의 기분을 이해하는 것이 아니에요. 아이가 여러 사람 앞에서 체면을 잃고 바보가 되었다고 생각할 때 화를 내지 않으면 뭘 할 수 있을까요? 그런 방식을 써서라도 자신의 체면을 되찾는 수밖에요. 아이가 불만을 표현하면 오히려 다행이에요. 가엽게도 예민하고 내향적인 아이는 이런 억울한 지적을 그냥 받아들이거든요.

어린이집 시합 문제와 관련해서 어머님의 위로 방식과 아이의 반응도 같은 선상에서 이해할 수 있어요. 부모가 말과 행동을 조심하지 않고 아이에게 과도한 관심을 표현하면 아이는 당혹스러운 나머지 불쾌해질 수 있어요. 한번 이렇게 해 보세요. **아이가 난처하지 않게 사소한 실수는 못 본 체해 주세요.** 아무 말도 하지 않고 즐거운 마음으로 아이를 대해 주세요. 그러면 아이가 스스로 자기감정을 조절할 거예요.

아이의 심리를 자상하게 보살피는 것도 사랑이에요. **불필요한 주의와 위로는 부모에게 만족감을 주지만 아이에게는 불신과 모욕감을 줄 수 있어요.** 제가 주장하는 "신경 쓰지 않는 것이 최고로 신경 쓰는 것이다"라는 말은 아이의 행동만 보지 말고 마음도 들여다보자는 거예요. 이 미묘한 차이를 어머님도 느껴 보시길 바랍니다.

"부모가 입버릇처럼 '천천히', '조심조심'이라고 말하는 것은 자녀에게 '넌 너무 덤벙거려', '네가 하는 일이 그렇지 뭐', '이러니 내가 따라다니면서 잔소리를 안 해?'라고 말하는 것과 같아요."

규칙을 지키는 습관을
길러 주고 싶어요

저는 화를 잘 내는 엄마예요. 어린이집에 다니는 세 살짜리 딸 때문에 고민이 많습니다. 예를 들어 어제저녁만 해도 아이가 어린이집에서 늦게 돌아와 굳이 만화를 보겠다는 거예요. 그래서 반만 보고 자기로 했고, 아이는 알겠다고 대답했어요. 절반쯤 봤을 때 세수도 하고 잘 준비도 해야 해서 만화를 껐어요. 아이가 입을 삐쭉삐쭉하더니 대성통곡을 하더군요. 결국 전 강제로 세수를 시키고 말았어요. 딸에게 "자기가 한 말은 지켜야지, 그렇지 않으면 나중에 쓸모 없는 사람이 된다"라고 말했더니 울면서 다시는 안 그러겠대요. 하지만 그것도 잠시였죠. 다시 만화를 보고 싶다고 하는 것을 겨우 야단을 쳐서 재웠어요. 화를 내고 싶지 않았지만 인내심이 바닥난 걸 어떡해요. 화를 참으려고 해도 딸이 한사코 만화를 보겠다고 고집을 피워서 어쩔 수 없었어요.

저는 시부모님과 함께 살아요. 시부모님이 손녀딸을 매우 예뻐하셔서 어젯밤 일로 저와 얼굴까지 붉혔어요. 남편은 만화를 보게 내버려두라는데 저는 어린이집에 다니는 나이가 되었으면 마땅히 교육을 시켜야 한다고 생각해요. 특히 약속을 지키는 습관은 어려서부터 키워 주는 것이 좋잖아요. 선생님께 여쭙고 싶어요. 약속을 잘 안 지키는 아이의 문제를 해결할 수 있는 좋은 방법이 있을까요?

 ## 고의로 아이를 곤란하게 하지 마세요

배가 고파서 꼬르륵 소리가 날 때 누가 맛있는 음식을 한 상 차려 가져다줬어요. 그런데 겨우 반쯤 먹었을 때 "반 정도 드셨으니 이제 그만 드세요"라고 말하고 갑자기 상을 들고 나가면 기분이 어떨 것 같으세요?

제가 무슨 말을 하고 싶은지 아실 거예요. 물론 어머님은 이렇게 말할 수 있어요.

"밥을 못 먹게 하면 안 되죠. 중간에 갑자기 수저를 놓아야 할 때 얼마나 괴롭겠어요. 하지만 그건 텔레비전을 보는 문제와는 달라요. 텔레비전을 보면 안 좋은 이유가 몇 가지 있어요. 일단 시력이 나빠지고, 텔레비전을 늦게까지 보면 이튿날 늦잠을 자서 좋은 생활 습관을 가질 수 없어요."

다 옳은 말씀이에요. 하지만 아이는 고작 세 살이에요. 세 살짜리 아이가 어떤 감정을 느끼고, 어느 정도의 이성과 의지를 발휘할 수 있는지 마음으로 느껴 보세요.

지금은 결혼을 하고 가정을 이루었지만 분명 남편분과 달콤하게 연애하던 시절이 있었을 거예요. 얼굴만 봐도 즐거웠던 시절이요. 그런데 엄마가 데이트 시간을 강제로 반으로 줄이고 결혼한 뒤에도 일 년에 6개월 정도는 친정에서 보내라고 강요해요. 어머님은 이런 강요를 받아들일 수 있나요? 아마 각종 이유를 대고 벗어나고 싶을 거예요.

물론 친정 어머니가 이렇게 강압적인 요구를 할 리 없어요. 당신께도 즐겁게 연애하던 시절이 있을 테니까요. 자녀의 행복을 바라는 엄마는 자녀에게 일부러 무리한 요구를 하지 않아요. 성인끼리는 서로 입장을 곤란하게 만들지 않고 서로서로 이해하는 모드가 비교적 잘 작동됩니다. 하지만 부모가 어린 자녀를 대할 때는 그렇지 않을 때가 많아요. 어떤 부모는 절대적인 권위자처럼 규칙을 통치 수단으로 삼고, 명령하는 것처럼 제안하고, 일부러 곤란하게 만드는 것을 교육이라고 생각해요. 이해심은 조금도 찾아볼 수 없죠. 예를 들어 어머님은 성인이 된 뒤에 한 가정의 딸에서 한 아이의 엄마가 되었어요. 하지만 한때는 어머님도 아이였어요. 내향성과 두려움, 필요와 억울함, 바람과 무력감을 가진 아이요. 어머님은 아이가 만화를 보고 싶다고 말했을 때 허락하고 싶지 않지만 아이를 설득하지 못할 것을 알기 때문에 절반의 조건을 제시했어요.

어머님이 내건 조건은 합리적이었나요? 딸아이가 만화를 중간까지 보고 껐을 때 얼마나 아쉬웠을지 생각해 보셨어요? 어른도 즐겁게 하는 일을 중간에 그만두는 것이 어려운데, 하물며 어린아이가 재미있는 만화를 중간까지 보고 끌 때 얼마나 괴로웠을까요?

겉만 보면 아이가 자신이 한 말을 안 지킨 것이 맞아요. 하지만 그 '말'은 아이가 스스로 생각해서 한 말인가요? 만화를 아예 못 보는 것보다 절반이라도 보는 게 나으니까 엄마의 제안을 받아들인 것뿐이에요. 아이가 절반만 보겠다고 말한 것은 본능이에요. 당장의 필요를 만족시키려면 어떡하든 엄마가 텔레비전을 켜게 만들어야 하니까요. 약속을 지키지 않은 것도 본능이에요. 아이는 자신의 의지력이 어느 정도이고 만화를 중간까지 봤을 때 진짜로 자신의 생각과 욕망을 통제할 수 있는지 고려하지 못해요. 어린아이는 그때그때 기분에 따라서 말하고 행동하니까요.

사실 이 일은 어머님이 함정을 파 놓은 것이나 다름없어요. 만화를 중간까지만 보자고 한 것은 어린아이의 특성을 이해하지 못한 제안이에요. 또한 아이의 나이가 아니라 어머님의 뜻대로 일이 관철되느냐에 초점을 맞춘 제안이죠. 아이가 확실하게 이해하지 못하는 불합리한 상황에서 '계약'을 맺은 뒤에 부모가 마지막에 '불평등한 조약'을 근거로 내세워 아이의 말을 무력하게 만들고, 체면을 깎고, 아이가 자신을 부끄러워하게끔 만드는 것은 부모가 우월한 지위를 남용하는 행위예요. 어린아이는 속이기 쉬우니까요! 만약에 부모가 늘 이런 식으로 '합의'하고 '불평등한 조약'을 맺으면 아이는 말을 신용하지 않는 사람으로 자라기 쉬워요.

어느 한 문제에 국한해 생각하지 말고, 아이가 철이 없거나 약속을 잘 안 지킨다고 함부로 평가하지 마세요. 일상생활에서 진심으로 아이를 존중하고 일부러 곤란한 상황을 겪지 않게 해 주세요. 그러면 아이는 충분한 존중감과 즉각적인 만족감을 얻어 늦은 시간에 굳이 만화를 보겠다고 고집을 심하게 피우지 않아요. 설령 늦게까지 보면 또 어떤가요? 그저 조금 늦게 자고 이튿날 조금 늦게 일어나는 것뿐이잖아요? 어린아이가 직장인처럼 시간에 딱딱 맞추어 생활할 필요가 있나요?

너무 어려서부터 아이에게 규칙을 강요하는 것은 바람직하지 않아요. 각종 제한 속에서 자란 아이는 부모에게 저항하는 것에 많은 에너지를 쓰고, 이해심과 자제력 등도 충분히 발전하지 않아요. 아이에게는 근본적으로 신용의 문제가 없어요. 강요된 약속을 지키지 않는 것은 신용과는 상관없어요. 의미가 없는 대회에 참가하는 것이 싫어 참가를 거부한 사람에게 경쟁력이 부족하다고 말할 수 있을까요? 함정이 없다면 애초에 아이가 함정에 빠질 일도 없어요.

메일의 내용으로 판단할 때 가정 교육 면에서 남편분의 태도가 조금 더 유연한 것 같아요. 남편분이 내버려두라고 말한 것은 딸아이가 아직 '어린아이'니까 마음을 조금 넓게 가지자는 것이에요. "어린이집에 다니는 나이가 되었으면 마땅히 교육을 시켜야 한다"라는 말은 어머님의 자녀 교육 관념에 문제가 있음을 알려 줘요. 현재 어머님이 겪고 있는 가정 교육 문제의 근원은 어머님이 옳다고 생각하는 '잘못된 관념'이에요. 그 관념을 내려놓으시는 것이 어떨까요? 그러면 아이에게 약속을 잘 지키는 훌륭한 인격적 자질을 키워 줄 수 있을 거예요.

모든 아이는 착해요. 본래 인간의 천성은 선하니까요. 아이를 인격적으로 훌륭하고 심리적으로 건강하게 키우려면 부모가 먼저 아이에게 정신적으로 밝고 건강한 다리를 놓아 줘야 해요. 아이를 사랑하기 위해서는 먼저 아이를 이해할 수 있어야 해요.

"아이가 확실하게 이해하지 못하는 불합리한 상황에서 '계약'을 맺은 뒤에 부모가 마지막에 '불평등한 조약'을 근거로 내세워 아이의 말을 무력하게 만들고, 체면을 깎고, 아이가 자신을 부끄러워하게끔 만드는 것은 부모가 우월한 지위를 남용하는 행위예요. 어린아이는 속이기 쉬우니까요!"

아이가 약속을 지키지 않아요

선생님의 도움이 필요해서 문의드려요. 저는 올해 여덟 살 된 아들이 있어요. 가끔 제 속을 한 번씩 뒤집어 놓지만 대체로 활발하고 귀엽고 학업 성적도 좋고, 아직까지는 잘 성장하고 있어요.

하지만 자신이 한 말을 지키지 않아서 문제예요. 예를 들어 학교에서 돌아오면 숙제부터 하고 놀기로 약속했지만 지키지 않아요. 어떡하든 놀 궁리를 하고 텔레비전부터 보려고 하죠. 또 게임을 시작하기 전에 딱 30분만 하기로 철석같이 약속했지만 어영부영 시간을 넘기고 끝낼 생각을 안 해요.

제가 스스로 한 약속은 지키라고 수차례 혼냈지만 결과는 늘 같아요. 너무 화가 나서 강제로 전원을 꺼 버리고 왜 약속을 안 지키느냐고 다그치는 통에 서로 감정이 상할 때가 많죠. 숙제, 게임뿐 아니라 일상생활에서도 늘 말만 하고 책임지지 않는 상황이 반복돼요.

아들이 왜 약속을 안 지키는 건지 정말 궁금해요. 어떻게 하면 아들이 약속을 잘 지킬까요?

 ## 아이에게 약속을 강요하지 마세요

어머님이 모르시는 것 같은데, 사실 아이는 약속을 한 적이 없어요. 학교에서 돌아온 뒤에 숙제부터 하고 게임은 30분만 하는 것은 아이가 자발적으로 한 약속이 아니라 어머님이 아이에게 내린 '명령'이에요. 아들이 어떻게 엄마의 명령을 거역하겠어요? 특히 게임은 엄마의 명령을 듣지 않으면 30분조차 할 수 없다고 생각해서, 약속이라는 형태로 게임을 할 수 있는 권리를 누린 거예요. 약속을 임시변통 대책으로 삼아 이용할 수 있는 만큼 이용하는 거죠. 때문에 매번 약속을 이행하려고 할 때마다 실행력이 떨어지고 결국 실패하고 마는 겁니다.

사실 '약속'을 정한 사람은 엄마예요. 한데 어머님은 아들에게 지키기 어려운 약속이라는 함정을 파 놓고 되레 약속을 안 지킨다고 탓하시네요. 그뿐인가요? '약속을 안 지키는 아이', '신용이 없는 아이'라는 꼬리표까지 붙였어요. 이것은 아들에게 심리적으로 무거운 짐을 씌우는 거예요. 어른이건 아이건 누구나 신용을 잃고 싶어 하지 않아요. 그런 사람은 아무에게도 존중받지 못하니까요. 번번이 '신용을 지키지 않는 사람'이라고 정의될 때마다 아들은 어떤 생각을 할까요? 스스로 자신을 무시하고 '어차피 난 신용이 없는 사람이니까'라고 생각해서 쉽게 약속하고 쉽게 약속을 깨는 사람으로 자랄 거예요. 이렇게 되면 어머님 마음은 더 아프겠죠? 자신이 아들을 그렇게 만든 줄도 모르고요.

아들이 약속을 잘 안 지키는 문제를 해결하는 방법은, 아예 약속을 하지 않는 거예요. 숙제에 관해서 아들이 학교에서 돌아온 뒤에 숙제를 먼저 하든 게임을 먼저 하든 아이에게 맡기세요. 아들 일이잖아요. 아들이 시간을 어떻게 쓰는지 검사하지 말고 그냥 아들을 믿으세요. 어떤 일이든 약속을 강요하지 마세요. 더 이상 약속을 하지 않으면 애당초 약속을 어길 '기회'도 없어요.

아이는 부모를 만족시키기 위해서 뭐든지 잘하고 싶어 해요. 하지만 자신의 상황을 잘 이해하지 못한 결과 '약속'을 못 지키는 상황이 발생하죠. 설령 아이가 어떤 일을 하겠다고 자발적으로 약속해 놓고 못 지켜도 큰일은 아니니까 혼내지 마세요. 예를 들어 아이가 부모에게 잘 보이기 위해서 기말고사 때 반에서 5등 안에 들겠다고 말했어요. 아이가 자발적으로 이런 약속을 한 건 열심히 공부하고 좋은 성적을 받아서 엄마 아빠를 기쁘게 해 주고 싶어서죠. 아이가 이런 결심을 하면 결과에 집착하지 말고 일단 격려해 주세요. 그리고 아이에게 결과에 집착하지 말라고도 말해 주세요. 5등 안에 들면 좋지만 못 들면 또 어때요. 자신의 약속에 부담감을 안 느낄 때 아이는 편안하고 즐거운 학습 태도를 유지할 수 있어요.

'일낙천금(一諾千金)'이라는 말이 있어요. 한 번 승낙한 약속은 천금과 같다는 의미죠. 그런데 정말 천금과 같은 가치가 있을까요? 약속이 상징하는 것은 그 당시 그 사람의 바람이에요. 하지만 사람의 생각은 상황에 따라서 바뀔 수 있어요. 그게 정상이에요. 그 사람을 존중한다면, 그 사람의 바뀐 생각을 받아들이세요. 미래에 어떤 일이 일어날지 미리 알고 통제할 수 있는 능력을 가진 사람은 없으니까요. 결혼도 약속의 일종이에요. 이렇게 큰 약속도 상황에 따라서 깨질 수 있는데 하물며 아이가 한 약속은 어떨까요? 약속은 최대한 지켜져야 하지만, 그렇다고 한 사람의 인생을 구속하는 굴레가 되면 안 돼요.

그렇다고 신용을 지키는 것에 소홀해도 된다는 것은 아니에요. "진실하지 않은 사람은 살아갈 수 없다"라는 옛말이 있어요. 각종 관계에서 수시로 신용을 안 지키는 사람은 서서히 버림을 받아요. 일단 약속을 했으면 최선을 다해서 지켜야 해요. 하지만 약속을 지킬 수 없다고 해서 너무 괴로워할 필요는 없어요. 과거에 한 약속을 지키기 위해서 인생에서 중요한 것을 희생시킬 필요도 없어요. 아이에게는 "약속을 함부로 하면 안 돼. 쉽게 한 약속은 깨지기 쉽거든"이라고 말해 주세요. 또 약속은 능력껏 해야 해요. 체면 때문에 약속을 하면 결국에는 흰소리 잘 치는 사람만 될 테니까요.

아이에게 약속을 잘 지키는 좋은 습관을 키워 주려면 부모가 먼저 모범을 보여야 해요. 말보다 더 큰 가르침을 주는 것이 행동이에요. 말로 열 번 가르치는 것보다 행동으로 한 번 보여 주세요. 아이를 솔직하고 성실하게 대하세요. 사소한 일이라도 아이에게 솔직하게 말하고 자신이 한 말을 지키세요. 최고의 교육은 부모의 솔선수범이에요.

아마 이제부터 아이의 일정 관리를 어떻게 해야 할지 걱정스러우실 거예요. 제가 팁을 드릴게요. 아이가 갑자기 '자주 독립'의 권리를 얻으면 한동안 혼돈의 시기를 보낼 거예요. 예를 들어 숙제를 미루고 미루다가 자기 전에 급하게 하고 어느 때는 잊어버리고 안 할 수도 있어요. 생활 리듬이 엉망이 되고 성적이 떨어질 수도 있어요. 이것은 매우 정상적인 현상이니까 놀라지도 말고 '내가 잘못한 건가' 자책하지도 마세요.

아이가 혼돈의 시기를 보내는 것은 과거의 생활 질서에서 새로운 생활 질서로 넘어가는 과도기라서 그래요. 전에는 부모가 주도하고 아이는 그저 따르기만 했어요. 하지만 새로운 생활 질서 속에서는 아이가 주도자가 되어야 해요. 헌 도배지를 뜯고 새 도배지를 붙이기 전에 집 안이 어지러운 것은 당연해요. 이렇게 혼란스러운 과도기가 지나면 어느 정도 새로운 질서가 생겨요. 과도기를 지켜보기 힘들겠지만, 잘 이겨 내시기를 바라요. 그 고비를 잘 넘기면 새로운 세상이 펼쳐질 거예요.

행운이 함께하길 빌게요.

"아이는 부모를 만족시키기 위해서 뭐든지 잘하고 싶어 해요. 하지만 자신의 상황을 잘 이해하지 못해 '약속'을 못 지키는 상황이 발생하죠. 아이에게 약속을 잘 지키는 좋은 습관을 키워 주려면 부모가 먼저 모범을 보여야 해요."

항상 마음이 콩밭에 가 있어요

3년을 고민하다가 도저히 제 선에서 해결할 수 없어 선생님께 상담을 요청합니다. 내용을 보고 웃음이 나실 수도 있지만, 이제는 저도 어떻게 해야 할지 모르겠어요.

사연은 이렇습니다. 현재 제 아들은 고등학교 1학년이에요. 기숙사에서 생활하고 일주일에 한 번 집에 와요. 자녀 교육에 관심이 많은 저는 일상생활의 모든 사소한 것들에 관해 주의를 줘요. 예의 바르고 우아하게 행동해라, 학교에서는 좋은 공부 습관을 가진 우수한 학생이 되어라, 도덕적이고 양심적으로 행동해라……. 모두 제가 자주 하는 말들이에요. 아들이 좋은 취미를 가졌으면 좋겠다는 마음으로 피아노도 가르쳐요. 다행히 아들은 머리가 좋아서 어려서부터 다방면에서 좋은 모습을 보였어요. 말도 고분고분 잘 듣고 성적도 좋아 모두에게 칭찬을 받았죠. 하지만 크면서 문제가 생기더군요. 말도 잘 안 듣고 성적도 중위권으로 떨어졌어요. 저는 늘 말해요.

"넌 머리가 좋아서 조금 더 열심히 공부하면 성적이 오를 거야."

하지만 마음이 콩밭에 가 있는 아들은 온종일 게임 아니면 자질구레한 일들에 신경 써요. 또 최근에 어떤 일이 생겼는데, 참 말하기도 우습네요. 애가 수업 시간에 방귀를 크게 뀐 모양이에요.

구체적으로 설명하면 이래요. 어느 날 수업 시간에 아들이 방귀를 못 참고 크게 뀌었대요. 주변에 있는 친구들이 듣고 키득거렸겠죠. 대놓고 놀리는 친구도 없고 뭐라고 말하는 친구도 없지만 아들은 계속 신경이 쓰였나 봐요. 제게 전화해서 바늘구멍이라도 있으면 숨고 싶다, 기숙사에 돌아가서 이불이나 뒤집어쓰고 있어야겠다고 하더군요. 아들에게 "친구들이 네가 방귀 뀐 것만 기억하지 않으니까 크게 신경 쓰지 마라"라고 했어요. 대답을 안 하는 것을 보고 아들이 창피한 기억을 쉽게 떨쳐내지 못하겠구나 생각했어요. 그러면 그렇지, 아들이 주말에 집에 돌아왔을 때 방귀 사건을 또 이야기하기에 잘 위로해 줬어요. 그런데 학교에 돌아간 뒤에도 점심때고 저녁때고 전화해서 끊임없이 방귀 사건을 이야기하는 거예요. 창피해서 얼굴을 들고 다닐 수가 없다면서요.

아들은 중학교 때부터 온종일 사소한 일들에만 신경 쓰고 공부를 안 했어요. 특히 고등학교에 입학하고 첫 1년은 날마다 제게 전화해서 지레 겁먹은 일들에 대해서 말했죠. 예를 들어 한동안은 어떤 친구가 자기를 때리려고 하는데 어떻게 대응해야 하느냐고 묻더군요. 겁을 많이 먹은 채로요. 사실 그 아이는 아들을 때리지도 않았어요. 전에도 때린 적이 없고 앞으로도 때릴 일이 없어요. 최근에는 다시 방귀 사건 얘기로 돌아왔어요. 아들은 다른 사건이 터져야만 방귀 사건을 잊을까요? 아무리 인내심을 가지고 타일러도 소용이 없어요. 저만 심란해져서 결국 화를 내고 말아요.

저는 매우 적극적인 사람이에요. 어려서부터 이웃들과 선생님에게 칭찬을 많이 들었고, 현재 회사에서도 인정받으며 일해요. 하지만 집에만 돌아오면 무력해지네요. 남편은 무관심하고 무책임해요. 아들 일을 상의해도 신경 쓰지 않고, 모든 집안일은 저 혼자 해결해야 해요. 그래서 아들도 문제가 생기면 으레 제게 의존하고 도움을 요청해요. 가뜩이나 밤에 깊은 잠을 못 자는데, 지난 몇 년 동안 아들 문제로 신경 쓰느라 도통 잠을 못 자요. 이제 겨우 사십 줄에 들어섰는데 갱년기 증상까지 왔어요.

선생님, 어떻게 소통하면 아들이 방귀 사건을 잊고 다시 공부에 집중할 수 있을까요?

아이에게 지나친 기대는 금물!

메일에 표현된 어머님의 이미지는 인내심과 책임감이 강하고 남편과 아들 때문에 마음고생을 많이 하는 사람이군요. 하지만 제가 보기에 어머님은 아들을 힘으로 밀어붙이고 있어요. 호미로 옥을 파는 농부처럼, 비록 악의는 없지만 스스로 옥을 망가뜨리는 것을 본인만 모르고 있는 상태예요.

아이에게는 피해망상증이 있어요. 의지력이 없어서 등나무처럼 엄마에게 의존하고 있기도 하고요. 날마다 어머님에게 전화하고 사소한 일을 반복해서 고민하는 것은 아이가 매우 나약하고 무기력한 상태임을 보여 줍니다. 아이에게 엄마는 유일한 구세주예요. 어머님도 이 세상에서 아들에게 가장 잘해 줄 수 있는 사람은 본인이라고 생각하시고요. 하지만 엄마라는 유일한 '구세주'가 사실은 아들의 행복과 즐거움을 빼앗는 사람인 것을 두 당사자 모두 모르고 있어요. 어머님은 아들이 방귀 뀐 것조차 받아들이지 못할 정도로 아들의 정신력을 날마다 깎아내렸어요. 아이가 엄마에게 의존하는 것은 실제로 어디에도 의존할 곳이 없기 때문이에요.

메일에서 보면 어머님은 완벽한 아들상을 정해 놓고 그 기준에 아들을 맞추려고 애써 왔어요.

모자지간에 그간 어떻게 지냈는지 직접 제 눈으로 보지 않았지만, 행간에서 어머님의 '파워'를 느낄 수 있었어요. 어머님은 아이와 지낼 때 자신의 우월감을 드러내는 데 주력했어요. 예를 들어 아들이 머리는 똑똑하지만 공부를 열심히 안 한다는 말은 일종의 세뇌예요. "머리가 똑똑한 것은 좋은 유전자를 물려받아서다. 고로 진짜 대단한 사람은 부모다. 성적이 나쁜 것은 부모와 무관하고, 본인이 노력하지 않은 것이니 본인을 탓해야 한다." 이 말이 아이에게 어떤 부정적인 암시를 줬을지 생각해 보세요.

지금 어머님은 자질구레한 일 때문에 고민하는 아들을 계속 위로는 해 주고 있는데, 매우 온화한 방식으로 아들의 정신적인 스트레스를 덜어 주고 있는 것처럼 보이지만 본질적으로는 통제를 하고 있어요. 위로를 하다 안 되면 화를 내신다고 하는데, 그럴수록 아이는 더 위축돼요. 자질구레한 일들은 수면에 드러난 빙산의 일각에 불과해요. 진짜 문제는 드러나지도 않았어요. 빙산의 일각을 대하는 방법으로 드러나지 않은 거대한 빙산을 대하면 반드시 실패할 수밖에 없어요. 그동안 위로와 조언이 통하지 않은 것도 이 때문이에요.

다시 말씀드릴게요. 어머님은 아들을 지극정성으로 보살피는 것이 아니라 빈틈없이 통제하고 있어요. 지극정성으로 보살폈다면 아이는 결코 지금의 모습이 되지 않았어요. 지나친 기대와 부정(否定)은 아이에게 무거운 짐이 돼요. 내면세계가 넓게 확장되지 못하고 부정적인 에너지로 가득 차면 아이는 소심해지고 열등감에 시달리고 자존감이 낮아져요. 또 주변 환경에 잘 적응하지 못하고 외부의 평가에 극도로 예민해지고 뭐든지 의심해요. 그러다 심해지면 피해망상증에 걸리죠.

지금 아이는 어쩌다 방귀 한번 크게 뀐 것조차 마음에서 내려놓지 못할 정도로 내면세계가 극도로 좁아져 있는 거예요.

내면세계가 온화하고 진실로 자녀를 사랑하는 부모는 자녀를 어떻게 대할까요? 다른 사람에게 칭찬받고 인정받는 인격이 진짜 자신의 모습일까요? 가장 진실한 자신의 모습은 자녀 앞에서 나타납니다. 아이를 바꿀 수 있는 유일한 방법은 '힘'으로 밀어붙이지 않는 거예요. 통제를 내려놓으세요. 엄마가 조금 약해지면 아이의 힘은 더 강해져요. 엄마가 밀어붙이지 않으면 아이의 내면세계는 더 넓어져요. 엄마가 통제하지 않으면 아이의 자율성은 더 커져요.

구체적인 방법을 알려 드릴게요.

1. 아이의 문제를 키운 당사자가 본인임을 인정하세요. 매우 고통스러울 거예요. 하지만 반드시 그 사실을 직면해야 해요. 그래야 변할 수 있어요.
2. 즉시 위로와 설교를 멈추세요. 따뜻한 포옹, 진실한 미소, 경청 등으로 아들이 얼마나 힘들어하는지 이해한다는 표현을 해 주고, '설교'하지 않는 부모가 되세요.
3. 아이에게 책을 읽는 즐거움을 알려 주세요. 독서에는 자기 치유의 효과가 있어요. 이것과 관련해 제가 쓴 글이 있으니 꼭 참고하세요.
4. 함께 운동을 하거나 여행을 떠나 보세요. 게임처럼 아이가 좋아

하는 일을 같이 해 보세요. 좋아하는 일에 집중하면 사소한 일들이 생각나지 않아요.

5. 무슨 일이 있어도 학업 성적을 놓고 혼내지 마세요. 현재 아이의 정신력은 성적이 중요하지 않을 정도로 위험한 수준이에요. 그렇다고 아예 학업을 포기하라는 것이 아니라 여유를 주자는 거예요. 정신적으로 여유가 있으면 성적은 저절로 좋아져요.

마지막으로 어머님의 결혼 생활에 여러 문제들이 있을 수 있어요. 그렇더라도 비난과 통제를 멈추고 남편을 존중해 주세요. 이것이 아이의 영혼을 치유하는 데 많은 도움이 될 거예요.

"지나친 기대와 부정(否定)은 아이에게 무거운 짐이 돼요. 내면세계가 넓게 확장되지 못하고 부정적인 에너지로 가득 차면 아이는 소심해지고 열등감에 시달리고 자존감이 낮아져요. 또 외부의 평가에 극도로 예민해져요."

가족 행사에
가지 않겠다고 떼를 써요

예전에 선생님의 『좋은 엄마가 좋은 선생님을 이긴다』를 읽고 많은 도움을 받아서 친구에게도 선물했어요. 친구도 어린 딸을 키우고 있거든요.

다름이 아니라 궁금한 점이 있어 메일을 드려요. 책에서 선생님은 절대로 자녀를 체벌하지 말라고 하셨어요. 하지만 저는 설득이 통하지 않을 때는 체벌해야 한다고 생각해요. 많은 교육 전문가들도 체벌의 필요성을 인정해요. 사회에도 행정 처분 외에 형사 처분이 있어요. 처벌하지 않으면 세상은 제대로 돌아가지 않을 거예요.

딸아이는 만 6세예요. 제 교육 방법은 딸과 함께 규칙을 만드는 거예요. 딸이 아직 글씨를 못 읽어서 그림 형식으로 기록한 뒤에 실행하죠. 예를 들어 딸이 한동안 버릇없이 군 적이 있어요. 말로 설득해도 안 통해서 버릇없이 굴 때마다 10분씩 벌을 서는 규칙을 만들었어요. 둘이 함께 만든 것이라서 딸도 순순히 받아들였고, 어느 정도 효과도 봤어요.

저는 변호사예요. 그래서 명문화 되지 않은 법은 처벌의 근거가 될 수 없다는 형법의 원칙을 참조해서 딸과 함께 몇 가지 규칙을 만들었어요. 예를 들어 손톱을 물어뜯거나 입술을 잡아떼면 벌을 서기로 했는데, 때리지 않아도 딸아이의 나쁜 습관이 많이 고쳐졌어요. 그런데 이 방식이 옳은 건지 궁금해요.

두 번째는 꽤 구체적인 문제인데, 어제가 시아버지 생신이라서 오후에 다 함께 식사하기로 했어요. 한데 딸아이가 가기 싫다고 엉엉 울면서 내 손을 붙잡고 늘어지지 뭐예요. 타일러도 소용이 없었어요. 저는 딸아이가 왜 가기 싫어했는지 알아요. 어색하고 부끄러운 거예요. 할아버지를 자주 안 만나 봐서요. 하지만 안 데리고 갈 수도 없어서 그냥 강제로 데리고 갔고, 결과적으로 식사하는 내내 뾰루퉁하게 있었어요. 앞으로 비슷한 상황이 또 생기면 저는 어떻게 해야 할까요?

답장 기다릴게요. 감사합니다.

가정 교육에 판사는 필요하지 않아요

변호사답게 규칙을 만들어서 아이를 교육시키는 점이 흥미롭네요. 어머님은 처벌이 반드시 필요하다고 생각하시는군요. 하지만 법에도 '미성년자보호법'이 있어요. 성인에게 적용되는 일반적인 법률과 달리 미성년자에게만 적용되는 법이죠. 어머님은 다음과 같은 상황을 어떻게 생각하세요?

어느 성인이 엽총을 조작하다가 실수로 사람을 쏴 죽였어요. 그는 유죄가 인정되어 교도소에 갑니다. 이번에는 똑같은 일이 보호자가 잠시 한눈을 파는 사이에 일곱 살짜리 어린아이에게 발생했어요. 하지만 법률이 튼튼한 국가는 이 아이를 법적으로 처리하지 않아요.

어머님은 변호사라는 직업적 특성 때문인지 형법을 참조해서 아이를 체벌하는 규칙을 만드셨는데, 이제는 제가 왜 똑같이 법률을 가지고 예를 들었는지 이해가 갈 거예요.

딸아이와 함께 있을 때는 변호사로서의 직업 정신을 내려놓으세요. 본능적으로 상황을 분별하려 하지 말고 중립적인 입장에서 자신의 관점을 대하세요. 법률을 가정에 끌어들이고 아이에게 적용하는 것은 불공평해요. 또 아이에게 적용되는 법률이 어떻게 탄생하게 되었는지도 생각해 보세요.

아이와 함께 만들었다지만 이제 고작 만 6세인 아이가 행동 규칙을 정할 능력이 있을까요? 거의 불가능한 일이에요. 이른바 '자녀와 함게 만든 규칙'은 형식에 불과해요. 부모가 강한 힘을 이용해서 일방적으로 만든 제도이니까요. 구체적으로 어떤 규칙을 만들었는지 모두 알지는 못하지만, 어머님의 의지가 많이 반영되었으리라 생각해요. 이런 법률이나 규칙은 태생적으로 불공평해요. 힘의 논리와 거짓이 가득한 악법이죠. 어머님이 이런 악법을 근거로 내세울 때 어린 자녀는 그냥 판결을 받아들이는 수밖에 없어요. 항변할 수 있는 능력이 부족하니까요.

어머님과 딸아이가 함께 만든 법률의 숨은 뜻을 살펴보죠. 어머님은 딸에게 예의 바르게 행동할 것을 요구했어요. 하지만 딸아이가 한동안 버릇없이 굴고 말로 설득해도 통하지 않자 버릇없이 굴 때마다 10분씩 벌을 서는 규칙을 아이와 함께 만들었어요. 이 부분에서 제가 발견한 점은 예의 바른 행동과 예의의 기준에 아이의 의견이 전혀 반영되지 않았다는 거예요. 아이는 그저 강제로 예의 바르게 행동해야 해요. 옆집 아줌마를 만나면 아줌마의 안부를 묻고 뒷집 아저씨를 만나면 아저씨의 안부를 물어야 하는 거죠. 그렇지 않으면 예의가 없는 것이고, 그러면 벌을 받게 될 테니까요. 어머님이 아이의 의견을 존중하지 않은 것은 정당한 것이지만 아이가 어머님의 요구를 따르지 않으면 위법이에요. 너무 불공평하지 않나요?

딸아이가 규칙을 순순히 받아들였다고 했는데, 안 받아들이면 어쩌겠어요? 변호사인 엄마 앞에서 아이가 얼마나 무력함을 느꼈을까요? 법률이 왜 필요한지도 모르고 왜 지켜야 하는지도 모른 채 받아들여야 하는 마음이 어땠을까요? 원래 어린아이는 부모에게 잘 보이고 싶어 해요. 그래서 어머님의 방법이 잠시 효과를 얻은 거예요. 예를 들어 손톱을 물어뜯고 입술을 잡아떼는 버릇은 체벌의 방식으로 서서히 고칠 수 있어요. 어머님은 자신의 방법에 꽤 만족해하셨을 거예요. 효과를 봤으니까요. 하지만 앞으로가 걱정스러운데, 갈수록 아이가 만족스럽지 못한 행동을 할 가능성이 높기 때문이에요.

두 번째 문제는 걱정스러운 미래의 한 단면을 미리 봤다고 생각하시면 돼요. 아이가 어색하고 부끄러운 나머지 할아버지의 생신 모임에 안 가려고 엉엉 울자 일단 말로 타일렀고, 그래도 안 통하자 강제로 데리고 갔어요. 아이는 약자예요. 가기 싫다고 눈물로 호소했지만 엄마의 마음을 녹이지 못하고 '바른 소리'만 들었죠. 어머님은 말로 설득할 수 없는 것을 알고 강제로 데리고 가는 '거친' 방법을 썼어요. 늘 어머님은 승리하고 딸아이는 져서 우울하고…… 아마 댁에서 수시로 일어나는 일일 거예요.

이런 환경에서 자란 아이는 정신적으로 억압되어 자유롭지 못해요. 정체성을 키우지 못하고 열등감에 시달리고 내향적이고 겁쟁이가 되기 쉽죠. 딸아이가 부끄러운 나머지 할아버지 댁에 가지 않기 위해서 강하게 반발하거나 규칙을 어기고 소란을 피우는 일이 숱하게 일어날 수 있어요.

화목한 가정에 판사는 필요 없어요. 어머님이 다른 방법을 쓰시면 어떨까요? 할아버지 생신 모임에 아이가 가고 싶어 하지 않으면 굳이 데리고 가지 마세요. 만약에 시부모님이 손녀딸은 왜 안 데리고 왔냐고 물으면 아이가 오고 싶어 하지 않았다고 솔직하게 말씀드리세요. 부모의 체면 때문에 아이를 강제로 데리고 가지 마세요. **어떤 관계든 한쪽이 강압적으로 굴면 다른 한쪽은 상처를 입어요. 가족 관계도 예외는 아니에요.**

가족 구성원은 나이가 많든 적든, 돈을 많이 벌든 적게 벌든, 직위가 높든 낮든 모두 평등해야 해요. 부모가 자녀에게 사랑을 표현하는 가장 기본적인 방법은 존중해 주는 것이에요. 아이의 의견을 존중해 주고, 아이의 감정과 선택을 존중해 주고, 아이의 의지를 키워 주세요. 예전에 도덕과 보호의 마지노선에 대해서 말씀드린 적이 있는데, 아이는 자신이 좋아하는 일을 마음껏 할 수 있을 때 독립적인 사고방식을 가진 사람으로 성장하고 자신에게 어울리는 생활방식을 찾아요.

앞으로 비슷한 상황이 또 생기면 어떻게 해야 하느냐고 물으셨죠? 이미 스스로 답을 얻으셨을 거예요.

"이른바 '자녀와 함께 만든 규칙'은 형식에 불과해요. 부모가 강한 힘을 이용해서 일방적으로 만든 제도이니까요. 이런 법률이나 제도는 힘의 논리와 거짓이 가득한 악법이에요. 모든 가족 구성원의 지위는 완전히 평등해야 합니다."

어디까지 자율에 맡겨야 할까요?

자녀 교육 법칙에 관한 이야기가 나오면 사람들은 으레 '사랑과 자유', '자기 주도' 등을 말해요. 하지만 '자유'는 어느 정도까지 허용해야 할까요? '정도'를 조절하지 못해서 자녀 교육에 실패하는 부모를 많이 봤어요. 그래서 알게 되었어요. 정도를 잘 조절하는 것이 절대적으로 중요한 기술이라는 것을요.

제 아들은 초등학교 1학년이에요. 겨울방학 기간인 지난 5주 동안에 방학 숙제를 하느라 바빴죠. 그런데 아들 친구들을 보니까 숙제를 다 안 한 아이들이 많아요. 물론 일부 과목은 분량이 지나치게 많았어요. 예를 들어 국어 숙제는 방학 동안에 그림책을 포함해 서른 권의 책을 읽는 것인데 어떤 아이는 겨우 한 권만 읽었더군요.

　겨울방학이 거의 끝나갈 무렵에 위챗의 모멘트(사진이나 글을 공유하는 SNS – 옮긴이)에 '겨울방학 숙제를 하느라 바쁜 아이들'에 관한 글과 사진이 많이 올라왔어요. 아침부터 저녁까지 공책에 뭔가를 옮겨 적느라 정신이 없는 아이, 버스 안에서도 숙제를 하는 아이, 숙제가 너무 많이 밀려서 아예 포기하는 아이…… 별별 아이가 다 있었어요. 물론 숙제가 잔뜩 밀린 아이를 다그치자니 본인이 화가 나고, 가만히 있자니 선생님을 뵐 면목이 없어서 발만 동동 구르는 부모, 숙제에 관해서 일체 신경 쓰지 않았다가 아이에게 제때 숙제하지 않고 제멋대로 행동하는 나쁜 습관이 생겨 걱정하는 부모도 있었어요. 제가 생각할 때 많은 부모의 고민은 '정도'를 제대로 조절하지 못해서 생기는 문제였어요.

　아들이 초등학교에 입학하기 전에 무슨 일이 있어도 아들 숙제를 먼저 도와주지 말자고 결심했어요. 자기가 할 수 있는 만큼 하게 놔두자는 주의였죠. 공부를 하는 것도 아들이니까 아들 공부에도 신경 쓰지 말자고 생각했어요. 아들은 학교에서 돌아오면 여느 때처럼 놀기 바빴어요. 숙제는 늘 저녁 식사를 마친 뒤에 가장 마지막에 했죠. 다행히 숙제는 적었지만 아이가 글씨를 배운 지 얼마 안 되었잖아요. 연필도 제대로 못 잡고, 문장부호도 잘 모르고, 썼다 지웠다 썼다 지웠다 하며 허비하는 시간이 많았어요. 단어도 잘 읽을 줄 몰라서 제게 일일이 물어보고 몇 번씩 쓰느라 꽤 많은 시간이 걸렸죠. 숙제를 다 마치고 나면 늘 9시가 넘어요. 아들은 그 시간에도 장난감을 갖고 놀거나 강아지와 놀거나 책을 읽거나 과일을 먹고 싶어 해요. 하지만 그럴 시간이 어디 있나요? 이튿날 7시에 일어나려면 빨리 씻고 자야죠. 결국 아들은 불만을 터뜨리고 말았어요. 저녁내 숙제를 하면 자기가 하고 싶은 일을 할 수 있는 시간이 없다면서요. 전 얼마 되지도 않는 양의 숙제를 9시 넘어까지 질질 끌면서 하는 아들에게 화가 났지만 마땅히 무슨 말을 해 줘야 할지 몰라 고민했어요.

가장 먼저 든 생각은 '더 이상 수수방관하면 안 된다'였어요. 아무래도 제가 나서는 게 좋을 것 같아서 아들과 함께 '집에 돌아와서 해야 하는 일들'을 죽 적었어요. 숙제하기, 밖에서 놀기, 저녁 식사 하기, 과일 먹기, 책 읽기, 장난감 갖고 놀기, 강아지와 놀기……. 숙제하기와 밖에서 놀기를 끝낸 다음 과일을 먹고 저녁 식사를 하고, 그 후에 책 읽기, 장난감 갖고 놀기 등을 하기로 했어요. 숙제는 중요한 일이라서 시간을 충분히 배정했고, 다른 일들은 상황에 따라 자율적으로 하기로 했죠. 아들이 숙제할 때는 교과서에 있는 단어와 문장부호를 먼저 관찰한 뒤에 또박또박 쓰게 했고, 썼다 지웠다 하는 일이 없게 글씨 연습장에 먼저 연습한 뒤에 마지막에 공책에 적게 했어요. 숙제는 아이가 흥미를 잃고 지루해하지 않도록 반씩 나눠 저녁 식사 전후에 끝마쳤어요. 책가방 정리에 관해서도 날마다 챙겨야 하는 것과 상황에 따라 챙겨야 하는 것을 아들과 함께 리스트로 작성했어요. 그러곤 필요할 때마다 쉽게 찾을 수 있게 책가방 안에 교과서, 공책, 필기도구 등을 넣을 수 있는 자리를 정해 줬죠.

　이렇게 며칠 생활해 본 결과 아이가 매우 효율적으로 숙제를 하고 가방을 정리하기 시작했어요. 아들도 숙제를 마치고 자신이 좋아하는 일을 할 수 있는 시간이 생겨서 좋아했어요.

　이 일을 통해 모든 일에 양면성이 있다는 것을 알게 되었어요. 부모가 일일이 간여하지 않고 모든 일의 결정권을 아이에게 넘기니 주인 의식을 키워 줄 수 있어 좋더라고요. 자신의 의지에 따라 선택하고 행동할 수 있는 기회를 얻으니까요. 하지만 또 다른 면에서는 아이가 문제를 종합적으로 인식하지 못하고 주먹구구식으로 계획을 세워 결국 일을 망칠 수 있죠. 일을 망친 뒤에 어떤 아이는 충분히 반성하고 교훈을 얻어 좋은 태도를 갖지만, 어떤 아이는 충격을 크게 받아 자신감을 잃고 자꾸 자신을 의심할 거예요. 기말고사가 끝난 뒤에 담임 선생님은 이번에 성적이 떨어진 아이들은 평소에도 집중력이 부족했다고 말했어요. 시험 성적에 학생의 부족한 능력이 반영된 셈이죠. 저는 아이가 잘못된 생활 패턴이 반복되는 악순환에 빠졌을 때는 가만히 지켜보는 것보다 좋은 습관을 가질 수 있게 부모가 지도해 주는 것이 좋다는 결론에 이르렀어요.

　아이가 자기 일을 스스로 하게 놔둬야 하나 고민될 때 각각 장단점을 생각해 보고 부모가 개입해야 하는 상황에 대비해서 제동 장치를 하나쯤 만들어 놓는 게 좋아요. 숙제로 예를 들게요. 부모가 시키지 않아도 아이가 알아서 제시간에 숙제를 잘하고 숙제를 하지 않으면 어떤 결과가 생기는지 안다면, 계속해서 주도적으로 숙제를 할 수 있게 지켜봐야 해요. 결코 초조해하거나 간섭하거나 불평하면 안 돼요. 아이를 믿기로 선택했으면 숙제 결과도 자연스럽게 받아들이고요. 하지만 예상과 달리 아이가 자율적으로 숙제를 하지 못하고 결과도 책임지려고 하지 않을 때도 있어요. 이럴 때는 즉각 제동 장치를 발동하고 아이의 권리를 회수해야 해요.

막연하게 손놓고 지켜보는 것은 금물이지요. 우리 아이는 자율적으로 숙제를 안 한다, 숙제 안 한 결과를 책임지려고 하지도 않는다고 판단될 때는 도와주는 게 좋아요. 아이가 최종적으로 좋은 습관을 가질 수 있게 어려운 숙제는 옆에서 도와주고 아이의 자신감을 북돋아 주어야 하죠. 아직 서툴지만 아이가 자신감을 갖고 혼자 힘으로 숙제를 하면 그때 서서히 손을 떼면 되더라고요.

많은 자녀 교육 전문가가 '자유'를 최고 가치로 뽑아요. 하지만 일부 부모는 이것을 '아이에 대한 간섭을 최소화하는 것이 좋다'라고 잘못 이해하고 상황을 수수방관하다가 결국 아이에게 잘못된 습관을 키워 주죠. 어떤 이론을 적용하기 전에는 전제 조건을 확인해야 해요. 예를 들어 선생님은 딸인 위엔위엔에게 자유를 최대한 줬어요. 위엔위엔은 텔레비전을 보면서 숙제를 해도 되고, 아예 숙제를 안 해도 되고, 부모님에게 숙제를 맡기기도 하고, 아무 때나 게임을 할 수 있었어요. 선생님이 왜 딸에게 이렇게 큰 권리를 줬을까 곰곰이 생각해 봤어요. 미세하게나마 전제 조건이 충족되었을 것이라는 생각이 들었어요. 위엔위엔은 어려서부터 훌륭한 가정환경에서 자랐어요. 부모님의 사랑과 응원 속에서 자신감, 자제력, 좋은 학습 능력을 키울 수 있었죠. 간단하게 말해서 위엔위엔은 어려서부터 좋은 생활 습관을 지니고 있었어요. 가끔 말썽을 피웠지만 큰 문제를 일으키지 않았죠. 부모가 강제로 시키지 않고 그때그때 필요한 도움을 주고 지켜보면 기본적으로 자기 일을 알아서 잘할 스타일이에요. 좋은 생활 습관과 자주성을 가진 아이는 가끔 해이해져도 곧 자제력을 발휘하고 원래의 상태로 돌아가요.

하지만 모든 아이가 다 위엔위엔처럼 뛰어나지는 못해요. 제 교육 방식이 적절하지 못해서일까요? 제 아들은 자제력, 학습 흥미, 학습 능력이 모두 떨어져요. 때문에 제가 조언해 주고 격려해 주고 모범을 보여 주는 것이 필요하고 때로는 통제까지 해야 해요. 그러고 보면 아이를 지도하는 것과 건강을 유지하는 것은 서로 비슷한 것 같아요. 건강한 몸은 식사만 잘해도 유지돼요. 이럴 때는 따로 영양제를 챙겨 먹을 필요가 없어요. 하지만 두통이 생기거나 열이 나면 정상 컨디션을 회복할 때까지 몸조리를 해야 하고, 큰 병에 걸리면 반드시 약, 주사, 수술 등의 조치를 취해야 해요.

저학년의 경우 겨울방학 숙제를 전혀 안 한다고 해서 당장 성적이 떨어지거나 나쁜 영향을 받진 않아요. 하지만 잘못 길들어진 학습 태도와 시간 관리 능력은 아이의 미래에 부정적인 영향을 주죠. 사람은 그동안 어떻게 살아왔느냐에 따라서 인생의 중요한 순간에 선택하는

답안지가 달라져요. 어떤 환경에 있든, 어린아이건 성인이건 진지한 태도, 합리적인 시간 관리 능력, 책임감은 가장 의지할 수 있는 인생 길의 지팡이예요.

저는 의사 집안에서 태어났어요. 아버지는 외과 의사예요. 병원에서 최고의 수술 실력을 갖추고 계셔서 늘 어려운 수술을 집도하세요. 직접적으로 생명을 다루는 생활을 오래한 결과일까요? 아버지는 매사에 신중 또 신중을 기하세요. 어려서부터 아버지의 영향을 받아서 저도 매사에 신중하게 행동하는 습관이 있어요. 예를 들어 지금까지 열쇠는 딱 한 번 잃어버렸어요. 휴대전화는 잃어버린 적도 없고 떨어뜨려 본 적도 없고, 저절로 고장 날 때까지 써요. 굳이 마음을 먹지 않아도 무의식적으로 물건을 정리 정돈해요.

물론 이런 인생이 보수적이고 무미건조하고 모험과 자극이 부족하다는 걸 알아요. 하지만 동시에 두 마리 토끼를 잡을 순 없잖아요. 안정적인 상태에서 발전을 추구하는 인생은 극적인 반전이 일어나는 재미는 없지만 인생이 송두리째 위험에 빠지는 일은 없어요. 한결같이 안정적인 것도 인생의 행복이지 않은가요?

취업한 뒤에는 일단 업무에 문제가 발생하면 철저하게 반성하고 실수를 반복하지 않기 위해서 더 꼼꼼하게 일했어요. 무의식이나 두려움의 영향을 받아서인지 상황을 꼼꼼하게 정리하지 않으면 실수를 잘하고 통제력을 잃어요. 걱정이 많아서 뭐든지 철저하게 준비해야 하는 것은 말할 것도 없고요. 준비성이 뛰어난 건 양날의 검과 같아요. 늘 생활이 똑같고 이 일 저 일 걱정하느라 순간의 재미를 놓칠 때가 많아요. 지금 심리학을 공부하는데 이해의 폭을 넓히고 더 나은 사람이 되고 싶어요. 제 자아 성장의 길에 함께해 주셔서 감사합니다.

늘 즐겁고 행복하세요.

 ## 의심하지 말고 믿어 주세요

'자유의 허용도'에 대한 어머님의 생각과 그간의 경험을 나눠 주셔서 감사해요. 유려한 글에서 가정 교육에 대한 어머님의 진지함과 개인적인 견해를 이해할 수 있었어요. 상담 문의만 받다가 이렇게 수준 높은 메일을 받아서 기뻐요. 눈앞이 다 환해지는 기분이랄까요?

어머님의 관점은 논리적이고 진지해요. 또 많은 부모가 공감할 수 있을 정도로 일리가 있어요. 제가 이해한 어머님의 관점은 이래요.

"조기 교육을 잘 받았거나 훌륭한 자질을 타고난 아이는 옳고 그름을 잘 알고 자각적이라서 부모가 손을 놓고 지켜봐도 괜찮다. 하지만 조기 교육을 받지 못했거나 타고난 자질이 나쁘면 자각적이지 않고 사리 분별을 잘 못하므로 수수방관하면 안 되고 규칙적인 생활을 시킨 뒤에 서서히 자유를 허용해야 한다."

지금 자신에게 현관문을 열 수 있는 열쇠가 있고, 현관문 앞에 신뢰할 수 있는 사람이 서 있어요. 이런 경우에 우리는 안심하고 그 사람에게 열쇠를 건네줍니다. 하지만 문 앞에 있는 사람을 완전히 신뢰할 수 없을 때는 망설여져요. 그래서 테스트를 몇 번 하고 열쇠를 줄지 말지 결정합니다. 그렇다면 자녀는 어떻게 대해야 할까요? 전적으로 신뢰해야 할까요?

어머님의 자녀 교육 이론에서 수동적인 심리를 발견하셨나요? 아이를 보고 '방임' 여부를 결정하는 것은 암암리에 정한 기준에 부합하면 자녀에게 자유를 허용하고 그렇지 않으면 '강제성'을 발휘하겠다는 거예요. 이상하지 않나요? 이렇게 되면 '자유'와 '방임' 여부를 부모가 아니라 자녀가 결정하는 것이 돼요. 참된 교육은 누가 누구에게 영향력을 발휘하는 것일까요?

무엇이 옳고 그른지는 설명하지 않겠어요. 어쨌든 저마다 자기만의 견해가 있고 옳다고 생각하는 신념이 있으니까요. 모든 생각에는 의미가 있어요. 저는 모든 아이가 선한 것을 추구하고 성장하고 싶어 한다고 믿어요. 또 결국은 도달해야 하는 수준에 도달할 것이라고 믿어요. 진실한 생각을 실천하는 사람은 반드시 성숙해지니까요.

저도 젊을 때는 어머님처럼 생각하는 것을 좋아했어요. 그 당시에 형성된 일부 관념은 지금까지도 제게 영향을 주고 있고요. 지금에 와서 생각하니, 생명은 유동적이고 늘 변해요. 생각도 마찬가지죠. 생각이 성숙해지는 것은 만두를 먹는 것과 같아요. 네 개째 만두를 먹을 때 배가 부르다고 해서 앞서 먹은 세 개의 만두가 쓸모없는 것은 아니잖아요. 어느 단계이건 그때그때 하는 생각과 탐색은 다 가치가 있어요. 최고의 가치를 지닌 생각이 따로 있다고 생각하는 것은 옳지 않아요. 사회나 가정에서 더 나은 역할을 하고 싶다면 무엇이 자신에게 어울리는지 고민하고 진심으로 더 좋은 방법을 찾아야 해요.

제 딸아이도 처음부터 시간 관리를 잘하진 않았어요. 초등학교를 다니는 내내 방학 숙제를 계획적으로 한 적이 없어요. 보통 개학을 사흘 앞두고 부랴부랴 숙제를 할 때가 많았는데, 위엔위엔이 엉엉 울면 저는 위로부터 해 줬어요. 그러곤 아이가 혼자 할 수 있는 숙제는 혼자 하게 놔두고 도움이 필요한 것은 함께해서 개학 전까지 극적으로 숙제를 다 했어요.

대학교에 입학한 뒤에 딸아이는 고등학교 때 배우다 만 드럼을 다시 배우고 싶어 했어요. 하지만 시간이 나면 게임, 애니메이션 시청, 쇼핑 등을 했고, 결국 졸업할 때까지 드럼을 배우는 일은 없었어요. 안타까웠죠. 드럼을 치는 실력이 꽤 좋았는데 그 좋은 재능이 버려지니까요. 하지만 드럼을 치는 것은 좋고 게임, 애니메이션 시청, 쇼핑 등을 하는 것은 나쁠까요? 무엇이 좋고 무엇이 나쁜지는 본인이 가장 잘 알지 않을까요? 이 밖에 제 딸아이는 중요한 일을 앞두고 스케줄을 관리하는 것에 어려움을 느꼈어요. 미국의 대학원 입학 시험을 준비할 때 게임도 하고 싶고 애니메이션도 보고 싶고 소설도 읽고 싶고 아무튼 공부에 집중이 잘 안 됐나 봐요. 결국 책상 앞에 "공부를 열심히 하지 않으면 소설을 읽을 자격이 없다", "내가 또 게임을 하면 사람이 아니라 돼지다"라고 써서 붙여 놓더군요. 다행히도 딸은 좋은 대학원에 입학했어요. 하지만 설령 좋은 대학원에 가지 못했어도 딸아이가 만족하면 저도 만족했을 거예요.

이왕 공부하는 거 아이가 좋은 대학교에 가면 좋죠. 하지만 그건 제가 어떻게 할 수 있는 문제가 아니잖아요? 제가 초조해한다고 해서 딸이 더 열심히 공부하고 성공하겠어요? 외려 제가 가만히 있었기 때문에 딸은 더 책임감을 느끼고 공부했어요. 제가 딸에게 줄 수 있는 최고의 도움은 심리적으로 압박감을 주지 않는 거였어요. 딸은 어떻게 해야 자신이 부모에게 인정받을 수 있는지 알았고, 그걸 알기 때문에 모든 에너지를 자아 성장에 쏟아부을 수 있었어요.

부모가 사사건건 통제하면 아이는 성장하지 못해요. 아이를 믿고 통제력을 내려놓으려면 먼저 모든 생명이 독립적임을 이해해야 해요. 모든 사람이 본능적으로 선한 것을 추구하고 발전하고 싶어 한다는 것을 믿으세요. 그러면 자신의 실수와 자녀의 실수를 모두 용서할 수 있어요. 사람에게는 자아 성찰이라는 또 다른 본능이 있거든요. 부모가 수시로 자신의 말과 행동을 돌아보고 모범을 보이면 자녀는 좋은 방향으로 발전해요.

지금 제 딸아이는 성숙하고 대범한 직장인이 되었어요. 비판력도 더 좋아져서 가끔 자기가 어릴 때 엄마가 어떤 실수를 저질렀고, 그게 자신에게 어떤 상처를 줬는지 말해요. 딸아이에게 이런 말을 들을 때마다 '그 당시에 내가 왜 그랬을까' 후회가 되지만 그런 실수를 거쳐 지금의 지혜를 얻었다는 것을 이제는 알아요. 저는 그 당시의 제 자신을 비난하기보다 쑥스럽게 웃으며 "그 당시에 엄마가 참 어리석었구나"라고 제 부족했던 과기를 인정해요. 예를 들어 딸아이가 중학교 때 저는 수시로 "허영을 부러워하지 마라", "부잣집 아이들과 너 자신을 비교하지 마라"라고 말했어요. 딸아이의 옷차림도 크게 신경 쓰지 않았어요. 그저 깨끗하고 단정하게 입고 다니면 된다고 생각했죠. 유행 같은 건 아예 신경 쓰지도 말라고 했어요. 딸아이는 겸손하게 행동했고 열심히 공부했어요. 저는 제가 교육을 잘 시킨 결과라고 생각했죠. 하지만 딸아이가 성인이 된 뒤에야 그 당시에 제가 '허구의 가치'를 추구했고 본의 아니게 딸에게 상처를 췄다는 걸 알게 되었어요. 이 사실을 깨닫고 많이 괴로웠지만 한편으로는 제 의식에 존재하는 큰 문제를 발견하고 성장할 수 있는 기회를 준 딸에게 고마웠어요.

지금에 와서 가장 다행이라고 생각하는 점은 올바른 방향 안에서 딸아이를 키운 것이에요. 특히 사소한 일로 딸아이를 억압하지 않은 것은 천만다행이에요. 그러지 않았으면 딸아이가 저의 잘못된 관념을 고대로 받아들이고 건강하게 성장하지 못했을 거예요. 최근의 성찰로 자유의 가치를 새롭게 이해하게 되었어요. 자유는 한 봉지의 빵, 한 권의 책, 방학 숙제 등 눈앞의 사소한 것에 있지 않아요. 바로 생명을 보살피는 것에 있어요.

가정 교육에서 자유의 허용 정도 또는 통제권을 내려놓는 정도를 결정하는 것은 자녀에 대한 신뢰에 비례해요. **사람의 본성은 원래 선하다는 것을 믿고, 모든 아이를 완벽하고 독립적인 개체로 대하고, 아이의 내면에 진실한 자신을 찾아갈 수 있는 내비게이션이 있음을**

믿으세요. 한 톨의 밀알에 이미 밀이 될 수 있는 모든 요소가 들어 있음을 아는 농부는 밀알이 싹을 틔우고 꽃을 피우는 시기를 자신이 애써 정하지 않아요. 그저 편안한 마음으로 물을 주고 잡초를 제거하죠.

자유는 동전의 한 면이에요. 나머지 한 면은 부자유이고, 부자유를 느끼는 정도는 사람마다 다 달라요. 사랑도 동전의 한 면이에요. 사랑은 무조건 받아들이고 응원하는 거예요. 조건적인 사랑은 진정한 사랑이 아니에요. 부모는 자녀에게 무엇을 줘야 할까요? 진정한 사랑과 자유예요. 자유는 사랑만큼 사람들이 잘못 이해하고 있어요. 자기 여자 친구를 죽여 놓곤 사랑해서 죽였다는 궤변을 늘어놓는 살인범도 있잖아요. 따라서 자유와 사랑의 진정한 의미를 이해하는 것은 매우 중요해요.

어머님은 아주 훌륭한 분이에요. 가정에서도 직장에서도 자신의 실수를 허용하지 않고 모든 면에서 완벽하려고 노력하죠. 하지만 어머님의 경험을 아들에게 강제로 적용하진 마세요. 아들을 위해 적당히 도와주는 것은 좋지만 꼼꼼히 관리할 필요는 없어요. 아들을 '방임'하기로 결정했으면 아들이 어떤 일을 할 때 통제하지 말고 가볍게 조언해 주세요. 의심하지 말고 믿어 주세요. 중간에 개입하지 말고 결과를 받아들이세요. 아들이 더 자각적으로 변했느냐 의존적으로 변했느냐, 아들의 자유 의지와 자기 주도성이 강화되었느냐 약화되었느냐, 부모로서 편해졌느냐 한숨만 늘었느냐를 판단 기준으로 삼으세요.

아이에 대한 통제를 내려놓는 것은 훌륭한 일이에요. 생명을 살찌

우는 가장 좋은 양분은 진정한 사랑과 자유입니다. 빨리 자라라고 비료를 주고 강제로 모를 뽑아 올리는 것은 '특급' 실수예요.

어머님과 진솔하게 소통할 수 있어서 기뻤어요.

"방임의 원칙은 일에 대해서 구체적으로 통제하지 않고 최대한 흔적이 남지 않게 조언해 주는 것이에요. 의심하는 것이 아니라 믿어 주는 것이고, 끼어들지 않고 받아들이는 거예요."

성적이 떨어져도
공부를 하지 않아요

열여섯 살짜리 아들을 키우는 엄마예요. 아들이 어렸을 때는 제 말을 잘 들었어요. 모든 면에서 이상적이었죠. 책 읽는 것을 좋아했고, 크면 과학자가 되어 노벨상을 받을 거라고 말했어요. 그럴 때마다 저는 아들을 응원해 줬어요. 물론 진짜 노벨상을 받으라는 건 아니에요. 심지어 아들에게 반에서 5등 안에 들라는 말도 안 하는걸요. 그저 바람이 있다면 커서 좋은 직장에 들어가 여유롭고 긍정적이고 즐겁게 생활했으면 좋겠어요. 아들은 중학생이 된 뒤에도 책을 꾸준히 읽었지만 문제는 성적이 떨어지기 시작했다는 거예요. 중상위권에서 중하위권으로까지 떨어졌는데 아들은 태평해요. 저만 발을 동동 구르죠. 가만히 있으면 안 되겠다 싶이 아들에게 성신 교육을 시켰어요. 네, 효과는 없었어요. 한번은 타이완의 롱잉타이(龍應台) 작가의 글을 읽고 마음에 꼭 와 닿아서 아들에게 보내 줬어요. 내용은 이래요.

아이야, 네가 열심히 공부했으면 좋겠구나. 다른 집 자식과 비교하기 위해서가 아니란다. 그래야 네가 더 많은 것을 선택할 수 있는 권리를 가질 수 있고, 그래야 네가 쫓기듯 일하지 않고 의미 있고 여유 있는 일을 선택할 수 있어서란다. 의미 있는 일을 하면 성취감을 느낄 수 있고, 일에 시간을 많이 빼앗기지 않을 때 자신의 존엄함을 느낄 수 있단다. 성취감과 존엄함은 네게 즐거움을 줄 것이야.

아들의 반응은 예상 밖이었어요.
"저에게는 해당하지 않는 글이에요. 저는 공부를 열심히 하고 싶지 않아요."
그러곤 속에 있던 말을 하더군요.
"우리는 집이 두 채나 있잖아요. 아니, 할머니 집까지 합하면 총 세 채나 있잖아요. 나중에 한 채는 엄마 아빠가 살고, 한 채는 제가 결혼해서 살고, 그때까지 할머니가 살아 계시면 저희와 살아도 되니까 할머니 집은 남에게 월세를 줘요. 그러면 공부를 안 해도 충분히 먹고살 수 있어요."
이 메시지를 받고 화를 내야 할지 웃어야 할지 모르겠더군요. 아들이 철이 없어서 이러는 거겠죠? 언제 이렇게 구체적으로 생각했을까요? 이런 걸 장래 계획이라고 세웠을까요?

아들은 머리가 좋은 편이에요. 열심히 공부하면 성적이 금방 오를 타입이죠. 곧 있으면 고등학교 입학 시험을 봐요. 좋은 고등학교에 못 가면 좋은 대학에 못 가고, 좋은 대학에 못 가면 좋은 곳에 취직할 수 없어요. 세계적인 기업에 들어가 돈을 많이 벌라는 것도 아니에요. 하지만 월세를 받아서 겨우 먹고사는 꼴은 못 보겠어요.

선생님은 전문가니 정신 교육을 단단히 시킬 수 있는 방법 좀 알려 주세요. 어떻게 말해야 아들 녀석이 정신을 차리고 열심히 공부할까요? 좋은 방법이 있을까요?

바쁘신 와중에도 제 사연을 읽어 주셔서 감사합니다. 답장 기다릴게요.

노파심에 하는 말은 쓸데없는 잔소리예요

인터넷에서 롱잉타이 작가의 글은 많은 사람이 퍼 나를 정도로 인기가 대단해요. 저도 읽어 봤어요. 많은 사람이 이 글을 퍼 나른 건 어머님과 같이 이 글이 마음에 와 닿아서죠. 한데 문제는 누구의 마음에 와 닿느냐는 거예요. 부모의 마음인가요, 자녀의 마음인가요?

롱잉타이는 한 가정의 엄마예요. 이 글은 그녀가 자신의 아들에게 쓴 것이죠. 때문에 이 글은 부모들이 좋아해요. 얼마나 많은 엄마가 이 글을 자녀에게 보내 주거나 읽어 줬는지 모르겠어요. 하지만 확실한 건 댁의 아드님처럼 별 효과가 없었을 거란 점입니다. 이유는 메시지가 잘못 되었기 때문이에요.

한번 이 글을 거꾸로 해석해 볼까요?

롱 작가는 아들에게 공부를 열심히 하라고 말합니다. 좋은 성적을 얻기 위해서가 아니라 좋은 미래를 맞이하기 위해서요. 하지만 세상에 어느 부모가 단지 좋은 성적을 얻기 위해서 공부를 시킬까요? 많은 부모가 자녀에게 좋은 성적을 요구하는 건 자녀의 미래를 위해서예요. 동그라미가 많이 쳐진 시험지와 상장은 종잇장 그 이상도 이하도 아닌데 말이에요.

롱 작가는 엄마의 간절한 마음으로 이 글을 썼어요. 하지만 동시에 '우월감'도 느껴져요.

"난 다른 엄마와 달라. 다른 엄마에게는 성적이 중요하지만 난 네 미래를 더 중요하게 생각해! 아이야, 넌 어쩌면 그렇게 어리석고 사리 분별을 못 하니? 지금 열심히 공부하면 풍요로운 미래를 맞이할 수 있어. 좋은 성적과 존엄함은 결코 별개의 것이 아니란다. 네가 잘 모르는 것 같아서 내가 알려 주는 거야."

롱 작가는 모든 사람이 다 아는 평범한 이치를 마치 자기만의 독특한 관점인 것처럼 포장해서 아들에게 알려 줬어요. 하지만 이 과정에서 아들을 무시하고 다른 부모를 폄하하는 실수를 저질렀어요. 표면적인 내용은 반박할 거리가 없을 정도로 구구절절 옳아요. 하지만 아이는 행간에서 '무시'라는 감정을 직감적으로 읽어 내고 기분이 나빴을 거예요. 아이에게 정신 교육을 시켰지만 효과가 없었다고 하셨죠? 어머님은 자신이 아들에게 어떤 잠재적인 메시지를 보냈는지 신경 쓰셨나요?

잠재의식의 법칙에 따르면 암시는 어떤 일의 추세를 결정할 정도로 대단한 힘이 있어요. 잠재적인 메시지는 소리 없는 마음의 말이에요. 소리가 없어 알아차리기 어렵지만, 상대에게 영향을 미치죠.

일상생활에선 다양한 일이 일어나고, 그 모든 일은 자녀에게 영향을 미쳐요. 따라서 부모는 자신이 평소에 자녀에게 어떤 잠재적인 메시지를 보내고 있는지 주의를 기울여야 해요. 그렇다고 모든 말에 신중하라는 건 아니에요. 할 말을 미리 정리할 필요도 없어요. **끊임없이 자녀를 관찰하고, 스스로 자신을 반성하고 업그레이드하세요. 잠재적인 메시지는 이성적인 사고의 결과물이 아니라, 무의식적으로 상대에게 전달돼요. 수시로 자신을 반성하면 저절로 적절한 말을 하게 될 거예요.**

구체적인 대화법을 알려 드리기보다 정말 중요한 조언을 한 가지 해 드릴게요. 아이와 대화할 때 '내가 어떤 말을 했는가'가 아니라 '아들이 내 말에서 어떤 점을 받아들일까'에 초점을 맞추세요. 어머님이 아들에게 어떤 잠재적인 메시지를 보내고 있는지 늘 주의를 기울이세요. 외부에서 지식을 얻거나 타인의 경험에서 지혜를 배울 때도 이 방법을 똑같이 적용해 보세요. 그러면 그 사람의 메시지가 옳은지 판단할 수 있어요.

롱잉타이는 제가 존경하는 작가예요. 그녀의 에너지와 재능을 부러워하죠. 하지만 그렇다고 그녀의 모든 관점을 옳다고 생각하지는 않아요. 적어도 자녀 교육 면에서 어머님이 아이에게 보낸 그녀의 글은 문제가 있어요. 절대적으로 옳은 것처럼 보이지만 사실은 대중의 평균 의식 수준을 못 벗어난 잔소리에 불과해요. 한마디로 쓸데없는 말이에요. 사회적으로 성공하지 못한 사람도 성숙한 부모가 될 수 있어요. 어떤 사람들은 사회적으로 성공했지만 자녀 교육에 실패하는데, 돈과 능력을 갖춘 가정 교육 '파괴자'의 파급력은 상상을 초월할 정도로 강력해요.

아이가 독서를 좋아하고 개성도 뚜렷하고 '감히' 월세를 받아서 생활하겠다는 말도 하고, 솔직하고 좋네요. 아이가 이렇게 말한 건 진짜 그렇게 살겠다는 뜻이 아니에요. 평소에 '교육'적인 잔소리로 자신에게 스트레스를 주는 엄마에게 자기만의 방식으로 반항을 한 거죠. 아이는 사리 분별을 할 줄 알아요. 조금만 느긋하게 기다리세요. 그러면 아이가 일정을 잘 짜서 생활할 거예요. 사실 어머님은 이미 잘하고 계세요. 아이에게 잘하고 있는 것도 느껴져요. 이제 초조함과 잔소리만 내려놓으면 아이는 더욱 훌륭하게 성장할 겁니다.

행운이 함께하길 빌게요.

"자녀와 대화할 때 '내가 어떤 말을 했는가'가 아니라 '자녀가 내

말에서 어떤 점을 받아들일까'에 초점을 맞추세요. 자신이 자녀에게 어떤 잠재적인 메시지를 보내고 있는지 늘 주의를 기울이세요."

선생님, 이럴 땐 어쩌죠?

Q 아들이 꼭 테이블에 올라가서 앉아요

세 살배기 아들을 키우는데 그렇게 말을 안 듣고 테이블에 올라가서 앉아요. 제가 내려오라고 말해도 들은 체 만 체하고, 애써 덤덤한 척 말해도 소용이 없어요. 테이블에 앉으면 안 되는 이유를 설명해 주고 안아서 내리려고 하면 저를 밀어내요. 결국 "테이블에서 안 내려오면 구석에 1분간 세워 놓는다"라고 말했는데, 이번에는 안 내려가겠다 고 엉엉 우는 거예요. 그러거나 말거나 벽 보고 1분간 서 있기를 시키 고 1분 뒤에 달래 주면서 왜 테이블에 올라가서 앉으면 안 되는지 다 시 설명해 줬어요. 제가 제대로 행동한 건가요?

A 어머님은 아이가 왜 테이블에 올라가서 앉으면 안 된다고 생각하세요? 아이가 떨어질까 봐 걱정스러우세요? 어머님이 옆에 계시면 되잖아요. 테이블이 망가질까 봐요? 에이, 세 살짜리 아이가 무거워야 얼마나 무겁겠어요. 아이가 테이블을 더럽힐까 봐요? 아이 발바닥이 더러울 일이 없잖아요. 설령 발바닥 자국이 난다 해도, 닦으면 되죠.

그 당시 어머님이 아들에게 어떤 말을 해 주셨는지 모르지만, 어머님 스스로 본인이 잘못했다고 생각하시는 것을 알아요. 그렇지 않으면 불안한 마음으로 제게 메일을 보내지 않았을 테니까요. 본인의 '부당함'을 아셨으면 앞으로 사소한 일에서 부모의 권위를 내세우지 말고, 아들의 '모험'을 제지하지 말고 조금 멋대로 행동하게 놔 두세요.

Q 세 살짜리 아들이 말을 안 들어요

선생님, 안녕하세요. 세 살 난 아들은 하고 싶은 일을 제지당하면 막무가내로 변해요. 무슨 말을 해도 안 통하고, 꼭 제가 "말 안 들으면 엄마 화낸다!"라고 말해야 겨우 말을 들어요. 그런데 이렇게 말하면 아들을 억압하는 것 같아서 제 기분이 너무 안 좋아요. "엄마는 너 싫어", "저리 가!" 같은 말은 하면 안 된다는 것을 아는데, "엄마 화낼 거야!"라고는 말해도 될까요?

A 아니요. 그 말도 똑같이 강압적인 말이에요. 위험하지 않은 일이

라면 너무 일일이 세시하지 말고 그냥 하게 놔 두세요.

Q 아이가 너무 반항적이에요

어떻게 하면 아이의 반항기를 근절시킬 수 있을까요?

A '근절'이라는 표현이 충격적이에요. 두 가지 방법이 있어요. 우선 부모가 먼저 자녀에게 화를 내는 것을 '근절'하세요. 이게 가장 중요해요. 그리고 차라리 로봇을 키우세요. 로봇은 프로그램에 따라서 스스로 자신을 통제하니까요.

Q 아이가 수시로 "퉤! 퉤!" 해요

딸은 곧 네 살이 돼요. 모든 면에서 예쁘지만 화가 나면 "퉤! 퉤!"라는 말을 내뱉는 매우 나쁜 습관이 있어요. 처음에 이 말을 배우게 된 건 할아버지와 포도 껍질 뱉기 놀이를 하면서예요. 할아버지가 "퉤!"하고 껍질을 뱉는 것을 보고 고새 배웠더라고요. 저는 딸아이가 이 말을 쓰는 줄 줄곧 모르고 있다가 친구 집에서 놀 때 무의식적으로 하는 것을 봤어요. 그 당시에 나쁜 말이니까 쓰면 안 된다고 진지하게 알려줬어요. 그런데 그 뒤로 아이가 이 말을 더 자주 하지 뭐예요. 벌도 세우고 선생님 책을 읽기 전에는 깜깜한 방에 가두어 놓기도 했는데, 아무리 해도 고쳐지지 않아요. 지금은 기분이 조금만 나쁘면 이 말을 해요. 제가 마음을 조금 더 넓게 가져야 할까요? 어떡하면 좋죠?

A 아이가 할아버지에게 배웠다고 했죠? 그러면 왜 할아버지는 벌 주지 않으세요? 제 뜻은 어머님은 감히 고칠 엄두가 안 나는 어른의 나쁜 습관은 가만히 놔두고 어린 딸아이만 괴롭히고 있다는 거예요. "퉤!"라는 말을 못 하게 하기 위해서 아이를 깜깜한 방에 가두었다는 건 어머님에게 도덕적 결벽이 있다는 설명밖에 안 돼요. 이 문제를 근본적으로 해결하기 위해서, 더 이상 딸아이를 괴롭히지 마세요. 어머님도 매사에 도덕적이어야 한다는 생각을 내려놓으세요. 이 일은 간단하게 해결할 수 있어요. 그냥 딸아이가 "퉤!"라고 말하게 놔 두세요. 어머님이 크게 신경 쓰지 않으면 이 일은 저절로 해결돼요.

2장

사랑이라는
이름으로 아이를
통제하지 마세요

사랑을 제대로 표현하는 방법

•

지나친 사랑은
사랑이라는 이름으로 자녀의 온갖 것을 통제하는 거예요.
아이의 선택을 존중해 주세요.
아이 스스로 하는 것과 강제로 하게 만드는 것은 완전히 달라요.

오냐오냐 키우면
아이의 버릇이 나빠지나요?

질문
09

먼저 선생님의 자녀 교육 경험을 널리 공유해 주셔서 감사드립니다. 『좋은 엄마가 좋은 선생님을 이긴다』는 제가 절대적으로 추천하는 책이에요.

사실 아내가 이 책을 줄 때만 해도 그렇게 크게 기대하지 않았어요. 그냥 지금껏 읽은 자녀 교육서와 같겠거니 생각했죠. 하지만 선생님과 위엔위엔의 이야기가 눈앞에서 펼쳐질 때 손에서 책을 내려놓을 수가 없었어요. 일 때문에 시간 여유가 별로 없어서 출퇴근길 버스 안에서 짬짬이 읽었는데, 그때는 도로가 막히는 것도 즐겁게 느껴지더군요.

선생님의 교육 이념과 중국 교육의 폐단에 대한 지적에 전적으로 공감합니다. 덕분에 자녀 교육에 대한 제 신념이 더 확고해졌어요. 선생님이 인내심을 가지고 위엔위엔을 대한 것은 제게 좋은 수업이 되었어요. 자녀를 교육할 때 사소한 부분을 처리하는 방법에 대해서도 많은 도움을 받았고, 일부 내용은 바이블처럼 참고하고 있어요. 딱 제가 찾던 내용이죠.

하지만 오늘 몇 가지 궁금한 점이 있어 선생님께 도움을 요청합니다. 아이는 순수하고 귀여워요. 이런 아이에게 인위적으로 무언가를 가하는 것은 일종의 파괴라고 생각합니다(인위적인 것은 진실하지 않으니까요). 하지만 지금까지 너무나 많은 교육 문제에서 '지나친 사랑'이 원인으로 지목됐어요. 요즘 아이들의 문제는 부모의 지나친 사랑이 빚어낸 촌극이라면서요. 때문에 한동안 '아이가 스스로 질서를 찾도록 가만히 놔두자'라는 제 신념이 흔들려서 힘들었습니다.

어디까지가 오냐오냐하는 것일까요? 아이에게 원칙을 알려 주지 않는 것일까요? 그러면 아이에게 어떻게 원칙을 알려 줘야 할까요? 원칙과 자유의 경계를 어떻게 구분할 수 있을까요? 아이가 잘못된 행위를 할 때 어떻게 지켜봐야 할까요?

이 문제를 논의드리는 건 제 마음의 응어리 때문이에요.

저는 '회초리'와 '꾸지람'이라는 전통적인 교육 방식으로 자랐어요. 부모님은 제 버릇이 나빠질까 봐 칭찬을 아끼고 사랑 표현도 잘 안 해 주셨어요. 잘못하면 회초리로 때리셨고, 잘해도 별 칭찬을 안 하셨어요. 제가 잘하는 걸 당연하게 여기셨으니까요. 이런 정서적인 환경에서 자란 탓에 무조건 오냐오냐하는 것은 옳지 않다는 인식이 형성되었고, 부모님과의 불쾌한 경험은 제게 트라우마로 남았어요. 어린 시절을 생각하면 즐거운 일이 없고, 성취감보다 좌절감을 느꼈을 때가 많아요. 모든 일에 자신감이 없고, 어떤 일이 잘되면 스스로 운이 좋았다고 생각해요. 제가 이런 생각을 떨쳐버리지 못하는 것은 부모님이 주신 '인색한' 사랑의 결과일까요?

 ## 사랑하는 것과 오냐오냐하는 것은 달라요

자녀를 지나치게 귀여워하면 안 된다는 말은 예전부터 있었지만 집집마다 혼자 크는 아이가 많아지면서 더 유행하게 되었어요. 아버님의 부모님은 이 교육 방법을 조금 융통성 없게 실천하셨는데, 자신의 성장 경험을 돌이켜보고 질문해 주신 점에 먼저 감사를 드려요.

인류는 과학 기술 면에서 이미 초정밀 시대에 진입했고, 많은 사람들이 기술의 혜택을 누리고 있어요. 하지만 의식 형태는 여전히 농경 사회 시대에 머물러 있죠. 많이 배운 사람이건 못 배운 사람이건, 도시 사람이건 시골 사람이건, 수입이 많건 적건 사람들의 사고방식에 공통적으로 나타나는 건 '소농 의식'이에요. 세상을 인식하는 시야가 좁고, 생각이 고루하고, 말의 표면적 의미에 연연하죠. 그래서 어느 재벌 아들이 말썽을 피웠다는 뉴스가 보도되면 사람들은 돈이 너무 많아도 자식을 망친다고 말하고, 미국의 교육 환경에 관한 뉴스가 나오면 덮어놓고 중국보다 좋을 것이라고 생각해 버려요. 같은 선상에서 자녀를 오냐오냐 키우면 안 된다고 말했을 때 많은 사람들이 이 말을 글자 그대로 '오냐오냐 = 지나치게 귀여워하는 것'이라고 해석해 오냐오냐 키우지 않기 위해서 자녀를 덜 귀여워해 주는 일이 발생해요. 이것은 전형적인 게으름뱅이의 사고방식이자 어리석은 사람의 사고방식이에요.

적당한 사랑과 지나친 사랑은 단순하게 사랑의 경중에 관한 문제가 아니에요. 적당한 사랑의 본질은 자유, 관용, 칭찬이지만 지나친 사랑의 본질은 통제, 독단, 비판이에요.

지나친 사랑은 진정한 사랑이 아니에요. 사랑이라는 외투를 입은 소유와 통제이자 두려움과 불신의 심리를 숨기고 부모가 원하는 대로 자녀를 관리하고 자녀의 독립성을 빼앗는 것이에요. 교육적인 관점에서 지나친 사랑은 사랑과 반대되는 감정이자 반교육적인 규칙이에요. 자녀의 잠재 능력 발달을 방해하고 직접 부딪치며 경험할 수 있는 권리를 빼앗아 생활 능력을 잃게 만들죠. 오냐오냐 자란 아이들이 주견과 이해심이 부족하고 집에서만 멋대로 굴고 큰소리치는 것도 이 때문이에요.

자녀에게 자유를 주고 독립성을 키워 주는 것이 사랑이에요. 이를 위한 전제 조건은 자녀를 향한 신뢰예요. 자유로운 사람은 독립적인 사고방식과 품격, 자신의 꿈을 펼칠 수 있는 자원을 갖추게 되어 있어요. 따라서 독립적이고 자주적이며 즐겁고 행복한 아이로 키우려면 자녀에게 자유를 허락하고 관용을 베풀 줄 알아야 해요.

요즘 아이들은 물질적으로 풍족하지만 정신적으로는 충분히 자유롭지 못해요. 부모가 자유와 사랑의 관계를 잘 이해하지 못해서인데, 많은 부모는 '자유'라는 개념을 두려워해요. 자유를 허용하면 자녀가 제멋대로 행동할까 봐 두려운 거죠. 사랑에 대한 두려움은 곧 자유에 대한 두려움이에요. 아이의 자유 의지를 빼앗는 가장 직접적인 방법은 부모가 뭐든 대신 해 주고 엄격하게 통제하고 관리하는 것이에요. 작게는 옷을 입고 식사하는 것에서 크게는 직업과 배우자를 선택하는 것까지, 표면적으로는 자녀에게 많은 것을 허용하는 것처럼 보이지만 실제로는 일의 크기에 관계없이 자녀의 자유를 빼앗죠. 지나친 사랑은 넘치는 사랑이 아니라, 사랑이라는 이름으로 자녀의 온갖 것을 통제하는 거예요. 사랑이 아닌 것에 사랑이라는 말을 붙여서 진짜 사랑의 의미가 퇴색되고 많은 부모가 사랑을 오해하게 되었어요.

자유는 결코 하고 싶은 대로 행동하는 것이 아니에요. 제멋대로 행동하는 것은 더더욱 아니고요. 제멋대로 행동하는 것은 외려 자유롭지 못하다는 표현이에요. 진정한 자유는 방임하는 것이 아니라 자녀가 성장에 필요한 경험을 쌓을 수 있게 자녀에게 선택할 수 있는 권리, 경험할 수 있는 권리, 실수할 수 있는 권리를 주는 것이에요. 자녀가 건강하게 성장하기 위해서는 충분한 사랑과 자유가 필요해요. 부모에게 진짜 사랑을 받고 자란 아이는 삐뚤어지지 않아요. 정상적인 상황에서 아이의 표현은 신하고 아름다워요. 아이의 천성이 원래 그렇기 때문이죠. 자유롭게 선택할 수 있을 때 자녀는 진실로 성장합니다. 지나친 사랑이나 부족한 사랑은 크든 작든 아이의 마음에 상처를 남겨요.

다시 아버님의 이야기로 돌아가서, 아버님의 부모님은 적당한 사랑과 지나친 사랑을 분별하지 못하셨어요. 개념을 잘못 이해하는 바람에 '사랑을 아끼면 자녀가 성장하지만 오냐오냐 키우면 자녀가 남에게 뒤처진다'라는 신념을 갖게 되었고, 알게 모르게 자녀의 성장에 무관심해지고 재능을 칭찬하는 것에 인색해지셨어요. 그래야 자녀가 훌륭하게 자란다고 생각하신 거죠. 하지만 부모가 사랑 표현에 인색할 때 자녀는 좌절감을 느끼고 자신감을 잃어 성인이 된 뒤에 상처 입은 내면을 치유하느라 많은 어려움을 겪어요.

아버님은 이미 엄격한 교육과 회초리 교육의 폐단에 대해 잘 아실 거예요. 걱정하시지 말고 아버님 자신의 감각과 진심을 믿고 자녀를 충분히 사랑해 주세요. 공기가 깨끗할수록 건강에 더 이롭듯 사랑을 많이 줄수록 자녀는 성장해요. 부모 세대를 존중하고 효도하되, 부모 세대의 잘못된 교육 관념에 대해서는 비판적인 태도를 유지하는 것이 중요해요.

행복한 일 가득하기를 빌겠습니다.

"사랑의 본질은 자유, 관용, 칭찬이지만 오냐오냐의 본질은 통제,

독단, 비판이에요. 오냐오냐하는 것은 사랑이 아니에요. 두려움과 불신의 심리를 숨긴 채 사랑이라는 외투를 입고 자녀를 소유하고 통제하는 것이에요."

손녀딸의 나쁜 버릇을
어떻게 고칠까요?

태어난 지 2년 6개월 된 손녀딸을 둔 할아버지입니다. 몇 가지 궁금한 점이 있는데, 선생님의 조언이 듣고 싶군요.

1. 손녀딸은 어리광을 잘 피웁니다. 아직까지 수시로 안아 달라고 하는데, 누가 안아 주기 전까지 절대로 포기하지 않습니다.

2. 손녀딸은 아무 데나 장난감을 던져 놓는 습관이 있습니다. 탁상시계, 무선 조종 자동차 같은 귀중한 물건도 예외는 아닙니다. 한번은 무선 조종 자동차의 리모컨을 땅에 떨어뜨리고 밟았는데, 며느리가 주워 놓으니 보란 듯이 다시 땅에 던지더군요.

3. 손녀딸은 어려서부터 한자리에서 식사하지 않고 사방팔방 돌아다니면서 밥을 먹는 습관이 있습니다. 가끔은 텔레비전을 보면서 식사하는데, 보통 한 끼 식사를 하는데 한 시간 또는 그 이상이 걸립니다.

4. 저는 아들 내외가 너무 오냐오냐 키워서 손녀딸이 제멋대로 행동하고 가끔 난폭하게 행동한다고 생각합니다. 또래 아이들에 비해서 고집이 세도 너무 세요. 그런데 아들 내외는 아이가 지금 반항기에 접어들어서 그런 것이고, 발육 과정에서 나타나는 정상적인 현상이라고 말합니다. 제 생각은 달라요. 손녀딸이 제멋대로 클까 걱정스럽습니다. 지금도 부모에게 대드는데, 크면 더하지 않겠어요? 성격이 너무 이기적이면 친구들과도 잘 어울리지 못하고요.

제 손녀딸처럼 행동하는 것이 신체적으로나 정신적으로 정상적인 건가요? 만약에 그렇지 않다면 어떻게 아이의 나쁜 버릇을 고쳐야 할까요?

 ## 아이의 말을 경청하고 필요한 걸 즉시 만족시켜 주세요

보통 할아버님 연배인 분들은 제게 상담을 잘 안 하시는데, 얼마나 손녀딸을 귀여워하시면 제게 직접 연락을 주셨을까요? 아름다운 감정을 함께 나눠 주셔서 감사합니다.

할아버님은 총 네 가지를 질문하셨어요. 질문을 보고 깜짝 놀랐는데, 각각 대답해 드릴게요.

1. 손녀딸은 아직 만 3세도 안 되었어요. 손가락, 발가락까지 포동포동해서 가장 귀여울 때죠. 저도 제 딸이 서너 살 때쯤에 많이 안아 준 기억이 나네요. 딸아이를 안아 주는 게 그때는 큰 기쁨이었어요. 나중에는 딸이 너무 빨리 크는 게 아쉬울 정도였는데, 눈 깜짝할 사이에 딸아이가 열 살이 되더군요. 안아 주기에 너무 커 버린 거죠. 할아버님은 손녀딸이 '아직까지 수시로 안아 달라 한다'라고 하셨는데, 이 문장은 마치 '손녀딸은 더 이상 안아 달라는 말을 하면 안 되고 일찍 철이 들어야 한다. 한데 아직까지 철부지처럼 어른에게 안아 달라고 한다'라는 뜻으로 비칩니다. 손녀딸은 아직 어린아이예요. 몸집도 작고 마음도 여리고, 아직 부모가 많이 안아 줘야 할 시기예요. 아이를 안아 주면 일단 가던 길을 빨리 갈 수 있고, 아이와 같은 눈높이를 유지할 수 있고, 아이에게 충분한 안정감과 행복감을 줄 수 있어요. 할아버님은 댁에 가족이 많으시죠? 할아버지, 할머니, 아빠, 엄마, 한 사람씩 돌아가면서 안아 주면 손녀딸도 충분히 만족할 거예요.

하지만 '누가 안아 주기 전까지 절대 포기하지 않는다'라는 표현을 보면 손녀딸은 포옹의 기회를 얻기 위해 떼를 쓰는 것 같아요. 아이의 마음이 어떨까 생각하니 제 마음이 다 아파요. 가족들이 왜 아이를 잘 안아 주지 않는 거죠? 힘이 들어서? 아이의 버릇이 나빠질까 봐? 이유가 어떻든 간에 반드시 아이를 많이 안아 주세요. 안아 달라고 하면 거절하지 말고 안아 주세요. 평소에 충분히 많이 안아 주면, 어느 날은 피곤해서 못 안아 주겠다고 사실대로 말하면 아이도 이해해요.

2. 할아버님은 손녀딸이 장난감을 정리하지 않는 것에 대해서 '던져 놓는다'라는 표현을 쓰셨어요. 이것만 보아도 할아버님이 손녀딸의 행동을 얼마나 부정적으로 평가하고 계신지 알 수 있어요. 아이가 장난감을 아무 데나 놓는 것은 매우 정상적이고 당연해요. 아직 어린아이잖아요. 어떻게 하면 아이가 '잘' 노는 것이죠? 장난감은 무얼 위한 물건인가요? 장난감을 어떻게 갖고 놀지는 누가 정하나요? 바닥에 던지는 것은 놀이 방법의 일종이에요. 왜 던지면 안 되겠어요? 물론 화가 났을 때 장난감을 던질 수도 있어요. 그러면 아이는 왜 화가 났을까요? 부모가 아이의 마음을 잘 이해해 줬는데 아이가 괜히 '적대적인 감정'을 가질까요? 첫 번째 물음에서도 느꼈는데, 할아버님 가족은 아이에 대한 이해심이 조금 부족한 것 같아요. 너무 엄격하다고나 할까요? 두 번째 물음에선 이 감정이 더 많이 느껴져요. 할아버님에게 장난감의 가치는 가격에 따라서 다를 거예요. 하지만 아이에게 장난감은 비싼 것이건 싼 것이건 그냥 장난감이에요. 장난감을 대하는 태

도기 할아비님과 같을 수 없어요. 할아버님은 이제 겨우 세 살인 아이가 탁상시계와 무선 조종 자동차 같은 '귀중'한 물건을 '소중하게' 다루지 않는 것을 보고 철이 없다고 생각하시는데요. 손녀딸에게 어느 것이 비싼 물건이고 어느 것이 싼 물건인지 가르쳐 주셨나요? 세상에 어떤 세 살짜리 아이가 어느 것이 귀중하고 어느 것이 귀중하지 않은지 알까요?

3. 저는 밥상머리 교육에서 모든 자녀 교육이 시작된다고 생각해요. 할아버님의 이메일 내용과 앞의 두 질문 내용으로 추측해 보건대, 식사 문제로 손녀딸과 많이 갈등했을 거예요. 저는 이것이 할아버님 가족의 가장 큰 문제라고 생각합니다. 자칫 잘못 처리하면 더 많은 문제가 생길 수 있어요. 식사와 교육의 관계 및 해결 방법 등에 대해서는 제가 앞서 출간한 두 권의 책에 자세하게 설명해 놓았어요. 이곳에서 인용하기에는 내용이 너무 긴데, 나중에 할아버님이 꼭 읽어 보셨으면 합니다.

4. 세 살짜리 아이에게 반항기가 있을까요? 정확하게 말씀드리죠. 없어요. 아들 내외분이 잘못 알고 있는 거예요. '반항기'는 허구의 개념이에요. 사실은 부모의 통제와 규칙에 아이가 불편함을 느끼고 자기만의 방식을 이용해서 저항하는 것이죠. 부모에게 따뜻한 사랑을 받고 편안함과 즐거움을 느끼는 아이는 일부러 부모와 대립하지 않아요. 아이가 반항하면 부모의 가정 교육에 문제가 있는 거예요.

메일에서 손녀딸에 대한 할아버님의 사랑이 느껴져요. 하지만 가족 구성원들 모두 일부 가정 교육 관념을 잘못 알고 있다는 게 문제예요. 사실 자녀 교육에 관한 모든 물음의 답은 하나예요. 모든 아이는 천진난만합니다. 이런 **아이를 대할 때는 부모의 말을 들으라고 요구하지 말고 이해심과 인내심을 발휘해야 해요. 자신에게 어떤 것이 필요하다고 알리는 아이의 말을 경청하고 최대한 즉시 만족시켜 주세요.** 아이에게 나쁜 버릇을 안 키워 주려면 부모가 온화해야 해요. 부모가 온화할수록 자녀는 말을 잘 듣습니다.

할아버님의 손녀딸은 극복해야 하는 문제가 없어요. 이제 겨우 세 살 된 아이를 고치려고 하는 것은 잘못된 생각이에요. 생각이 잘못되면 올바른 교육과 지도를 할 수 없어요. 설령 한 문제를 해결해도 또 다른 문제가 생기죠. 아이를 교육하는 올바른 길은 가정의 어른이 정확한 가정 교육 이념을 배우는 것이에요. 할아버님에게 근본적으로 중요한 조언이니, 이렇게 말씀드리는 것을 이해해 주세요.

조언을 얻기 위해서 손녀딸의 교육 상황을 솔직하게 알려 주셔서 감사합니다. 육아 문제에 대해서 온 가족이 함께 공부하고 통일된 인식을 공유하세요. 그러면 귀여운 손녀딸이 어른들의 지혜를 흡수하고 즐겁고 훌륭하게 성장할 거예요.

"아이에게 나쁜 버릇을 안 키워 주려면 부모가 온화해야 해요. 부모가 온화할수록 자녀가 말을 잘 들어요.

아이에게 무서운 사람이 꼭 있어야 하나요?

최근에 선생님 같은 교육 전문가가 추천한 자녀 교육서를 한 권 읽었어요. 아직 끝까지 읽진 않았지만 책에 소개된 자녀 교육 이념과 방법에 의문이 생겨서요. 예를 들어 '필요에 따라 부모는 권위를 세워야 한다'라는데 마치 아이와 동등한 위치에서 관계를 형성하지 말고 규칙으로 다스리라는 말처럼 들렸어요. 선생님의 주장과는 완전히 달라요.

아이는 부모를 존경해야 한다는 말에는 저도 동의해요. 하지만 그렇다고 부모가 아이 앞에서 권위를 내세울 필요는 없다고 생각해요. 하지만 주변 사람들도 "아이에게는 반드시 무서운 사람이 한 명은 있어야 돼"라고 말하는데 이게 맞는 소리인가요? 혼란스러워요.

부모의 권위는 아이에게 복종을 강요한다고 만들어지는 게 아니에요

책에 소개된 내용을 무비판적으로 받아들이지 않는 어머님의 독립적인 사고방식에 우선 박수를 보냅니다. '전문가'의 권위를 무조건적으로 믿지 않고 스스로 문제가 있다고 생각되는 관점에 의문을 제기하는 것은 높이 평가할 부분이에요.

사람은 누구나 비판적으로 분별하고 사고할 수 있어야 해요. 비판적이지 않으면 책을 읽어도 별로 유익하지 않아요. 부모들은 대개 전문가와 전문가의 책을 맹목적으로 신뢰하는 경향이 있어요. 일부 잘못된 관념까지 의심하지 않고 받아들인 결과는 무엇일까요? 자녀만 시행착오를 겪고 심하게는 잘못된 길로 빠질 수 있어요. 어떤 책은 여기저기서 내용을 가져다가 억지로 끼워 맞춰 만든 티가 나는데, 특히 자녀 교육서는, 업계의 기준은 없지만 시장이 커서 수준이 낮은 책들이 많은 편이에요. 제목만 그럴듯하고 내용은 형편없는 책들이 많죠. 일부 '전문가'는 지식 구조가 단일하고 이론 수준 및 실전 경험이 부족해서 문제의 본질을 꿰뚫어 보지 못해요. 자기 관점을 주장하기 위해 가짜 개념을 만들기까지 하죠. 많은 고학력자 부모가 자녀 교육 과정에서 초보적인 실수를 하는 것도 이 때문이에요. 자녀 교육을 철저하게 '공부'했지만 쓸모 없는 것을 받아들인 것이죠. 예를 들어 한때 『타이거 마더』라는 책이 유행했어요. '예일 대학교 교수', '하버드 대학교', '중국 전통 교육' 등 부모들이 혹할 만한 포인트를 전면에 내선 매우 수준 낮은 책이었죠. 이 책을 읽고 자녀에게 엄격한 교육을 실행한 부모가 많았는데, 이것은 이른바 '전문가'라는 사람이 부모를 배수구 안으로 끌고 들어간 것이나 마찬가지예요.

따라서 어떤 책과 관점이 가치가 있고 어떤 내용이 쓰레기인지 구별할 줄 아는 것은 부모가 반드시 갖춰야 하는 기본 자질이에요. 좋은 것과 나쁜 것을 식별할 줄 아는 능력은 학력의 높고 낮음과는 상관없어요. 지혜가 필요한 일이죠. 지혜에는 '졸업장'이 없어요. 일상생활, 특히 가정생활을 더 좌우하는 것은 대학교 졸업장이 아니라 지혜예요. 지혜에는 높고 낮음이 있어요. 이것을 결정하는 것은 진실함, 선량함, 사랑, 학습이지 명예, 비교, 경쟁, 스스로 옳다고 생각하는 관념이 아니에요. 물론 책은 광범위하게 읽는 것이 좋아요. 그리고 절대다수의 책은 내용이 훌륭해요. 책을 많이 읽으면 여러 번 읽을 가치가 있는 책과 쓰레기 책을 바로 감별할 수 있어요. 골동품 시장의 전문가가 오랜 실전 경험을 통해서 한눈에 진품과 가품을 능숙하게 판별하는 것처럼 말이죠. 좋은 책을 감별하는 것도 익숙해지면 요령이 생겨요. 양서를 잘 판별하는 능력을 가진 것은 그동안 책을 통해 무수한 자양분을 얻었다는 것을 의미해요.

다시 어머님의 문제로 돌아가서, 부모의 권위는 규칙에 의해서, 아이에게 복종을 강요하는 것에서 만들어지지 않아요. 이런 권위는 본질적으로 어른이 자기 힘을 믿고 약자를 겁주는 거예요. 아이라고 마냥 우습게 보는 거죠. 이렇게 하면 표면적으로 아이가 부모에게 '순종'하는 것처럼 보이지만 속으로는 경멸해요. 심하게는 '나중에 크면 복수해야지'라는 원한까지 품을 수 있어요.

어머님 말씀이 옳아요. 진정한 권위는 부모와 자녀가 서로 상대를 존중할 때 생겨요. 자녀를 존중하고, 자녀에게 어머님과 똑같은 자유를 주세요. 부모에게 사랑을 듬뿍 받은 아이는 자신감이 넘치고 문제가 생겼을 때 부모의 이해와 도움을 얻을 수 있다는 것을 알기 때문에 부모에게 고마워하고 신뢰하는 마음을 가져요. 자연히 부모의 '권위'가 세워지죠. 부모와 자식의 관계는 국왕과 백성의 관계에 비유할 수 있어요. 백성을 자신과 똑같이 대우하고 자신이 백성의 길 안내자이자 협조자임을 아는 국왕은 진실로 백성을 존중해요. 이럴 때 백성은 '국민'이 되고, 국왕의 강한 내면에 끌려 국왕을 숭배하죠. 하지만 국왕이 스스로 백성보다 높은 전지전능한 신이라고 생각하고 백성 위에 군림하고 백성을 깔보는 것을 통해 강제로 권위를 세울 때 백성은 '천민'이 돼요. 백성을 천민으로 만드는 국왕은 내면이 극도로 취약해서 강한 권력을 통해 백성을 겁주고 굴복시키는데, 백성이 더 이상 참지 않고 봉기하면 국왕은 결국 권좌에서 끌려 내려옵니다.

지금쯤이면 어머님도 "아이에게 반드시 무서운 사람이 필요하다"라는 말이 얼마나 가소롭고 비극적인 관념인지 이해하실 거예요. 이 말은 아동을 거칠게 대하는 나약하고 미숙한 어른의 핑계에 불과해요. '난 엄마, 아빠에게 통제를 받고 있어'라고 생각하는 순간 자녀는

'시민'이 아니라 '신민'이 됩니다. 자녀의 존엄성은 부모에게 존중받을 때 생겨요. "가정에 무서운 사람이 반드시 한 명은 있어야 해요"라고 말하는 사람은 "가정에 안 무서운 사람도 반드시 한 명은 있어야 해요"라고 말하는 것과 같은데, 이렇게 되면 아이가 평등한 국민 의식을 갖지 못해요. 무서운 사람 앞에서는 신민이 되어 굽실거리다가 안 무서운 사람 앞에서는 시민이 되어 떳떳하게 행동해야 하니까요. 두 개의 신분을 갖고 어린이집과 학교를 다니고 직장에서 사회생활을 한다고 생각해 보세요. 많은 아이가 집에서는 소심하지만 집 밖에서는 제멋대로 행동하는 것도 이 때문이에요.

이상의 답변이 어머님의 혼란을 덜어 드리는 데 도움이 되었으면 좋겠어요. 자녀 교육에 있어 지금처럼 늘 깨어 있으시길 바라요. 어머님은 충분히 그럴 수 있을 것 같아요.

"부모의 권위는 규칙에 의해서, 아이에게 복종을 강요하는 것에서 만들어지지 않습니다. 이런 권위는 본질적으로 어른이 자기 힘을 믿고 약자를 겁주는 거예요. 아이라고 마냥 우습게 보는 거죠. 이렇게 하면 표면적으로 아이가 부모에게 순종하는 것처럼 보이지만 속으로는 경멸해요. 심하게는 '나중에 크면 복수해야지'라는 원한까지 품을 수 있어요."

아이가 자꾸 변기 물에
손을 담그고 놀아요

아들은 이제 갓 돌이 지났어요. 엄청 귀여울 때죠. 옛말에 "고슴도치도 제 새끼는 함함하다"라고 하죠. 제가 딱 '고슴도치 엄마'예요. 제 눈에는 아들이 매우 잘생기고 영리하고 뭐든지 빨리 배우는 것처럼 보이니까요. 주위 어른들에게도 얼마나 귀여움을 받는지 몰라요.

하지만 늘 머릿속을 맴도는 문제가 하나 있어요. 사촌언니도 그렇고 친구들도 그렇고 "남자아이는 키우기 어려워. 너무 자기 마음대로 행동하게 두지 말고 일찍부터 교육시켜. 안 그러면 나중에 말 잘 안 든다"라고 하는데, 처음에는 이 말을 별로 신경 쓰지 않았어요. 저는 잘할 자신이 있거든요. 어떻게 교육시켜야 하는지도 알아요. 아이에게 충분한 자유를 주고, 아이의 주도성을 키워 주기 위해서 지나친 간섭은 삼가고, 통제하지 않고 부드럽게 이끌 거예요. 하지만 사촌언니가 이제는 집까지 찾아와서 "너무 아이 멋대로 행동하게 두지 말라니까! 버릇 나빠져"라고 다그치니 조금은 고민이 돼요. 제 원칙은 '위험하지 않으면 최대한 자유롭게 놀게 내버려두고 아이를 있는 그대로 인정하자'예요. 아이가 나쁜 행동을 하면, 이를테면 물건을 던지면 혼내지는 않고 차갑게 대하는 정도예요.

아들은 노는 것을 매우 좋아해요. 늘 제가 중간에 말려야 할 정도죠. 저는 아이가 놀면 가만히 내버려두는 스타일이에요. 예를 들어 아들은 화장실 변기에 고인 물에 손을 담그고 첨벙첨벙 소리를 내는 것을 좋아하는데, 이럴 때마다 화를 내지 않고 나중에 아이가 화장실에서 나오면 슬그머니 화장실 문을 잠가요. 하지만 가끔 깜박하고 문을 잠그는 것을 잊을 때가 있잖아요. 그러면 아들은 귀신같이 알고 또 변기 물에 손을 담그고 노는데, 강제로 데리고 나오자니 아이가 울 것 같아서 그냥 마음껏 놀게 내버려둬요. 물론 아이가 다 논 뒤에는 손을 꼼꼼하게 씻겨요. 가끔 아이를 너무 방임하는 게 아닐까 생각이 들어 자책할 때가 있지만, 남들이 들으면 웃을까 봐 털어놓고 상담도 못 합니다.

'하면 안 돼'의 규칙을 슬슬 만들어야 할 것 같은데 정도를 파악하는 게 너무 어렵네요. 자녀 교육서를 봐도 답이 안 나와요. 왠지 선생님은 명쾌한 답을 주실 수 있을 것 같아요.

아이가 놀 수 있게 변기를 깨끗이 청소하세요

메일에서 아들에 대한 엄마의 건강하고 깊은 사랑을 느낄 수 있었어요. 아직 엄마로서 자녀 교육 경험과 이론은 부족하지만 본능적으로 아들에게 충분한 자유와 사랑을 주고 계시네요. 아마 아이는 매우 행복할 거예요.

지금 어머님은 아이를 '방임'하는 것이 옳은지 고민하고 있군요. 사촌언니와 친구들이 행여 어머님이 실수할까 걱정되어 똑같은 내용을 반복해서 말하고, 어머님은 그것을 반복해서 들으니까 마치 경고처럼 받아들이고 있고요. 제가 말씀드릴게요. 어머님은 매우 잘하고 있어요. 전혀 문제가 없으니 안심하세요.

젊은 엄마는 자녀를 어떻게 키워야 하는지 주변 사람들에게 많이 물어요. 또 묻지 않아도 주변 사람들이 먼저 말해 주기도 하고요. 하지만 이들의 말이 다 맞을까요? 이들의 말이 가치가 있는지 알 수 있는 간단한 방법이 있어요. 바로 그 사람들의 자녀가 어떤지 보는 것이에요. 정작 본인은 대머리면서 탈모를 치료할 수 있다고 말하고 다니는 사람일 수도 있으니까요.

거의 모든 부모는 '자기 방법이 옳다'고 생각하고 그 방식대로 아이를 교육해요. 하지만 진실로 아이와 사이 좋게 지내는 부모는 마음으로 이해해요. 아이를 이해하기 위해서 노력하고 문제가 생기면 조언을 구하고 기꺼이 배우려고 하죠. 어머님이 딱 그런 유형이에요. 자녀 교육에 관해서 아직 성숙한 경험을 쌓지 못했지만, 성숙한 자질을 갖추고 있어요.

제가 드리는 첫 번째 조언은 자녀 교육서를 더 많이 읽으시라는 겁니다. 장기간 베스트셀러인 자녀 교육서는 오랜 시간 부모들의 경험을 통해서 검증된 책이라 믿을 수 있어요. 주변에 할머니, 아주머니, 친구들의 말보다 이런 책의 도움을 받는 것이 더 좋아요. 또 자녀 교육서를 많이 읽고 교육 이론을 이해하면 자신감이 생겨 주변 사람들의 사적인 조언에 흔들리지 않는다는 이점이 있어요.

두 번째 조언은 아이가 변기의 물에 손을 담그고 놀고 싶어 하면 그냥 놀게 놔두시라는 거예요. 물론 변기는 날마다 깨끗이 청소해야겠죠? 어른은 변기를 보면 대소변을 떠올려요. 변기의 물은 더럽기 때문에 놀면 안 된다고 생각하죠. 하지만 아이의 눈에는 모든 것이 장난감이에요. 심지어 변기에 고인 물도 놀 수 있는 물이고 마실 수 있는 물이에요. 저도 어릴 때 물에 관심이 많았는데, 한번은 마당에 있는 요강에 고인 빗물이 어떤 맛인지 궁금해서 엄마 몰래 맛을 본 적이 있어요. 마당의 요강에 있는 물과 방안의 요강에 있는 물 맛이 어떻게 다른지 궁금했거든요. 아들이 변기에서 충분히 논 뒤에는 깨끗이 손을 씻기고 옷을 갈아입혀 주세요. 다른 일도 마찬가지예요. 위험하지 않으면 아이가 놀게 내버려 두세요. 아이의 마음을 이해해 주면 아이가 말을 더 잘 들어요. "안 돼"라는 말을 덜 할수록 앞으로 "안 돼"라고 말할 필요가 없어져요.

아드님과 함께 행복하세요.

"어른은 변기를 보면 대소변을 떠올려요. 변기의 물은 더럽기 때문에 놀면 안 된다고 생각하죠. 하지만 아이의 눈에는 모든 것이 장난감이에요. 심지어 변기에 고인 물도 놀 수 있는 물이에요."

남편은 무조건
방목형 교육이 최고래요

아홉 살짜리 아들을 키우는 것이 이렇게 힘든 일인지 몰랐어요. 왜 그렇게 고집을 피우고 대들까요? 왜 선생님 딸처럼 철이 들지 않고 말을 안 들을까요? 다 아들 잘되라고 하는 소리인데, 왜 엄마의 마음을 몰라줄까요? 똑같은 것을 몇 번이나 설명해도 왜 못 알아들을까요? 제 속을 얼마나 썩이는지 가끔은 저도 모르게 아들에게 소리를 버럭 지르고 손이 올라가요.

　선생님의 책을 꼼꼼하게 읽어서 제 교육 방법이 잘못되었고 표현 방식도 적절하지 않다는 건 알아요. 제가 벌을 주고 때리고 비판한다고 해서 아들이 공부를 하지는 않는다는 것도요. 하지만 저는 남편의

'방목형' 교육을 받아들이지 못하겠어요. 남편은 아들에게 "이제 공부 좀 해야지"라고 말만 하고 진짜로 공부를 하는지 안 하는지는 신경 쓰지 않아요. 아들이 숙제를 했는지, 했으면 잘했는지 검사하지도 않아요. 숙제만 시키고 검사를 안 하면 아이가 더 많은 것을 배울 수 없잖아요. 평소에 아들은 아빠만 좋아하고 엄마가 걱정하는 것은 몰라줘요.

선생님과 남편분이 자녀 교육 문제에 관해 일치된 생각을 가진 것이 얼마나 부러운지 몰라요. 저와 남편은 자녀 교육관이 서로 달라서 항상 싸워요. 누구의 교육관이 옳은지 남편과 진지하게 토론이라도 해야 할까요?

어떻게 하면 남편과 일치된 자녀 교육관을 가질 수 있을까요? 선생님이 조언해 주시면 좋겠어요.

방목형 교육은 아이에게 더 큰 자유를 줘요

사실 어머님은 문제 해결의 근처까지 접근하셨어요. 어떤 일들은 조금만 더 생각하면 해결의 물꼬가 트여요.

아이를 통제하면 어느 정도 자율적으로 행동하게 만들 수 있어요. 하지만 때리고 욕하는 방식으로는 스스로 열심히 공부하게 만들 수 없고, 다른 집 아이와 비교하는 방식으로는 자신감을 키워 줄 수 없어요. 또 벌을 주는 방식으로는 착한 마음을 키워 줄 수 없지요. 어머님이 아이를 교육하는 일이 힘든 게, 혹시 잘못된 교육 방법을 쓰고 있기 때문은 아닐까요?

어머님은 이미 자신의 교육 방법과 표현 방식이 잘못되었고, 때리고 비판해서는 아들을 열심히 공부하게 만들 수 없다는 것도 아세요. 하지만 여전히 기존의 방법을 고수하고 남편분의 교육관을 부정하고 있어요. 단지 어머님과 교육관이 다르다는 이유로요. 남편분의 교육 방법이 옳고 어머님의 교육 방법이 잘못되었다는 것을 이제는 인정하세요.

어머님은 메일에서 남편분과 자녀 교육 문제에 관해 일치된 의견을 갖고 싶다고 하셨죠? 하지만 글에서 느껴지는 것은 스스로 변화할 생각은 없고 어떻하든 남편분을 설득하고 싶어 하신다는 거예요. 간단하게 말하면, 남편분이 어머님의 방법을 따르길 바라고 있어요. 제가 드리고 싶은 조언은 강압적인 태도를 버리고 남편분의 의견에 귀 기울이시라는 겁니다. 아버님의 '방목형' 교육이 한 수 위의 교육이에요. 간섭하지 않는 것은 아이에게 선택의 자유를 주는 동시에 아이에 대한 부모의 존중과 신뢰를 나타내요. 간섭하지 않는다고 해서 아무 것도 신경 쓰지 않는 것이 아니에요. 외려 아이에게 더 큰 자유의 공간을 만들어 주는 것이죠. 스스로 하게 만드는 것과 강제로 하게 만드는 것의 차이점을 어머님이 이해하셨으면 좋겠어요.

일치된 교육관을 갖는 것은 누가 누구 밑으로 고개를 숙이고 들어가는 것이 아니에요. 누구의 교육이 옳으냐를 놓고 실랑이하는 것이

아니라, 동등한 위치에서 서로 의견을 나누고 차이를 좁혀 나가는 것이지요. 서로 자신의 의견을 고집하며 싸우지 않을 때 가정의 분위기는 더 화목해져요.

저희 부부가 교육 문제에서 완전히 일치된 생각을 가졌다고 부러워하셨는데, 사실과는 조금 달라요. 남편은 위엔위엔의 숙제 노트를 찢은 적도 있어요. 하지만 저와 교육에 대한 대화를 충분히 나눈 후에는 달라졌어요. 교육 문제는 대부분 제게 협조해 줬죠. 어머님과 남편 분이 통일된 교육관을 갖고 아이를 건강하고 즐겁게 키우시길 바랄게요.

"방목형 교육은 자녀에게 선택의 자유를 주는 동시에 자녀에 대한 부모의 존중과 신뢰를 나타내요."

아이가 할머니와 더 친해요

제 아들은 태어난 지 얼마 되지 않고서부터 시어머니 손에서 자랐어
요. 나중에 선생님 책을 읽고 제가 잘못했다는 것을 알고는, 아들이
어린이집에 다닐 나이가 됐을 때 다시 데리고 왔어요. 그런데 어려서
부터 시어머니가 아들을 키워 주셔서인지, 또 시어머니는 뭐든지 알
아서 해 주시지만 저는 꼼꼼하게 챙기지 못해서인지 아들과 함께 있
으면 꼭 시어머니가 따라다니세요.

　문제는 아들이 시어머니와 너무 친하고 어디를 가든 꼭 시어머니
만 찾는다는 거예요. 제가 일이 너무 바빠서 아들은 시어머니와 함께
어린이집 등하원을 하는데, 퇴근하고 제가 돌볼 때도 제게 잘 안 오려

고 해요. 기본적으로 아들이 해 달라는 것을 모두 해 주는데도 조금만 재미가 없어지면 "할머니는?"하고 시어머니를 찾아요. 어린이집에 다닌 지 한 달이 넘었지만 여전히 어린이집에 갈 때마다 우는데 이때도 엄마가 아닌 할머니를 찾아요.

처음에는 좋은 말로 타일러도 보고 같이 놀아 주기도 했는데 여전히 시어머니만 찾아서 요즘에는 태도를 강경하게 바꿨어요. 하지만 행여 아이의 심리에 부정적인 영향을 줄까 걱정되기도 해요. 어떻게 하면 좋을지 선생님이 조언해 주세요.

 ## 아이에게 조건 없이 사랑과 자유를 주세요

제가 솔직하게 말씀드리는 것을 용서해 주세요. 어머님, 참 도둑놈 심보시네요. 아이는 세상에 태어난 뒤 기억을 하는 순간부터 줄곧 할머니와 함께 생활했어요. 그러면 할머니와 친한 것이 당연하지 않나요? 할머니와 친하지 않으면 누구와 친하겠어요? 어머님과 시어머니가 각각 아이를 돌본 시간을 계산해 보세요. 아이의 세계에 어머님이 '엑스트라'로 출연하셨다면, 아이에게 어머님은 지나가는 행인에 불과해요. 이제 겨우 한두 달 함께 살았는데 그 짧은 시간에 어떻게 '낯선 사람'과 친해지겠어요?

어머님은 아들을 직접 키우지 않았어요. 아들을 낳았지만 그동안 없는 것처럼 생활했죠. 다른 젊은 엄마들이 직접 아이를 키우며 잠 못 자고 힘들어할 때 어머님은 상대적으로 여유롭고 자유롭게 생활하셨어요. 그 당시에는 불만이 없으셨죠?

어머님은 애초에 아이를 시어머니에게 맡긴 것이 잘못이었다고 후회하지만, 후회만 하고 만회하기 위한 어떤 행동도 아직 하지 않았어요. 아들에게 조금 신경을 써 주고는 예상만큼 친해지지 못하자 '나는 굉장히 노력했지만 아들이 몰라준다'라고 말하며 모든 책임을 아들에게 떠넘기고 있잖아요. 이뿐인가요? 고압적인 태도로 아들이 '호전'되기를 기다렸지만 아들이 끝내 할머니만 찾자 태도를 강경하게 바꾸었어요. 대체 무슨 자신감으로 이렇게 하시죠? 단지 엄마라서? 아들을 위해서 시간과 에너지를 쓰지 않은 채 아들이 엄마를 그리워하기만 바라고 문제가 생기면 아들을 탓하고…… 아이가 엄마에게 뭘 그렇게 잘못했나요?

고의로 상처를 주며 누군가를 사랑하도록 압박하면 어른도 못 견뎌요. 어떤 사람이 자신에게 우호적이지 않은 사람을 좋아하겠어요? 한데 어머님은 강경한 태도로 아이가 엄마에게 잘 보이도록 만들고 싶어 하세요. 아이의 심리에 부정적인 영향이 없다고 하면 계속 이렇게 하실 건가요?

읽기 불편하시겠지만 아무래도 어머님은 시어머니를 '질투'하시는 것 같아요. 아이가 시어머니만 찾아서 속상하세요? 만약에 그렇다면 스스로 자신을 돌아보는 시간을 가지셨으면 좋겠어요. 할머니가 손주를 지나치게 예뻐하고 모든 일을 도맡아 처리해 주시는 것은 분명 문제가 있어요. 하지만 이보다 더 시급한 문제는 빠른 시일 내에 어머님이 아이와 좋은 관계를 형성하는 것이에요. 아이와 관계 형성에 애를 먹으면 시어머니와의 관계가 불편해질 수도 있고, 결국은 부부 관계에까지 문제가 생길 수 있어요. 어쨌든 이것은 어머님과 아들의 관계뿐만 아니라 다른 가족의 관계에까지 영향을 줄 수 있는 확산형 문제예요.

아이가 세상에 태어난 뒤 가장 최초로 관계를 맺는 사람은 엄마예요. 아이는 엄마에게 지고지순한 사랑을 무조건적으로 받죠. 어머님은 여느 엄마들처럼 아이와 친밀한 사이가 되고 싶어 해요. 하지만 **아이와 친해질 수 있는 열쇠는 아이가 아니라 바로 어머님에게 있어요.** 아이는 사랑에 예민하지만 관계를 적극적으로 형성하는 능력은 없거든요. 아이는 마음속 깊은 곳에서 엄마의 사랑을 갈구하지만 의식적으로 엄마와 친해지지 못하는 것뿐이에요. 엄마에게 무조건적인 사랑, 편안함, 따뜻함을 느끼고 함께 많은 시간을 보낼 때 아이는 자연스럽게 엄마와 떨어지지 않으려고 할 거예요.

더 이상 아이를 탓하지 마세요. 시어머니에게 맺힌 응어리를 풀고 애초에 아이를 잘못 맡겼다는 생각도 버리세요. 모든 불만과 부정적인 정서를 깨끗이 털어 버리고 자신을 포함하여 모든 사람에게 친절하게 대하고 감사하세요.

특히 아이와 함께 있을 때 조건 없이 사랑과 자유를 주세요. 사랑과 자유를 주는 것은 말처럼 쉬운 일이 아니에요. 지금 당장 어머님이 꿍

장히 노력해야 하는 가상 큰 과제예요.

　일부러 엄마에게 잘 보이기 위해서 노력할 필요가 없다고 느낄 때, 자신이 어떻게 행동하든 엄마가 변함없이 자신을 사랑한다고 느낄 때, 잘못해도 엄마가 자신을 탓하지 않을 때 아이는 진심으로 모든 경계심을 내려놓고 엄마와 친해질 거예요. 이때에 비로소 어머님은 아이의 세계에서 '엑스트라'가 아닌 '주연'이 되어 엄마로서 진정한 행복감과 만족감을 느낄 수 있어요.

　"엄마에게 무조건적인 사랑, 편안함, 따뜻함을 느끼고 함께 많은 시간을 보낼 때 아이는 자연스럽게 엄마와 떨어지지 않으려고 할 거예요."

첫째 아이가 동생을 때려요

29개월 된 딸아이와 5개월 된 아들 쌍둥이를 키우는 엄마예요. 처음에 쌍둥이가 태어났을 때 딸아이는 동생들을 매우 예뻐하고 수시로 뽀뽀해 줬어요.

하지만 어찌 된 영문인지 두세 달 전부터 기분이 조금만 안 좋아지면 동생들을 때려요. 시부모님과 제가 "어허! 동생을 때리면 안 되지!"라고 말해도 소용이 없어서 이제는 혼내지도 않고 아예 아무 말도 안 해요.

딸아이에게 "동생을 왜 때렸어?"라고 물으면 딸아이는 습관적으로 "맛있는 것이 없어서요"라고 대답해요. 딸아이는 제가 쌍둥이를 낳은 뒤에 온종일 쌍둥이만 돌보고 자신과 많이 놀아 주지 않자 샘이 나서 동생들을 때리는 것 같아요. 시어머니는 친구분들이 놀러 오면 그렇게 큰아이가 동생들을 때린다고 말씀하세요. 큰아이가 듣는 곳에서 흉을 보지 말아 달라고 부탁드렸지만, 시어머니는 여전히 아이가 듣는 곳에서 흉을 보세요. 평소에 큰아이가 서운하지 않게 신경 쓰려고 노력했지만 제 노력이 부족했나 봐요. 큰아이는 툭하면 동생들을 때리고, 동생들은 아프다고 울고 중간에서 저만 괴로워 죽겠어요. 선생님, 어떻게 하면 딸아이의 토라진 마음을 풀어 줄 수 있을까요?

 ## 부모가 자기도 모르게 남매 사이를 갈라놓을 수도 있어요

29개월이면 아직 아기네요. 만 2~3세는 인지 감각이 크게 발달하고 세상을 막 인식하기 시작하는 단계예요. 이 시기의 아동에게 어떤 개념과 상식을 주입하느냐는 매우 중요해요. 지금 어머님이 세 남매의 관계를 어떻게 정의하느냐에 따라서 앞으로 큰아이가 동생들을 대하는 태도와 자신에 대한 평가, 주변 사람들을 대하는 태도가 달라져요.

큰아이의 심리를 보호하기 위해서 노력한 것은 잘하셨어요. 큰아이는 원래 동생들을 좋아했지만 어느 날 어떤 사건을 계기로 기분이 나빠지면 동생을 때리는 방식으로 불만을 표현하기 시작했어요. 이것은 본래 나쁜 일이 아니에요. 엄마는 신이 아니에요. 모든 부분을 완벽하게 챙기는 것은 불가능해요. 아이도 성인군자가 아니에요. 직접적으로 불만을 표현하는 것은 매우 정상적인 일이에요. 유일하게 잘못된 점은 어머님과 시어머니가 큰아이의 행위를 잘못 해석한 것이에요.

어머님과 시어머니는 큰아이의 행위를 '때리는 것'이라고 정의하셨어요. 이렇게 되면 동생들을 향한 큰아이의 사랑은 미움이 되고 불만은 폭력이 되고 억울함은 막무가내의 투정이 돼요. 부모가 부정적인 관점에서 아이의 우연한 행위를 해석하고 비판하면 아이는 엄마의 사랑을 의심하게 되어 끊임없이 사고를 일으키고 동생들을 괴롭히는 방식으로 엄마의 사랑을 시험하는 악순환이 일어나요. 엎친 데 덮친 격으로 할머니가 아이의 흉을 보고 잔소리까지 심하게 하면 아이는 자존감이 떨어져 열등감과 상실감의 이중 고통을 느끼고 사사건건 동생들과 대립하게 돼요.

맛있는 것이 없어서 동생을 때린다는 큰아이의 말은 제 경험에 비추어 볼 때 젤리, 초콜릿 등에 결핍을 느끼는 것이 아니라 사랑, 존중 등에 결핍을 느끼는 것이에요. 큰아이는 자신의 감정을 구체적으로 설명하기에 아직 너무 어려요. 때문에 "맛있는 것이 없어서요"라는 말로 자신의 억울함을 표현했어요. 아이들의 심리에서 '맛있는 음식'은 가장 큰 사랑과 만족감을 나타내요.

올바른 대응 방법은 첫째, **큰아이의 모든 행위를 긍정적인 관점에서 바라보세요.** 모든 아이는 선천적으로 착해서 동생을 사랑할 수밖에 없어요. 가끔 불만을 표현해도 비판하지 말고 동생을 때렸다고 생각하지 마세요. 대신 아이의 행위를 '사랑'이나 '좋아함'으로 정의하세요. 예를 들어 큰아이가 동생들을 한 대 때렸을 때 심하게 때리지 않았다면 그냥 못 본 척하고 "어머. 동생들이 우네? 네가 '엄마가 곧 맘마 주러 오실 거니까 조금만 기다려'라고 위로해 줘. 알았지?"라고 말씀하세요. 그러곤 젖을 빠는 동생들의 귀여운 모습을 함께 감상하거나 큰아이와 함께 가슴을 마사지하세요. 큰아이에게 엄마를 돕는 기쁨이 무엇인지 느낄 수 있는 기회를 주세요. 만약에 세게 때려서 쌍둥이들이 울면 상냥한 얼굴로 "동생들이 귀여워서 그냥 장난쳤는데 힘을 너무 세게 줬구나. 어떡해. 동생들이 아픈가 봐. 다음번에는 동생들 울지 않게 살살 장난치자"라고 말씀해 주세요. 그러면 동생들에게 우호적인 감정이 생겨 동생들을 대하는 태도가 '가해자'에서 '보호자'로 바뀌어요. 또한 내면에 아름다움과 자신감이 생겨 동생들과 자신을 긍정적으로 평가하고 더 이상 엄마의 사랑을 의심하지 않아요.

둘째, 일상생활에서 기회가 있을 때마다 큰아이와 동생들의 사이가 좋다는 것을 큰아이가 인지할 수 있게 해 주세요. 물론 이 일은 어머님뿐만 아니라 온 가족이 동참해야 해요. 그렇지 않으면 거짓말이 될 테니까요. 아이들은 레이더처럼 어른들 말 속에 숨은 의미를 잘 파악해요. 따라서 은연중에 큰아이를 칭찬하고 큰아이와 쌍둥이들이 서로 사이 좋게 지낸다고 말씀하셔야 해요. 시어머니는 대화 습관을 반드시 고치셔야 해요. 다른 사람들에게 "큰아이가 동생들을 질투하네", "남매의 사이가 안 좋아서 걱정이네"와 같이 말하면 안 되고 큰아이가 동생들을 매우 사랑하고 세 남매가 행복하게 지낸다고 이야기해야 해요. 자신이 쌍둥이 동생과 사이 좋게 지낸다는 말을 어른의 말을 통해서 들으면 큰아이는 자발적으로 동생들과 사이 좋게 지낼 거예요.

아이의 마음속에는 응어리가 없어요. 어른이 인식의 응어리를 풀어야 하죠. 아이가 샘이 많고 일부러 대들고 말을 잘 안 듣는다고 생각하는 것 자체가 남매 사이를 갈라놓는 심리 구조예요. 아이들이 얼마나 다정하고 마음이 넓고 사리 분별을 잘하는데요. 선의와 악의는 모두 '번식력'이 강력해서 자극하는 쪽으로 자라요.

행운이 함께하길 빌게요.

"아이가 샘이 많고 일부러 대들고 말을 잘 안 듣는다고 생각하는 것 자체가 남매 사이를 갈라놓는 심리 구조예요. 선의와 악의는 모두 '번식력'이 강력해서 자극하는 쪽으로 자라요."

여자라고 차별해서 딸에게 미안해요

선생님의 조언이 필요한 문제가 있어서 연락드려요. 저는 아이가 둘이에요. 큰아이는 올해 스무 살이 되어 대학교에 입학했고, 작은 아이는 초등학교 3학년이에요.

그동안 아들에게만 신경 쓰고 딸아이에게는 소홀했더니 이제는 아무리 잘해 줘도 딸아이가 마음의 문을 열지 않아요. 모든 방법을 다 써 봤지만 명절이나 주말에도 남편과 제가 기다리는 집에 오지 않고 고모네 집으로 가요. 저희 부부는 딸과 함께 살고 싶어요.

선생님. 좋은 방법이 있을까요? 오랫동안 고민한 문제예요.

답장 기다릴게요. 감사합니다.

아이의 선택을 존중해 주세요

메일 내용으로는 딸아이와 구체적으로 어떻게 생활하셨는지 파악할 수 없지만, 두 분이 아들만 편애하고 딸을 냉대해서 딸아이가 많이 실망한 것 같아요. 그래서 집에도 가지 않고, 엄마, 아빠도 보고 싶어 하지 않고, 함께 살고 싶어 하지도 않는 것 같군요. 그나마 고모가 딸아이에게 지낼 곳을 마련해 주고 잘 대해 주셔서 다행이에요.

어머님이 모든 방법을 다 써 봤다고 하셨는데, 어떤 방법을 써 보셨는지 궁금해요. 만약에 진심이 아니라 단지 아이를 집으로 불러들이기 위해서 또는 부부의 체면이나 남들에게 '완벽한 가정'으로 보이기 위해서, 과거의 잘못에 대한 심리적인 보상을 위해서 아이에게 잘해 주시는 것이라면 너무 이기적이에요. 만약에 그렇다면 딸아이가 집에 돌아오지 않아도 할 말이 없어요.

고모가 아무리 잘해 줘도 엄마의 사랑을 대신할 수는 없어요. 또 어떤 자녀가 엄마, 아빠와 함께 살고 싶지 않을까요? 사실 아이도 마음속으로는 무척 집에 돌아가고 싶을 거예요. 하지만 부모님이 자신을 차갑게 대하고 차별하니까 자신을 조금 더 따뜻하게 맞이해 주는 고모네 집에 가 있는 거죠.

상황이 이렇게 된 것은 아이 탓이 아니에요. 그렇다고 어머님 자신을 탓하지도 마세요. 이미 지나간 것은 바꿀 수 없어요. 과거에 대한 미안함을 내려놓으세요. 지금 이 순간, 그리고 앞으로 더 많이 사랑해 주세요. 딸아이의 모든 면을 사랑해 주고 모든 선택을 존중해 주세요. 딸아이를 정말로 사랑한다면, 설령 아이가 평생 고모네 집에 있기를 원해도 "그래도 괜찮아"라고 그 선택을 존중해 주세요.

고모가 있어서 다행이라고 생각하세요. 아이가 엇나가지 않고 고모네 집에라도 있어서 다행이잖아요. 고모가 없었다면 아이는 더 많은 상처를 받았을 거예요. 고모네 집에 있기로 선택한 아이의 용기에 감사하고, 고모가 아이에게 정서적 피난처가 되어 준 것에 감사하세요. **아이를 집에 돌아오게 하기 위해서 무리한 방법을 쓰지 마세요. 그 어떤 방법도 진실한 사랑만 못하니까요. 아이는 부모가 진실로 자신을 사랑한다고 느낄 때 집에 돌아올 거예요.**

어떻게 하면 아이가 부모의 진심을 알아줄까 궁금하시죠? 구체적인 방법은 제가 가르쳐 드릴 수 없어요. 하지만 어머님이 아이를 진실로 사랑해 준다면 방법이 나타날 거예요. 엄마보다 아이를 더 이해할 수 있는 사람은 없으니까요.

"이미 지나간 것은 바꿀 수 없어요. 과거에 대한 미안함을 내려놓으세요. 지금 이 순간, 그리고 앞으로 더 많이 사랑해 주세요. 아이의 모든 면을 사랑해 주고 모든 선택을 존중해 주세요."

선생님, 이럴 땐 어쩌죠?

 아이가 물장난만 하면 잠을 안 자요

예전 같으면 무슨 일이 있어도 생후 15개월 된 아들을 밤 10시 반까지 재우고 주방에서 쓰는 주전자를 세면대에서 갖고 놀지 못하게 했을 거예요. 하지만 선생님 책을 읽고 더 이상 그러지 않아요. 그런데 며칠 전에는 물장난을 너무 심하게 하는 거예요. 옷은 이미 다 젖어서 물이 뚝뚝 떨어지는데 30분이 넘어도 화장실에서 나올 생각은 안 하고, 제가 "우리 내일 또 물놀이하자"라고 타일러도 소용이 없고, 장난감으로 유인해도 안 통했어요. 날씨도 추운데 젖은 옷 입고 놀다가 감기에 걸릴까 걱정되더라고요. 이 상황을 어떻게 하면 해결할 수 있을까요? 정말 아들이 충분히 놀 때까지 기다렸다가 재워야 할까요?

A 이미 잘하고 계시네요. 지금처럼 충분히 놀게 한 뒤에 재우세요.

Q 아이가 강아지를 키우고 싶어 해요

최근에 아이가 강아지를 키우고 싶다고 울면서 떼를 써서 고민이에
요. 강아지를 키우면 좋은 점도 있지만 나쁜 점도 있잖아요. 아이 아
빠와 서로 의견이 안 맞는데, 남편은 무슨 일이 있어도 집 안에서 강
아지를 키우면 안 된대요. 선생님, 아이가 강아지를 잘 키울 수 있을
까요?

A 조건이 되면 키워 보세요. 어린 자녀를 둔 가정에서 고양이나 강
아지를 키우는 경우가 많아요. 아버님께서 "무조건 안 돼!"라고 말씀
하시는 것은 설득력이 떨어져요. 세 가족이 손을 들어서 결정해 보세
요. 만약에 2대 1이 나오면 아이가 더 이상 울고불고하지 않고 기뻐
서 폴짝폴짝 뛸 거예요.

Q 아이가 하고 싶은 대로 하게 놔두면 안 되나요?

15개월 된 딸아이는 매우 밝고 활동적인 편이에요. 낮에는 저 혼자

돌볼 때가 많은데, 요새 딸아이가 뭐든지 직접 만져 보는 것을 좋아하거든요. 위험한 물건이 아니면, 이를테면 그릇, 쟁반, 면봉, 종이, 물병, 냄비, 접는 의자 정도는 그냥 갖고 놀게 놔둬요. 그런데 이렇게 하는 것이 맞는지 모르겠어요. 어떤 엄마는 하고 싶은 대로 하게 놔두면 아이의 버릇이 나빠진다고 말하는데, 저는 크게 문제가 없다고 생각하거든요. 아이가 갖고 놀면 안 되는 물건이 있나요?

예를 들어 딸아이는 접는 의자에 앉기도 하지만 자동차처럼 끌고 다니기도 하고, 어느 때는 들고 다니면서 계단처럼 사용해요. 이걸 보고 어떤 엄마는 의자가 더러워진다고 "에이, 지지. 그러면 안 돼"라고 말하던데 저는 왜 안 된다는 건지 모르겠어요. 선생님. 제가 이상한 건가요?

A 지금처럼 하시면 돼요. 어머님은 모성애의 직감으로 이미 제대로 된 교육을 하고 계시네요. 안 된다고 말하는 사람들은 신중한 사고 끝에 그렇게 말하는 것일까요? 다른 사람의 말을 듣고 아이를 교육했다가 잘못되어도 그 사람들은 책임 안 져요. 아이에 대한 교육은 엄마 책임이에요. 어머님보다 아이를 더 사랑하고 이해하는 사람은 없습니다. 어머님은 이미 좋은 엄마예요.

3장

천천히 자라면
아이의 마음이
단단해져요

아이의 감정을 이해하는 소통

●

아이의 모든 행동과 말을 어른이 이해할 수는 없어요.
아이의 성장에 해가 되는 것이 아니면
좋아하는 행동을 하게 내버려 두세요.
섣불리 아이를 지도하지 마세요.
그냥 아이의 모든 표현을 즐기세요.

질문 17

아이가 애늙은이처럼 굴어요

제 딸아이는 어린이집에 다녀요. 일찍 철이 들어서 착한 것은 말할 것
도 없고 자기가 한 말은 무슨 일이 있어도 꼭 지켜요. 딸은 어린이집
등원 첫날부터 선생님께 칭찬을 받더니 일주일째 되는 날에 '이번 주
의 착한 어린이'에 뽑혔어요. 어린이집에 처음 가는데도 다른 아이들
처럼 울지 않고 선생님과 함께 친구들을 안심시키고 눈물을 닦아 줬
어요. 하지만 어제 선생님과 상담한 결과는 조금 충격적이에요. 딸아
이가 또래 아이들의 특징에 맞지 않게 지나치게 자존심이 세고 매사
에 신중하대요. 또 놀라울 정도로 지나치게 철이 들었고 성숙하다는
거예요.

예를 들어 점심시간에 선생님이 천천히 먹으라는 말도 안 했는데 괜히 선생님이 걸어오는 것을 보고 "선생님. 저 열심히 밥 먹고 있어요. 꼭꼭 씹어 먹을게요. 파이팅!"이라고 말한 적도 있고요. 또 처음 어린이집 화장실을 이용했을 때 변기가 불편해서 아이가 바지에 소변을 많이 흘렸나 봐요. 선생님이 어떻게 사용하는지 가르쳐 줬더니 그다음에는 잘했대요. 그런데 화장실에서 돌아올 때마다 "선생님. 오늘은 바지에 오줌 안 쌌어요"라고 말한대요. 또 오후에 낮잠을 잘 때 다른 친구들은 선생님에게 토닥여 달라고 말하는데 딸아이는 "선생님도 힘들잖아요. 저는 안 토닥토닥해 줘도 돼요"라고 한다고요.

어린이집 선생님 말로는 내심 선생님이 재워 주길 바라지만 직접적으로 말하지 않고 우회적인 방식으로 표현한대요.

심지어 원장 선생님은 이렇게 말씀하셨어요.

"어린이집을 20년 운영했지만 따님처럼 울지도 않고 선생님에게 잘 보이려고 노력하는 아이는 처음이에요. 어린아이가 이렇게 하려면 얼마나 힘들겠어요. 스트레스를 많이 받으면 성장에도 좋지 않아요."

딸아이는 철이 들다 못해 가끔은 애늙은이 같아요. 한번은 어린이집 친구가 다른 친구들에게 괴롭힘을 당해서 딸이 나서서 도와줬는데 어찌 된 일인지 괴롭히던 친구들을 죄다 울려 놓은 거예요. 그중에 한 명이 선생님에게 일러서, 선생님이 딸에게 혹시 친구들을 때렸냐고 물었어요. 딸아이는 아니라고 했어요. 선생님이 재차 물어도 딸아이는 결단코 안 때렸다고 말했어요. 선생님이 '내가 괜히 아이를 의심했구나' 생각할 때쯤 다른 선생님이 목격자로 나셨어요. 결과적으로 딸아이는 친구를 괴롭히는 아이들을 때렸어요. 하지만 끝까지 인정하지 않았죠. 나중에 선생님께 이 일화를 전해 듣고 딸에게 넌지시 말했어요.

"그때 일부러 그런 거 아니지? 무슨 일이 있으면 선생님께 사실대로 말씀드려야 해. 그러면 선생님이 혼내지 않을 거야."

이후에 딸아이는 어째서 자신이 친구들을 때렸는지 솔직하게 고백했어요.

훗날 선생님이 말씀하셨어요.

"따님이 '안 때렸어요'라고 말할 때 눈빛이 조금도 흔들리지 않았어요. 다른 아이들 같으면 눈동자가 흔들리거나 우물쭈물하는 모습이 보였을 텐데 따님은 냉정했어요. 마치 진실을 말하고 있는 것처럼요."

그러곤 한마디 덧붙이셨어요.

"따님은 지나치게 성숙해요."

어제 어린이집에서 가장 젊은 선생님이 개인적인 사정이 생겨서 출근을 못 했어요. 어린이집에 있는 세 명의 선생님 중에서 딸아이가 가장 좋아하는 선생님이에요. 저녁때 딸이 갑자기 이 선생님에게 전화를 걸어 보자는 거예요. 혹시 아프면 자기가 약을 사다 주겠다면서요. 정말 어린이집 선생님 말씀대로 제 딸은 철이 너무 들었어요.

딸아이는 자기 자신을 지나치게 억누르고 통제해요. 평소에 외출했을 때 울고불고 떼를 쓰면서 장난감을 사 달라고 조른 적이 없어요.

처음에는 아이가 의젓한 게 좋았어요. 제가 "어허, 안 돼"라고 말하면 아이가 장난감을 집었다가 다시 내려놓았어요. 하지만 이제는 제가 아이의 욕구를 너무 무시한 게 아닌가 하는 생각이 들어요.

딸아이는 가끔 막무가내로 돌변해요. 예를 들어 옷을 입을 때 자기가 뒤집어 입어 놓곤 "엄마가 시끄럽게 말해서 제가 옷을 이상하게 입었잖아요"나 "엄마가 방해해서 옷을 못 입겠어요"라고 불평해요.

또 딸아이는 자기 허락 없이는 자기 물건을 절대로 못 만지게 해요. 어느 자녀 교육서는 이것을 아이의 천성이라고 말하던데, 문제는 아이 아빠가 딸아이를 혼낼 때마다 "이 집에 네 물건이 어디 있어? 다 아빠가 돈 벌어서 산 것이잖아"라고 말한다는 거예요.

저도 딸아이를 잘 지도하고 있는지 열심히 반성했어요. 저는 비판 정신이 부족해요. 좋은 게 좋은 거라며 대체로 남에게 맞추는 편이에요. 비서로 오랫동안 일해서 약간의 노예 근성이 성격에 뱄는데, 딸아이가 그걸 그대로 배웠어요. 제게 가장 큰 영향을 준 사람은 친정 엄마예요. 엄마는 강압적인 편이세요. 온 가족의 일이 엄마의 말 한마디로 결정되죠. 친정 아버지는 사업적으로 성공한 분이지만 엄마 앞에서는 꼼짝 못해요. 저는 딸아이를 임신했을 때부터 남편과 함께 친정에서 생활했어요. 다행히 집이 넓어서 함께 살아도 불편하지 않고 저를 돌봐 주는 사람들이 있어 좋았어요. 딸아이가 태어난 뒤에는 엄마가 키워 주셨는데, 선생님 책을 읽은 뒤부터는 퇴근 후엔 무조건 제가 돌봐요. 가끔 회사를 그만두고 아이를 키울까 생각하지만 그만두기에는 직장이 워낙 좋아서 가족들이 반대해요.

엄마는 성격이 '대단'하세요. 뭐든지 당신 마음에 들어야 해요. 선생님 책을 읽고 제 성장 과정을 돌이켜 보니, 모든 부정적인 일에 엄마의 영향이 어느 정도 있었어요. 저는 아이 엄마가 된 지금도 쇼핑을 하거나 친구들을 만날 때 친정 엄마의 허락을 받아요. 안 그러면 난리가 나니까요. 딸아이는 어려서부터 외할머니 눈치를 봤어요. 하루도 안 혼나는 날이 없었거든요. 딸이 엄마와 텔레비전을 보거나 잘 때 말썽을 피우면 엄마는 폭력으로 상황을 해결해요. 그러면 딸아이는 잠자코 재미도 없는 마작 경기를 봐요. 다른 집 할머니들은 손녀딸을 보면 귀여워서 어쩔 줄 모르는데, 엄마에게는 이런 모습을 기대할 수 없어요. 딸아이도 가족 중에서 외할머니의 힘이 최고로 센 것을 알아서, 최대한 외할머니의 화를 안 돋우려고 노력해요. 외할머니에게 안 혼나려면 고분고분해지는 수밖에 없으니까요.

저는 교통 체증을 피해서 아침 일찍 출근해요. 그래서 딸아이는 친정 엄마와 함께 어린이집에 가는데, 어느 날 어린이집 선생님이 제게 다른 집 할머니들은 손주를 엄청 귀여워하는데 저희 엄마만 유독 엄격하다고 말씀하시는 거예요. 다른 집은 할머니가 손주의 걸음걸이에 맞추는데 우리 집은 딸아이가 할머니의 걸음걸이에 맞춰 뛴다면서요. 선생님이 손녀딸을 조금 더 친근하게 대해 달라고 조심스럽게 몇 번 말했더니 엄마가 "선생님. 아이를 엄격하게 키우는 것이 제 교육 스타일이에요. 저는 애 어미도 그렇게 엄격하게 키웠어요"라고 말해서

디는 말을 못 했대요.

이제 어떻게 하면 좋을지 모르겠어요. 얼마 전에 마침내 내 집 마련의 꿈을 이뤄서 내년 7월이면 새 집에 입주해요. 위치는 친정에서 가까워요. 그래야 엄마가 아이를 어린이집에 데려다 줄 수 있으니까요. 한데 이사를 하나 안 하나 큰 차이가 없을 것 같아요. 지금도 퇴근한 뒤에는 제가 아이를 돌보거든요. 엄마는 제가 퇴근하면 육아에서 손을 딱 놓으세요. 당신의 '임무'가 끝났다고 생각하시는 거죠. 어떤 엄마들은 할아버지, 할머니가 손주를 품에서 안 놓으려고 해서 고민하는데, 엄마는 그런 점은 없어서 좋아요.

아, 문제가 또 있어요. 최근에 딸아이가 어린이집에 잘 안 가려고 해요. "엄마. 하루만 어린이집에 안 가면 안 돼요? 딱 하루만요"라고 말할 때가 많아요. 어린이집에서 낮잠을 자기 전에 반드시 화장실을 다녀와야 하는데 화장실에서 볼일을 보는 것이 힘든가 봐요. 선생님께 이야기했더니 최근에 확실히 화장실에서 소변 보는 것을 힘들어하긴 한대요.

가끔 하루쯤 쉬게 할까 생각하지만 한 번 허락하면 두 번 세 번 안 간다고 할까 걱정이에요. 더욱이 저는 워킹맘이잖아요. 아이가 어린이집에 안 가면 엄마가 온종일 돌봐야 하는데, 엄마 성격상 욕만 얻어먹을 거예요.

선생님, 어떡하면 좋을까요?

아이가 지나치게 철든 것은 좋은 일이 아니에요

어머님 메일을 읽고 생각난 속담이 있어요. "자라 보고 놀란 가슴 솥 뚜껑 보고 놀란다!" 아이는 지금 많은 사람의 눈에는 문제가 없는 것처럼 보일 거예요. 외려 의젓한 모습이 장점처럼 비칠 수도 있어요. 하지만 어머님과 어린이집 선생님은 뭔가 문제가 있다는 것을 알아차리셨어요. 확실히 아이는 지나치게 철이 들었어요. 지켜보는 사람의 마음이 불안할 정도로 성숙해요. 마치 언제든지 쓰러질 수 있는 고층 건물이나 꽃샘추위가 한창일 때 핀 꽃봉오리 같다고나 할까요?

메일 내용으로 판단할 때 딸아이는 이미 자아를 심각하게 잃었어요. 의젓하고 예의 바르고 남을 배려하는 등의 표현은 본질적으로 아동 스스로 자신을 왜곡하는 거예요. 그 나이에 걸맞지 않아요. 오랫동안 존중받지 못하고 심리적으로 침범당하고 개인의 의지가 짓밟힌 결과죠. 의젓하게 행동하는 것은 최대한 남에게 잘 보이고 상대를 편안하게 해 주기 위한 것이에요. 자신의 진짜 모습을 꾹꾹 억누르면서요. 안타깝네요. 사실 아이는 마음을 많이 다쳤어요. 인생의 궁극적인 목적은 자기 자신을 찾는 것이에요. 사람은 자아를 찾고 진정한 자신이 될 때 행복을 느껴요. 지금 아이는 '솔직한 자아'를 가져야 하는 아동기이지만 강압에 의해 자신에게 솔직하지 못해요. 자신이 가진 생명의 에너지를 즐겁게 성장하는 데 오롯이 쓰지 못하고 다른 사람의 기분을 맞추는 데 지나치게 소모하고 있어요. 아이가 얼마나 고통스러울까요? 지금 이 문제를 해결하지 않으면 평생 고통이 저주처럼 따라다닐 수 있어요.

어머님은 메일에서 아이의 문제, 그리고 문제가 생긴 원인을 명확하게 설명해 주셨어요. 안타깝게도 친정 어머니가 '최초의 파괴자' 역할을 하셨군요. 문제의 근원을 찾았으니 이제 문제를 해결하는 단계만 남았어요. 아이를 최대한 친정 어머니로부터 떨어뜨려 놓으세요. 멀리 떨어뜨려 놓을수록 좋아요.

제 조언이 조금 놀라울 수도 있고 불편하게 느껴질 수도 있어요. 올바른 방법인가 하는 의문도 들 거예요. 현실적으로 아이와 친정 어머니를 떨어뜨려 놓는 것은 어려워요. 여러 제약이 있으니까요. 친정 어머니의 체면을 살려 주는 동시에 아이를 친정 어머니로부터 떨어뜨려 놓는 것이 쉽지는 않을 거예요. 하지만 저를 믿고 바로 행동에 옮기세요. 더 이상 늦추면 안 돼요.

어머님은 성장하면서 친정 어머니에게 많은 상처를 받았어요. 하지만 어른이 된 뒤에도 엄마 곁을 떠나지 못하고 이제는 딸아이까지 맡기고 있어요. 아이가 외할머니에게 하루도 욕을 안 먹는 날이 없다는데도 걱정이 안 되세요? 지금의 상황을 방치하면 돌이킬 수 없을 정도로 아이가 많은 상처를 받아요. 반드시 아이를 친정 어머니와 떨어뜨려 놓으세요. 친정 어머니가 날마다 아이를 정신적으로 학대하는 상황에서 한숨만 쉬면 문제가 해결되지 않아요.

눈에 안 보인다고 없는 게 아니에요. 본인이 느끼지 못한다고 해서 중요하지 않은 게 아니에요. 아이가 되어 아이의 마음을 느껴 보세요. 그 어린아이가 상처를 숨기고 얼마나 마음을 졸였을지, 얼마나 겁을 먹고 지냈을지 생각해 보세요. 얼마나 발버둥을 쳤겠어요?

딸아이의 모습에서 어머님의 어릴 적 모습이 보일 거예요. 미래 아이의 모습은 어머님의 현재 모습에서 찾을 수 있어요. 어머님과 아이는 심리적으로 무척 닮았어요. 똑같은 사람의 손에서 자랐으니까요. 어머님은 딸의 문제가 어디에서 비롯되었는지 알지만 계속해서 딸아이가 억압당하고 마음의 상처를 받도록 내버려두고 있어요. 왜일까요? 충분히 사랑받은 경험도, 자신을 보호해 본 경험도 없어서예요. 제가 이해한 바에 따르면 어머님은 전적으로 친정 어머니의 통제를 받고 있어요. 매우 순종적이고, 소심하고 나약하며 늘 친정 어머니의 기분을 살피고 주견이 없어요. 반항할 줄도 몰라요. 독립을 준비하면서도 어떡하든 친정 옆에 머물 이유를 찾았어요.

사람은 하고 싶은 일이 있으면 어떡하든 방법을 찾아요. 핑곗거리를 찾는다는 건 하기 싫다는 거죠. 딸아이가 친정 어머니에게 얼마나 많은 상처를 받고 있는지 아시잖아요. 그 상처의 깊이와 두려움도 아시잖아요. 그러면 이제는 행동하셔야 합니다.

친정 어머니는 통제욕이 지나치게 강하세요. 그렇다고 이제 와서 그분의 성격을 고친다? 불가능한 일이에요. 아이를 보호하고 싶으면 먼저 친정 어머니에게 반항할 줄 알아야 해요. 친정 어머니에게 다시는 아이를 때리고 욕하지 말라고 분명한 태도로 말씀하세요. 그리고 둘을 떼어놓으세요. 이게 가장 간단하고 효과적인 문제 해결 방법입니다. 그리고 엄마와 아빠가 **아이에게 사랑과 자유를 듬뿍 주세요. 상처가 치유되면 아이는 서서히 본래의 천성을 되찾을 거예요.**

메일을 읽고 어머님과 아버님이 과연 딸아이에게 사랑과 자유를 충분히 주고 있는지 의구심이 들었어요. 아이가 자기 물건을 허락 없이 만지는 것을 싫어한다고 했죠? 남편분에 대해 걱정스러운 점은 "이 집에 네 물건이 어디 있어? 다 아빠가 돈 벌어서 산 것이잖아"라고 딸에게 자주 윽박지르는 거예요. 저는 이 대목을 읽고 때로는 가족이 남보다 못하다는 생각이 들었어요. 아이는 날마다 외할머니에게 정신적으로 학대를 받아요. 이런 상황에서 아이가 자기 허락 없이 자기 물건을 못 만지게 하는 것은 당연해요. 수시로 남에게 정신적인 침해를 받는 아이가 자유롭게 지배할 수 있는 건 오직 자신의 것, 이를테면 자기 장난감, 옷, 책 같은 것들이에요. 자기 물건을 못 만지게 하는 것은 자신을 보호하려는 데서 나오는 무의식적인 행동이에요. 이런 무의식적인 행동조차 보호받지 못하다니, 도대체 아이의 자유를 어디까지 빼앗겨야 이런 상황이 멈추게 될까요?

다행히도 어머님은 자녀 교육서를 읽고 아이의 문제점을 파악해 제게 메일을 보냈어요. 다른 가족 구성원과 달리 아이를 이해하려고 노력한다는 점에서 아이도 안도감을 느낄 거예요. 아이의 상태가 그나마 정상적인 범위에 들 수 있는 것은 중요한 순간마다 어머님이 아이와 대화하며 속마음을 표출할 기회를 주었기 때문이에요. 안 그랬으면 아이는 진즉 스스로 마음의 문을 닫아 버리고 '자폐아'가 되었을 거예요.

구성원 사이에 어느 정도의 방임이 존재할 때 더 이상적인 가족이 될 수 있어요. 아이의 버릇이 망가지면 어떡하나 걱정하지 마세요. 제한이 적을수록 생명력은 더 활발하게 피어나고 아이는 더 건강하게 성장해요. 남편분에게도 다시는 아이의 내면세계를 파괴하지 말라고 말씀해 주세요.

어머님은 성인이에요. 이제 한 아이의 엄마가 되었으니 남에게 휘둘리지 않는 방법을 배우고 아이를 충분히 사랑할 수 있는 방법을 연구하세요. 이참에 친정 어머니의 통제에서 벗어나 용감하게 자기 자신이 되세요. 어머님이 친정 어머니의 통제에서 벗어나야 아이도 똑같은 어려움에서 벗어날 수 있어요.

모녀 관계를 끊으라는 것도 아니고, 친정 어머니를 미워하라는 것도 아니에요. 물질적, 공간적으로 분리되어 생활하시라는 겁니다. 어머니에게 일일이 보고하지 말고 어머니의 동의 없이 일을 시작해 보세요. 독립한 뒤에는 일시적으로 일주일에 한 번, 한 달에 한 번씩만 만나세요. 아이의 어린이집 등하원 문제를 더 이상 친정 어머니에게 맡기지 말고, 다른 방법을 찾아서 아이와 외할머니가 만날 기회를 줄이세요.

단, 하고 싶은 일이 있고 하고 싶은 말이 있어도 친정 어머니와 싸우면 안 돼요. 싸우지 않고 대화하는 것이 중요해요. 어머니가 화를 내시면 대구하지 말고 가만히 있으세요. 하지만 반드시 해야 하는 일이 있을 때는 더 이상 타협하지 마세요.

또 아이가 어린이집을 하루만 쉬고 싶다고 말하면 허락해 주세요. 왜 아이가 어린이집에 안 가면 꼭 외할머니가 돌봐야 한다고 생각하죠? 어머님이 하루 휴가를 내고 아이와 놀아 주세요. 아이가 얼마나 좋아하겠어요. 아이를 돌볼 때는 체력도 필요하지만 지혜도 필요해요. 아이와 함께 보내는 시간에 조금만 노력을 들이세요. 아이의 성장에 몇 배의 도움이 될 거예요.

아이가 좋은 어린이집 선생님을 만난 것은 참 행운이에요. 감사한 일이죠. 어머님의 메일을 읽고 정말 훌륭한 선생님이라고 생각했어요. 육아 고민이 있을 때 어린이집 선생님께 조언을 구해도 좋을 것 같아요.

스스로가 원하는 모습의 엄마가 되시길 진심으로 기원합니다.

"대부분 아이가 '지나치게 철든' 것을 문제라고 생각하지 않아요. 오히려 장점이라고 생각하죠. 사실 어린아이가 '철이 든 것'은 남의 기분을 잘 맞추는 것에 불과해요. 상대를 편안하게 해주기 위해서 자신을 억누른 채 최대한 상대에게 자신을 맞추는 것이죠."

아이 성적을 묻는 사람들의 질문을 어떻게 거절할까요?

초등학교 2학년 딸아이를 둔 아빠입니다. 딸아이의 성적은 썩 좋은 편은 아닙니다. 반에서 중간 정도 하는 실력이지만, 저는 개의치 않아요. 그런데 아이가 방학을 하면 아이를 데리고 친척집이나 친구네 집을 방문할 때가 많은데, 그때마다 어김없이 "이번에 기말고사 잘 봤니? 몇 점 받았어?"라고 아이의 성적을 묻는 사람들이 있어요. 딸아이가 거짓말을 못 해서 순순히 대답하면 누군가는 꼭 이렇게 말합니다.

"1~2학년 때 최소 95점 이상은 받아야 해. 넌 그 점수가 안 되니 큰일이다."

이번 기말 국어 시험에서 딸아이는 90점도 못 받았어요. 저는 딸아이가 그 점수를 받아도 괜찮아요. 하지만 외출할 때마다 사람들이 묻는 통에 딸아이가 불편해합니다. 이제는 제가 다 걱정이 될 정도예요.

자꾸만 점수를 물어서 아이를 성적에 연연하게 하는 사람들 때문에 짜증이 납니다. 성적이 좋으면 동네방네 자랑하러 다니고 성적이 나쁘면 고개도 못 들고 다녀야 하나요? 요즘 아이들은 이미 충분히 불쌍해요. 성적이 나쁘면 선생님께 혼나고 집에 돌아와서 부모님께 또 혼나고, 시험은 또 왜 그리 많고 어려운 겁니까? 이런 상황에서 제가 어떡하면 좋을까요? 저는 딸아이에게 성적을 묻지 않는다고 쳐도 다른 사람들까지 그렇게 하지 못하도록 관리할 수는 없는 노릇이잖아요. 답답합니다.

그러고 보면 제 어린 시절은 참 행운이었어요. 부모님은 제가 시험을 봐도 시험이 어땠는지 궁금해하지 않으시고 성적표를 가져와도 몇 점을 받았는지 묻지 않으셨어요. 그 당시에 시험을 잘 봐서 제가 먼저 점수를 자랑하면 "잘했구나"라고 덤덤하게 말씀하셨고, 시험을 못 봐서 아예 입을 꾹 다물고 있으면 아무것도 묻지 않으셨죠. 다른 사람들은 더더욱 제 성적 따위에 아무 관심 없었어요.

부모님은 두 분 다 많이 배우시지 못했어요. 생계를 위해서 농사를 짓고 돼지와 닭을 키우셨죠. 한가하게 아이들 숙제나 시험 점수 같은 것을 신경 쓸 겨를이 없으셨어요. 세 아이들 먹이고 키우는 것도 빠듯한 형편이었으니까요. 하지만 우리 삼 남매 모두 훌륭하게 자랐어요. 때문에 저는 선생님의 "신경 쓰지 않는 것이 최고로 신경 써 주는 것이다"라는 말이 진리인 것을 알아요.

　선생님. 주변에서 딸아이에게 성적을 캐물을 때 어떻게 대처해야
할까요?

원치 않는 질문은 거부할 수 있다고 알려 주세요

요즘 사람들은 참 습관적으로 아이들에게 성적을 묻습니다. 마치 옛
날 어르신들이 "밥 먹었니?"라고 습관적으로 물었던 것처럼요. 화장
실에서 마주쳐도 이렇게 말씀하셨죠.

　아무렇지도 않게 아이에게 성적을 묻는 것은 실례예요. 하지만 악
의가 있는 것은 아니니 반감을 가질 필요까지는 없어요. 아버님은 그
저 아이의 심리를 보호할 수 있는 방법을 찾으면 됩니다.

　사실 시험 점수가 어떤가는 아이의 사생활에 속해요. 아이에게 대
답해 주지 않아도 된다는 사실을 알려 주세요. 만약에 누가 시험 점수
를 물으면 이렇게 대답하라고 하세요.

　"그건 제 사생활이라서 말씀드릴 수가 없어요."

　대부분 아이의 대답을 듣고 귀여워서 '하하' 웃고 말 거예요. 하지
만 쓸데없이 집요해서 계속 점수를 캐묻는 사람이 있을 수도 있어요.
그럴 때는 이렇게 질문하라고 하세요.

　"아저씨. 아저씨는 올해 돈을 얼마나 버셨어요? 저축은 얼마나 하
셨나요? 아저씨가 알려 주시면 저도 알려 드릴게요."

창과 방패의 싸움이랄까요? 이 방법을 이용하면 상대의 기분을 상하지 않게 하면서도 자신을 효과적으로 방어할 수 있어요.

아버님은 좋은 아빠예요. 편안한 환경에서 성장하여 어떤 것이 아름다운 교육인지 잘 알고 계시죠. ==원치 않는 질문을 거부할 줄 아이는 행복하고 훌륭합니다.== 아버님은 본인의 영향력을 통해서 주변 사람들에게 어떻게 자녀를 존중해야 하는지 가르쳐 주세요. 아이에게 성적을 묻는 것이 실례라는 것을 알려 주세요. 성적이 뛰어난 아이도 예외는 아니에요. 아이가 거만해질까 봐 그럴까요? 아니요. 성적이 좋아도 다른 사람들이 자꾸 성적을 물으면 아이가 스트레스를 받아요.

아버님과 소통할 수 있는 기회를 주셔서 감사합니다.

"아버님은 교육의 아름다움에 대해서 누구보다도 잘 아세요. 아이에게 원하는 질문이 아니면 대답하지 않아도 된다는 사실을 알려 주세요. 그리고 아버님의 영향력을 통해서 주변 사람들에게 자녀를 어떻게 존중해야 하는지 알려 주세요."

아이가 저를
사랑하지 않는 것 같아요

세 살짜리 아들을 키우는 엄마예요. 아무래도 제 아들은 사랑하는 마음이 부족한 것 같아요. 한번은 아들이 머리로 제 목을 쿵 박았어요. 엄청 아팠죠. 아들에게 위로를 받고 싶어서 말했어요.

"엄마 여기 쿵 하고 부딪쳐서 아파. 네가 와서 '호' 해 줘."

그러곤 우는 척을 했어요. 아들이 어떻게 한 줄 아세요? 위로는커녕 저를 막 때렸어요. 얼마나 놀랐는지 몰라요.

평소에 음식을 먹을 때 맛있는 부분은 항상 아들에게 줘요. 어제도 생선을 먹을 때 아들에게 말했어요.

"엄마가 먹기 좋게 가시 발라 줄게."

그랬더니 아들 녀석이 대뜸 "맛있는 건 내가 먹고 맛없는 건 엄마가 먹어요"라고 말하는 거예요. 결국 남편에게 "자식 교육 한번 잘 시켰다!"라고 한소리 듣고 말았어요. 아들은 잘 먹어서 또래 아이들보다 발육 상태가 좋아요. 하지만 어제 아들의 말을 듣고 '뭔가 단단히 잘못되었구나'라는 생각이 들었어요. 평소에 밥상머리 교육을 어떻게 하는 것이 좋을까요?

아들은 제가 아픈 것에 이미 여러 번 무감각하게 반응했어요. 그것만 생각하면 온몸에 힘이 쭉 빠져요. 그동안 저는 행여 아들이 넘어질세라 졸졸 뒤쫓아 다니고, 그러다가 넘어지면 아픈 곳에 '호호' 바람을 불어 주며 약을 발라 줬어요. 그런데 아들은 어쩌면 제게 이럴 수 있을까요?

 ## 아이의 사랑을 시험하지 마세요

어머님의 메일 내용은 조금 의외네요. 평소에 제가 상담해 드린 부모님은 대부분 강압적인 편이라서 '자녀에게 눈높이를 맞추세요', '자녀를 부모님과 동등하게 대해 주세요'라고 해결 방안을 제시할 때가 많아요. 그런데 어머님은 강압적인 분은 아니에요. 형식적으로라도 아들의 관점에서 이해하려고 노력했지만 안타깝게도 정신적으로 아들과 같은 관점에서 생각하는 것에 실패하셨군요. 어머님은 아들을 독립적인 인격으로 존중하지도 않고 조건 없는 사랑을 베풀지도 않아요. 그리고 어머님이 되려 철이 없고 속이 좁은 '아이'가 되셨어요.

아이들은 얼마나 귀여운가요? 어른의 눈에 아이의 일부 모습이 이 기적으로 비칠 수는 있어요. 하지만 사실은 악의 없는 순수한 표현일 뿐이죠. 아이는 순수함 덩어리예요. 때문에 사람들이 "아이처럼 천진 하게 살아라", "아이를 본받아라"라고 말하는 거예요. 어른이 어른답 게 행동하지 않고 사소한 일로 아이의 마음을 시험하는 것은 스스로 '난 지혜가 부족해'라고 하는 것과 같아요.

엄마의 사랑이 위대한 것은 조건 없이 순수한 마음으로 자녀를 사 랑하기 때문이에요. 조건을 걸고 아이를 사랑하면 나중에 보답을 받 고 싶어서 사사건건 연연하게 돼요. 이것은 순수한 사랑이 아니라 언 젠가 자신이 받을 것을 염두에 두고 베푸는 교환형 사랑이에요. 조건 적인 사랑의 본질은 이기심입니다. 자녀를 조건적으로 사랑하는 것은 자녀에게 이기심을 가르치는 것이에요.

사람의 첫 번째 속성은 자기 자신을 사랑하는 것이에요. 그래야 생 존할 수 있으니까요. 자신을 사랑하면 타인을 잘 대하는 능력, 즉 이 해심이 발달해요. 이해심은 사회적인 특징이에요. 아이는 이제 겨우 세 살이에요. 이 나이 때는 모든 것을 자기중심적으로 생각해요. 이 연령대의 아이가 부모에게 매달려 떨어지지 않으려고 하는 것은 안 정감을 느끼기 위해서인데, 어린아이가 상대의 입장에서 생각하지 않 고 오직 자신이 원하는 것만 요구하는 것은 매우 정상이에요. 따라서 부모기 솔선수범을 보이는 것이 중요해요. 평소에 말과 행동으로 모범을 보이면 아이는 서서히 도덕의식을 키워 갈 겁니다.

일상생활의 모든 순간이 자녀를 교육하기 좋은 때예요. 예를 들어 아이가 의자 다리에 걸려 넘어졌을 때 의자를 향해 "때찌!"라고 말하지 말고 "너도 아프니?"라고 말하며 문질러 주세요. 그러면 무의식중에 아이에게 남의 아픔을 이해하는 마음이 생겨요.

어머님의 메일을 읽다가 갑자기 딸아이를 키울 때 경험한 재미있는 일이 생각났어요. 위엔위엔이 서너 살 때 어느 날 갑자기 사과를 먹고 싶다고 말하는 거예요. "쟁반에 담아 놨으니 네가 가져다 먹으렴" 하고 말했어요. 그 당시 쟁반 위에는 사과가 딱 두 개 있었는데, 하나는 크고 하나는 작았죠. 위엔위엔이 작은 것을 먼저 잡더니 제게 먹으라고 주더군요. 정말 생각지도 못한 행동이었어요. 그 당시에 저는 별로 먹고 싶은 생각이 없어서 "엄마는 나중에 먹을게. 위엔위엔 먼저 먹어"라고 말했어요. 그랬더니 계속 고개를 흔들면서 "엄마 먼저 먹어요. 엄마 먼저 먹어요"라고 말하는 거예요. 대체 얘가 왜 이럴까 궁금하기도 해서 왜 자꾸 사과를 먹으라고 하는지 물었어요. 위엔위엔이 그러더군요.

"이 사과는 너무 작아요. 작은 건 엄마가 먹어요. 난 저 사과 먹을래요!"

그러곤 쟁반 위에 남아 있는 큰 사과를 가리켰어요. 위엔위엔의 심리를 이해하고 얼마나 크게 웃었는지 몰라요. 어린 나이에도 자기가 더 많이 먹기 위해서 나름대로 꾀를 부린 거잖아요. 대놓고 큰 것을 먹기 미안하니까 작은 것을 어른인 제게 먼저 준 뒤에 자기는 편안한 마음으로 큰 것을 먹으려고 했던 거예요. 평소에 저는 크고 좋은 사과를 위엔위엔에게 줬어요. 사랑을 베푸는 것을 가르쳐 주기 위해서요. 딸아이가 큰 사과와 작은 사과 중에서 어느 것을 고를까 고민하다가 겨우 생각해 낸 것이 어른인 엄마에게 먼저 작은 사과를 주는 것이었어요. 하지만 금세 속내를 들키고 말았죠.

제가 "넌 어쩌면 그렇게 이기적이니?"라고 혼냈을까요? 아니요. 요정 같은 아이가 꾀를 부린 게 무척 재미있잖아요. 그래서 "엄마는 지금 사과를 먹고 싶은 생각이 없어. 위엔위엔은 사과 먹고 싶어? 그러면 큰 거부터 먹어"라고 말하고 큰 사과를 깎아 줬어요. 사과 하나 때문에 아이를 곤란하게 하거나 아이가 스스로 자신을 이기적인 사람이라고 생각하게 만들고 싶지 않았어요. 어떤 교육적인 효과를 얻기 위해서가 아니라 그냥 본능적으로 그렇게 했어요. 이후에도 작은 '이기심'에서 비롯된 흥미로운 사건이 많았지만 이해심 많고, 친구들과 사이 좋게 지내고, 부모를 보살필 줄 아는 아이로 자라는 데는 아무 문제 없었어요.

어머님이 보낸 메일 내용으로 예를 들어 볼게요. 아들이 어머님 목을 머리로 박았다고 했는데 고의로 그랬을 가능성은 매우 낮아요. 만약에 아이가 실수로 박은 것이라면 누구의 책임이 더 클까요? 책임은 양쪽 모두에게 있어요. 그런데 왜 어머님은 아들을 위로해 주지 않고 아들만 어머님을 위로해 줘야 하죠? 아들에게 괜찮은지 물어보지도 잃고 우는 척을 해서 상황을 어색하게 만든 것은 너무 '유치'한 행동이에요.

'우는 척을 하면 아들이 죄책감을 느끼고 나를 위로해 주겠지' 하고 생각하셨을 수도 있어요. 그런데 어머님이 가짜로 우는 동안 아들에게는 어떤 메시지가 전달되었을까요? 바로 '우리가 부딪친 것은 전적으로 네 책임이고, 넌 엄마의 아픔을 책임져야 해'예요. 하지만 아들은 자기 잘못이 없다고 생각했고, 아직 거짓으로 남을 위로할 줄 몰라 엄마를 위로해 주지 않았어요. 아들은 경험을 통해서 알아요. 자신과 부딪친다고 해서 어른이 울 정도로 아프지는 않다는 것을요. 또한 엄마가 사과를 받아 내기 위해서 '악의적'으로 엄살을 피우고 가짜로 우는 척을 하는 것을 알기 때문에 엄마를 위로해 주지 않고 오히려 때렸어요. 엄마의 속 좁은 행동에 화가 나서 때린 것이죠. 아들이 엄마를 때린 것에는 약간의 자포자기, 분노와 실망이라는 이중적인 정서가 담겨 있어요.

엄마를 위로해 주지 않는 아들의 모습에 가끔씩 힘이 쭉 빠지신다고요? 그러지 말고 오히려 기뻐하세요. 아들이 엄마의 가짜 울음에 주눅 들지 않고 과감하게 자신을 표현하는 것이 대견하지 않으세요? 그만큼 어머님이 평소에 아들을 잘 돌본 거예요. 아이는 좋은 기질을 타고났어요. 어려서부터 어른의 마음에 드는 '착한' 어린이가 되기 위해서 눈치를 살피는 아이들에 비하면, 아드님은 아직 어리지만 자기만의 생각이 뚜렷하고 자기 생각을 표현할 줄 알아요. 제가 앞에서 어머님께 서운한 소리를 했지만, 그렇다고 어머님의 모든 교육이 잘못되었다고 부정하는 게 아니에요. 어머님은 대부분 매우 잘하고 계세요. 그렇지 않았다면 아이가 지금처럼 건강하게 자라지 못했을 거예요.

요즘 아이들은 부모에게 좋고 싫은 것을 분명하게 표현해요. 이것은 매우 좋은 현상이에요. 분명하게 의사를 표현하는 아이들을 통해서 부모는 자신을 돌아보며 잘못된 부분을 반성하고 고칠 수 있어요. 몸은 아픈 곳이 있으면 통증을 일으켜 어느 부분이 아프니 빨리 치료해 달라고 신호를 보내요. 아들의 무감각, 무관심한 반응을 보며 '아, 아이가 나한테 어느 면을 반성하고 고치라고 신호를 보내고 있구나' 생각해 보세요. 때때로 자녀는 부모에게 어떻게 하면 더 좋은 부모가 될 수 있는지 가르쳐 준답니다.

조건 없이 아들을 사랑해 주세요. 근거 없이 아들을 의심하지 말고, 매사 간단하게 생각해 보세요. 생선을 구웠을 때 아들에게 최고로 맛있는 부위의 살을 주고 싶으시면 그냥 주세요. 괜히 "엄마도 한번 드셔 보세요"라는 말을 해 주길 기대하지 마세요. 혹시 '아들이 한번 먹어 보라고 권했을 때 내가 안 먹는다고 말하면 아들도 따라서 안 먹는다고 투정 부리려나?' 생각한다면 너무 큰 바람이에요. 어머님이 맛있는 부위를 먹고 싶다면 그냥 드세요. 엄마에게도 가장 맛있는 부위를 먹을 권리가 있어요. 아이가 맛있는 음식을 양보하지 않는다 해서 아이를 도덕적으로 비판하지 말고, "엄마, 아빠도 맛있는 음식 좋아해. 같이 먹자"라고 편안하지만 분명하게 말씀하세요.

아이들은 어른들이 생각하는 것보다 훨씬 '통'이 커요. 긴장하지 않으면 뭐든지 나누고 싶어 하는 것이 아이들이에요.

부모를 사랑하나 안 하나 자녀를 시험하지 마세요. 자녀가 부모를 얼마나 사랑하는지는 부모가 자녀를 얼마나 사랑하는지에 달렸어요. 부모가 무조건적으로 자녀를 사랑할 때 자녀도 부모를 더더욱 사랑해요.

"조건을 걸고 아이를 사랑하면 나중에 보답을 받고 싶어서 사사건건 연연하게 돼요. 이것은 순수한 사랑이 아니라 언젠가 자신이 받을 것을 염두에 두고 베푸는 교환형 사랑이에요. 조건적인 사랑의 본질은 이기심입니다. 자녀를 조건적으로 사랑하는 것은 자녀에게 이기심을 가르치는 것이에요."

남편이 아이에게
심한 장난을 쳐요

생후 18개월짜리 딸을 키우고 있어요. 어제저녁에 딸아이가 아빠와 함께 장난을 치고 놀 때였어요. 아빠가 두 팔을 벌리고 안아 주려는 자세를 취하자 딸도 두 팔을 벌리고 안기려고 했어요. 그런데 아빠가 갑자기 두 팔을 거두고 휙 돌아앉아 딸이 당황했어요. 아빠가 다시 안아 주려고 했을 때 딸은 망설이다가 이내 두 팔을 벌리고 안기려 했는데, 아빠가 또 휙 돌아앉았어요. 아이는 많이 당황한 표정이었어요. 아빠가 세 번째로 안아 주려는 포즈를 취했을 때 아이는 고개를 흔들곤 더 이상 아빠를 쳐다보지 않았어요. 이윽고 아빠가 강제로 안으려고 하자 아이는 안기지 않으려고 두 손으로 밀어냈어요. 평소에 딸아이는 아빠와 노는 것을 가장 좋아했는데, 저녁 내내 거들떠보지도 않더군요.

아무래도 남편의 장난이 지나친 것 같아요. 선생님, 계속 이렇게 장난쳐도 될까요? 남편에게 뭐라고 충고해 주는 것이 좋을까요?

 ## 아이를 놀리는 것은 나쁜 습관이에요

남편분이 잘못하셨네요. 더 이상 그런 장난을 못 치게 하세요. 어르신들이나 요새 젊은 부모들이나 아이를 놀리는 일이 많죠. 예를 들어 아이가 맛있는 음식을 먹을 때 부모가 이렇게 말해요.

"엄마(아빠) 한 입만 먹어 보자."

이때 아이가 안 주면 "치, 욕심쟁이!"라고 삐진 척을 하고, 아이가 주면 "엄마(아빠) 안 먹어도 돼. 그냥 네가 주나 안 주나 시험해 봤어"라고 말해요. 어떤 부모는 아이가 좋아하는 장난감을 일부러 숨겨 놓곤 잃어버렸다고 말해 아이를 괜히 울리고, 또 어떤 부모는 남편분처럼 아이에게 친밀감을 표현했다가 갑자기 태도를 홱 바꾸는 장난을 치기도 해요. 어른이 작정하고 아이를 골탕 먹이면 아이가 어떻게 될까요? 일단은 마음이 조급하거나 겸연쩍어질 것이고, 심하면 울겠죠. 장난을 친 어른은 상황이 즐거울 거예요. 하지만 아이는 전혀 즐겁지 않아요. 자신이 존중받지 못하고 있다는 걸 알거든요. **아이를 놀리는 것은 나쁜 습관입니다. 아이는 전혀 재미있어하지 않아요. 아이에게**

사회에 대한 두려움과 타인에 대한 불신만 키워 줄 뿐이에요.

저도 비슷한 경험이 있어요. 위엔위엔이 어린이집에 다닐 때 한동 안 일이 너무 바빠서 남편이 아침저녁으로 위엔위엔의 등하원을 맡았어요. 남편 직장은 어린이집 근처였는데, 어린이집이 일찍 끝나면 남편은 퇴근 시간이 될 때까지 위엔위엔을 사무실에서 한 시간 정도 데리고 있었어요.

그 당시에 남편 사무실 직원들은 모두 서른 살 안팎이었어요. 서로 격의 없이 농담도 하며 편하게 지내는 사이였죠. 그중 두 명의 직원이 위엔위엔과 잘 놀아 줬는데 문제는 그 방법이 이상했다는 거예요. 마치 강아지에게 하듯 위엔위엔을 놀렸다고나 할까요? 어느 날은 무서운 모습으로 위엔위엔을 강제로 안으려고 하다가 아이가 놀라서 숨으니 자기들끼리 껄껄 웃고, 어느 날은 동료 직원에게 '할아버지'라고 부르라고 시켜서 위엔위엔이 "할아버지"라고 부르면 자기들끼리 또 재미있다고 껄껄 웃고…… 이런 일이 한두 번이 아니었어요. 아마 위엔위엔은 사무실 직원들의 표정에서 자신이 뭔가를 잘못했다는 것을 느꼈을 거예요. 하지만 무엇을 잘못했는지 확실히 모르니 당황했겠죠. 불안했을 거예요. 나중에 직원들이 또 '할아버지'라고 부르라고 시켰을 때 위엔위엔이 응하지 않자 화난 척을 하고 버릇 없다고 혼냈 대요. 이때 아이가 얼마나 당황했겠어요? 남편은 동료들이 위엔위엔을 놀리는 것이 싫었지만, 장난이고 또 날마다 봐야 하는 사람들이라서 딱히 말리지 않았어요.

저는 남편 사무실에서 이런 일이 벌어지는 줄도 몰랐고, 위엔위엔도 자신의 불쾌함을 설명하기에 너무 어려 한동안 이런 상황이 지속되었어요. 그런데 어느 순간부터 딸아이가 다른 사람들과 인사할 때 자꾸만 움츠러들고 전처럼 자신 있게 말도 못 하고 눈동자도 가만히 못 두는 거예요. 특히 낯선 사람과 인사할 때 증상이 더 심했죠.

어느 날 위엔위엔이 집에 돌아왔는데 얼굴에 눈물 자국이 있어서 왜 울었느냐고 물었어요. 위엔위엔은 울먹이면서 "장이 삼촌이 아빠가 나 미워한다고 그랬어요"라고 말했어요. 알고 보니 남편이 퇴근하기 전에 회의가 길어져 '장이'라는 직원이 위엔위엔을 돌봐 줬는데, 그때 그만 "엄마, 아빠가 위엔위엔 싫어서 아저씨에게 데리고 가라고 했어. 아저씨는 아들만 있거든. 네가 아저씨 딸 하면 딱 좋겠다. 오늘은 아저씨네 집에 가자"라고 말하곤 위엔위엔의 손을 잡고 밖으로 나가려고 했다는 거예요. 위엔위엔이 놀라서 엉엉 울었다는 말을 듣고 그동안 남편 동료들이 위엔위엔을 짓궂게 놀렸다는 사실을 알았어요.

그 당시에 얼마나 화가 나던지 남편에게 딸 하나 제대로 보호 못 하고 뭐 했냐, 당신은 위엔위엔을 등하원시킬 자격이 없다며 잔뜩 퍼부었어요. 남편은 동료들의 태도는 불만이었지만 위엔위엔에게 별로 큰 영향은 없을 거라고 생각했어요. 오히려 제가 너무 예민하게 군다고 생각했죠. 하지만 남편의 생각과 달리 위엔위엔은 자다가 두 번이나 울면서 깼어요. 두 번 다 아빠가 자신을 어린이집에 버리고 혼자 가는 꿈을 꾸었다면서요. 어른의 의미 없는 장난이 아이에게 얼마나 심각한 두려움을 줄 수 있는지 분명히 알아야 해요.

이후에 위엔위엔의 등하원은 제가 도맡아서 했어요. 다시는 남편 동료들이 위엔위엔에게 불쾌한 장난을 못 치게 하기 위해서요. 뒤늦게 상황이 심각한 것을 파악한 남편은 가끔씩 바쁜 저를 대신해서 위엔위엔을 하원시킬 때 동료들에게 절대로 장난을 못 치게 했어요. 이 사연은 『좋은 엄마가 좋은 선생님을 이긴다』에도 실려 있어요.

아이와 장난치는 것에도 정도가 있어요. 전제 조건은 아이가 즐거워야 한다는 것입니다. 아이가 이해하고 받아들일 수 있는 방식으로 아이를 즐겁게 해 주는 사건을 만들어야 해요. 동심, 즐거움, 유머, 지혜가 함께해야 하죠. 무슨 일이 있어도 고압적인 태도로 아이의 유치함을 이용하면 안 되고, 일부러 실수를 유도해 수치심, 걱정, 실망감을 느끼게 하면 안 돼요.

진실함과 선함은 생명을 아름답게 해 주는 두 개의 큰 기둥이자 교육의 주춧돌이에요. 아이가 사랑스러운 건 순수하고 천진하기 때문이에요. 아이는 모든 것을 곧이곧대로 믿습니다. 특히 부모는 아이가 전적으로 신뢰하는 존재예요. 그런데 그런 아빠를 더 이상 신뢰할 수 없다면 세상이 얼마나 불안하게 느껴질까요? 아빠는 장난이지만 아이는 '아빠에게 속았어'라고 생각할 거예요.

아이와 함께 놀아 주는 것이 곧 도덕 교육이에요. 아이는 노는 중에도 어른의 모습을 따라 하고 모든 과정을 진실하게 받아들여요. **어른의 '장난'에 자주 시달리는 아이는 도덕적인 결함이 생길 수 있어요.**

타인에 대한 불신과 열등감을 갖게 되고, 거짓말을 할 수 있지요. 부모의 사랑과 존중을 받는 안정된 환경에서 자랄 때 아이는 심리적으로 건강해져요. 부모가 "사랑해", "이해해"라고 말만 하는 것이 아니라 행동도 그에 맞게 보여 주어야 해요. 일상생활의 모든 사소한 부분에서 아이에게 사랑과 안정감을 주세요.

어머님은 반드시 남편분과 소통해서 신뢰감을 떨어뜨리는 장난을 멈추게 해야 해요. 왜 아이와 즐겁게 놀아 줘야 하는지 설명하면 남편분도 받아들일 거예요. 그 누구도 잘못된 방식으로 아이를 '놀리면' 정중하게 못하게 하세요. 할아버지, 할머니도 예외는 아니에요. 자녀 교육에 있어 사소한 일은 없어요. 어른에게는 사소한 일이 아이에게는 큰일이 될 수 있으니까요.

어머님께 잠시 서운할 수도 있는 말씀을 드릴게요. 남편분이 세 번이나 잘못된 방식으로 아이를 놀리는 동안에 어머님은 가만히 있었어요. 앞으로는 아이가 상처받지 않게 든든한 보호막이 되어 주세요.

"아이와 장난치는 것에도 정도가 필요해요. 전제 조건은 아이가 즐거워야 한다는 것입니다. 아이가 이해하고 받아들일 수 있는 방식으로 아이를 즐겁게 해 주는 사건을 만들어야 해요. 고압적인 태도로 아이의 유치함을 이용하면 안 되고, 일부러 실수를 유도해 수치심, 걱정, 실망감을 느끼게 하면 안 돼요."

질문 21

아이가 엄마의 나이듦을 두려워해요

딸아이는 이제 아홉 살 됐어요. 곧 2학년이 되고, 성적은 좋은 편이에요. 하지만 문제가 하나 있는데, 걱정이 지나치게 많다는 것이에요. 딸아이는 가끔씩 자기가 어른이 되었을 때 엄마가 할머니가 되어 있으면 어떡하느냐고 물어요. 그럴 때마다 표정이 얼마나 슬퍼 보이는지, 저 몰래 훌쩍거릴 때도 있어요. 솔직히 딸아이는 제가 나이드는 것보다 죽는 날이 가까워지는 것을 더 걱정하는 것 같아요. 이제 겨우 아홉 살인 아이가 이런 걱정을 한다고 생각하면 안쓰러워서 눈물이 고이는데, 어제는 결국 저도 눈물을 못 참고 딸아이와 같이 울고 말았어요.

선생님, 딸아이가 왜 이런 걱정을 할까요? 아이가 자꾸 물으니까 괜히 저까지 나이드는 게 겁나요. 제가 어떻게 해야 할까요? 선생님의 조언을 듣고 싶어요.

 죽음에 대해서 논리적으로 설명하려 노력하지 마세요

어느 철학자가 이런 말을 했어요.

"사람은 죽음을 의식하는 순간 낙원에서 쫓겨난다."

제 동료의 일화인데, 여섯 살짜리 아들이 어느 날 갑자기 이유도 없이 엉엉 울더래요. 왜 우느냐고 물어도 어깨까지 들썩이며 울면서 대답도 못 하고, 나중에 울음이 멈춘 뒤에야 말했어요.

"저도 나중에 죽잖아요!"

우스갯소리 같지만 그 당시에 동료의 아이는 진짜로 두려움을 느끼고 슬펐을 거예요.

죽음을 두려워하는 것은 인간의 본성이에요. 죽음은 인류의 질서 있는 발전을 위한 가장 근본적인 제약이며, 누구도 피해 갈 수 없는 규칙이죠. 모든 생명은 본능적으로 육체의 죽음을 두려워해요. 자신의 죽음만 두려운가요? 가족의 죽음도 두려운 건 마찬가지예요. 관계가 친밀하고 애틋할수록 죽음에 대한 두려움은 더 크죠.

제 딸아이도 어릴 때 엄마가 나이들고 죽을까 봐 두려워했어요. 제 바지 자락을 붙잡고 "엄마. 엄마는 늙지 말고 계속 젊어야 해요!"라고 말할 때가 많았죠. 저도 딸아이의 말을 들었을 때 어머님처럼 마음 한 켠이 짠했어요. 그래서 본능적으로 아이의 마음을 달래 주는 방법을 썼고, 효과가 좋았어요.

그 당시 저는 아이에게 이렇게 말했어요.

"엄마 좀 봐. 아직 이렇게 많이 젊지? 엄마가 할머니 되려면 천 번 만 번 더 자야 해. 또 지금은 과학 기술이 발달하고 의료 기술이 좋아 져서 사람들이 오래오래 살아. 엄마가 할머니가 될 때쯤에는 수명이 더 길어져서 아마 몇 백 살까지 살게 될 거야. 너무 오래 살아서 차라 리 죽고 싶을 정도로 오래오래 살게 될 거야."

딸아이는 사실 여부를 묻지 않고 그냥 제 말을 믿었어요. 저의 여유 로운 표정, 솔직한 태도, 유쾌한 기분이 딸의 두려움을 누그러뜨린 거 죠. 물론 어느 정도 자란 뒤에는 제 말이 사실이 아닌 것을 알았어요. 하지만 제가 왜 그렇게 말했는지 이해했고, 삶과 죽음에 대한 자기만 의 생각이 생겨서 크게 개의치 않았어요. 또 자라면서 엄마에 대한 의 존도도 점점 약해졌고요. 딸아이는 어릴 때 잠시도 저와 떨어지지 않 고 밤에 잘 때는 꼭 제가 옆에 있어야 했어요. 심지어 귀여운 계획까 지 세웠는데, 나중에 커서 결혼하면 큰 집을 사서 자기는 엄마와 한 방에서 자고 남편은 아빠와 한방에서 자게 할 거라고 했어요. 하지 만 엄마의 사랑은 필연적으로 분리 기간을 거치게 되어 있어요. 아이 가 자라면서 자연스럽게 엄마와 공간적으로 거리를 유지하니까요.

제 경험에 비추어 어머님께 조언을 드리면 첫째, 죽음에 대해서 논리적, 철학적으로 설명해 주려고 노력하지 마세요. 생로병사는 인류의 영원한 명제예요. 철학자들의 모든 생각도 생로병사에서 출발합니다. 한데 평범한 부모가 제한된 지식으로 아이에게 죽음에 대해서 제대로 설명해 줄 수 있을까요? 못하면 안 하셔도 돼요. 괜찮습니다.

둘째, '관심 돌리기' 작전을 쓰세요. '엄마가 나이들면 어떡하지? 엄마가 죽으면 난 어떡해?'에 쏠려 있는 아이의 관심을 다른 곳으로 돌리고 아이를 안심시키세요. 아이가 어떤 것을 물었을 때 마땅한 대답이 없거나 혹은 있어도 아이가 이해할 수 없을 때는 시간에 맡기세요. 아이가 자라면서 스스로 이해할 거예요.

셋째, 평온하고 여유로운 태도를 가지세요. 엄마가 두려워하는데 아이가 편안할 수 있을까요? 특히 엄마가 일찍 죽을까 봐 걱정하는 아이 앞에서 엄마가 울면 아이의 두려움과 슬픔은 더 커져요.

아이는 공부도 잘하고 의젓한 것 같아요. 심리적으로 밝고 건강하면 엄마의 '수명' 걱정은 자연스럽게 사라지니 걱정하지 않으셔도 돼요. 어느 날 아이가 또 엄마가 빨리 늙을까 봐 걱정하면 관심 돌리기 작전을 쓰세요. 어머님도 이런 무의미한 질문에 신경 쓰지 마세요. 어차피 답이 없는 질문인데 괜히 심란해질 필요가 있을까요?

모두의 인생 끝에는 죽음이 기다리고 있어요. 언젠가 죽는 것을 알면 자녀와 함께 보내는 하루하루, 한 끼 식사, 한 권의 책, 회의 시간, 여행의 순간순간이 모두 소중하게 느껴져요. 지금 이 순간 가족을 사랑하고 생명을 소중하게 생각하세요. 사람은 늦든 빠르든 언젠가 이

세상을 떠나요. 살아 있을 때 하고 싶은 일을 하고 인생을 즐기면 더 행복하지 않을까요?

"엄마의 사랑은 필연적으로 분리 기간을 거치게 되어 있어요. 아이가 자라면서 자연스럽게 엄마와 공간적으로 거리를 유지하니까요."

질문 22

아이가 쓸데없는 걱정을 너무 많이 해요

다섯 살짜리 딸아이는 매우 순하고 세심해요. 또 아직 어리지만 연상 능력이 뛰어나요. 예를 들면 저희 동네에서 한동안 도로 보수 공사가 있었어요. 출퇴근할 때 반드시 지나다니는 길인데, 가족들과 있는 자리에서 제가 보수 공사 때문에 교통 정체가 심하다고 불평했어요. 그 때부터 딸아이는 제가 집에 못 돌아올까 봐 걱정하더니, 이제는 조금만 늦어도 조바심이 나서 엉엉 울어요.

또 만화에서 아기 토끼가 빙판에서 넘어지고 얼음물에 빠지는 장면이 나왔어요. 그날 밤 자려고 누웠을 때 딸아이가 이렇게 묻더군요.

"엄마. 우리가 사는 곳에도 눈이 내려요?"

제가 그렇다니까 딸아이가 또 "얼음도 얼어요?"라고 물었어요. 그렇다고 대답하니 "얼음이 얼면 어떡해요? 그럼 우리도 얼음물에 빠지잖아요"라고 말하면서 갑자기 엉엉 우는 거예요.

근래에 장맛비가 내렸을 때는 불어난 강물을 보고 딸아이가 뭐라고 다급하게 물었는지 아세요?

"엄마. 홍수가 나서 우리가 다 잠기면 어떡해요?"

딸아이의 걱정 가득한 질문을 받을 때마다 뭐라고 대답해 줘야 할지 모르겠어요. 어떻게 하면 딸아이의 걱정을 없애 줄 수 있을까요?

 두려움을 해소할 구체적인 방법을 알려 주세요

아이가 자꾸 부정적인 방향으로 생각하는 것은 두려움이 부정적인 정서를 조장하기 때문이에요. 세상 물정을 모르는 아이는 물론이고 성인도 부정적인 사고 습관을 가진 사람이 많아요. 부정적인 사고 습관이 생기는 원인은 크게 두 가지예요. 첫 번째는 타고나는 것이고, 두 번째는 부정적인 사고방식과 정서를 가진 가족 구성원의 영향을 받아서예요.

메일에 평소 아이와 어떻게 생활하시는지 구체적인 설명이 없어, 어쩌다 아이가 부정적인 방향으로 생각하는 습관을 가지게 되었는지 원인을 찾기는 어려울 것 같아요. 대신 몇 가지 개선 방법을 알려 드릴게요.

먼저 가족들을 관찰하세요. 누가 괜한 걱정을 잘하는지, 누가 한숨을 잘 쉬고 기분이 저조할 때가 많은지, 누가 아이에게 화를 잘 내고 겁주고 잘 속이는지, 아이에게 약속을 안 지키고 거짓말을 하는 사람이 누구인지 살펴보는 거예요. 만약 그런 사람이 있으면 반드시 변화된 모습을 보이게 하거나 아이가 부정적인 영향을 덜 받도록 그 사람과 떨어뜨려 놓으세요.

다음으로 말로만 달래지 말고 구체적인 대상에 대한 두려움을 해소시켜 주세요. 예를 들면 아이에게 엄마가 제시간에 집에 안 돌아오면 휴대전화로 연락하라고 알려 주세요. 엄마가 어디에 있는지 알면 아이가 안심할 거예요.

위엔위엔이 일곱 살 때였어요. 어느 날 퇴근 후에 집에 전화하는 것을 깜박하고 동료와 함께 마트에서 장을 봤어요. 평소보다 한 시간 정도 늦게 집에 돌아왔을 때 위엔위엔의 얼굴이 눈물 콧물 범벅이 된 것을 보고 얼마나 마음이 아팠는지 몰라요. 그 당시는 휴대전화가 없던 시절이라서 전화하려면 반드시 퇴근 전에 사무실에서 전화해야 했어요. 이 일이 있은 뒤에 저는 조금만 늦게 퇴근해도 아이와 남편을 안심시키기 위해 가장 먼저 집에 전화했어요.

마지막으로 아이가 얼음물에 빠질까 봐 걱정하면 빙판에서 놀지 않기로 약속하세요. 빙판에서 놀지 않으면 얼음물에 빠질 일이 없으니까요. 그래도 아이가 계속 두려워하면 구명조끼를 입으면 물 위에 떠서 죽지 않는다고 가르쳐 주세요. 실제로 구명조끼를 사 주면 아이의 심리가 더 안정될 거예요. 같은 원리로 강물이 불어나도 구명조끼를 입으면 불어난 강물에 잠기지 않는다고 말해 주세요.

아이에게 심리적으로 의지할 수 있는 사물이나 방법을 제공하고 '예방 수칙'도 알려 주세요. 최악의 경우에 어떻게 행동해야 하는지 알면 아이 마음이 훨씬 안정될 거예요.

'조그만 게 만날 쓸데없는 걱정만 한다'고 생각하지 말고 진실하고 진지한 태도로 아이에게 "네가 걱정하는 일은 일어나지 않을 거야"라고 안심시켜 주세요. 어른에게는 사소한 일이지만 아이에게는 진짜와 다름없는 중대한 일이므로, 반드시 진지한 태도로 대해 주어야 해요.

또 아이와 자주 놀아 주세요. 함께 동화책을 읽고, 게임하고, 소풍을 가고, 운동하며 최대한 즐겁게 놀면 부정적인 정서가 안개 걷히듯 서서히 사라질 거예요.

"두려움이 부정적인 정서를 조장할 때 아이는 모든 일을 나쁜 쪽으로 생각합니다. 부정적인 사고 습관이 생기는 원인은 크게 두 가지예요. 첫 번째는 타고나는 것이고, 두 번째는 부정적인 사고방식과 정서를 가진 가족 구성원의 영향을 받아서예요."

아이가 거짓말을 할 때
어떻게 대처해야 할까요?

저는 네 살짜리 딸아이 뉴뉴를 키우는 엄마예요. 어느 날 뉴뉴가 실수로 제 머리핀을 부러뜨렸어요. 혼날 게 두려웠는지 부러진 머리핀을 화장대에 몰래 숨겨 놓았더군요. 제가 머리핀이 필요해서 찾다가 부러진 채로 있는 것을 발견했어요. 이때까지 뉴뉴는 머리핀을 부러뜨린 사실을 말하지 않고 태연하게 놀고 있었어요.

그날 집에는 우리 모녀밖에 없었어요. 남편은 장거리 출장을 가고 없었고, 그런 일을 할 사람은 뉴뉴밖에 없었죠. 뉴뉴에게 "네가 엄마 머리핀을 망가뜨렸니?"라고 묻자 잠시 망설이다가 "내가 안 그랬어요"라고 대답하더군요. 저는 더는 묻지 않고 마치 아무 일도 없었던 것처럼 계속해서 뉴뉴와 놀아 줬어요.

뉴뉴의 표정은 어딘가 부자연스러웠지만 금세 놀이에 집중했어요. 뉴뉴가 제 무릎에 앉아 잠깐 쉴 때 제가 일부러 놀라는 척하고 말했어요.

"어머, 뉴뉴야. 네 코가 왜 길어졌지?"

뉴뉴는 조금 놀랐는지 얼른 코를 만져 보고 말했어요.

"똑같잖아요."

제가 말했어요.

"아니야. 조금 길어진 것 같아. 못 믿겠으면 거울 봐."

제가 『피노키오』를 읽어 준 적이 있어서 뉴뉴는 '거짓말을 하면 코가 길어진다'는 이야기를 알아요. 뉴뉴는 뭔가 찔리는 것이 있는지 한참 말을 하지 않았어요. 사실대로 고백할까 고민하는 것 같았어요.

뉴뉴에게 말했어요.

"뉴뉴야. 거짓말을 하는 건 나빠. 잘못한 것이 있으면 고쳐야 착한 어린이야."

뉴뉴가 바로 물었어요.

"그러면 코가 안 길어져요?"

제가 고개를 끄덕이자 뉴뉴는 또르르 안방에 들어가더니 부러진 머리핀을 찾아와 자신이 실수로 부러뜨렸다고 솔직하게 고백했어요.

저는 뉴뉴의 코에 뽀뽀해 주곤 "엄마가 뽀뽀해 줘서 이제 뉴뉴 코는 안 자랄 거야"라고 말해 줬어요.

뉴뉴는 자기 코를 한 번 만져 보고 마음이 놓였는지 다시 신나게 놀았어요.

이날 이후로 저희 부부는 말 한 마디 행동 하나하나 모두 조심하기로 했어요. 뉴뉴 앞에서는 선의의 거짓말도 하지 않고, 뉴뉴에게 '사람은 진실해야 한다'는 생각을 수시로 심어 주고 있어요. 뉴뉴도 그날 이후로 더는 거짓말을 안 해요.

선생님. 제가 제대로 대처한 것이 맞나요? 선생님의 의견이 궁금하네요.

거짓말을 이용해서 아이의 거짓말하는 습관을 고치지 마세요

100점 만점에 75점을 드릴게요.

점수를 얻은 부분은 뉴뉴가 거짓말을 했을 때 누가 머리핀을 망가뜨렸는지 그 자리에서 화를 내며 추궁하지 않은 점이에요. 어머님은 나중에 기회가 생겼을 때 뉴뉴의 체면을 세워 주는 동시에 생각할 기회도 주었는데, 이 부분은 전체 점수인 75점 중에서 60점을 차지할 정도로 매우 잘하셨어요. 만약에 이 부분 하나만 따로 점수를 매기면 "축하드려요, 100점입니다!"라고 외쳐 드려야 해요.

그런데 나머지 부분은 크게 잘못된 방법은 아니지만 그렇다고 적절한 방법도 아니어서 15점을 드렸어요. 어머님은 '눈에는 눈, 이에는 이' 방법을 쓰셨어요. 비록 선의의 거짓말이긴 했지만, 거짓말로 아이의 거짓말을 밝혀냈죠. 뉴뉴가 사실대로 고백하도록 깜짝 놀라게 하는 방법을 썼다는 것은 알아요. 하지만 적절하지 않은 방법이에요. 어머님은 피노키오처럼 코가 길어졌다는 말을 해 아이가 깜짝 놀라고 어찌할 바를 모르게 만들었는데, 아동의 세계에서는 동화와 현실의 경계가 명확하지 않아요. 애초에 돌려서 말할 필요가 없었는데, 행여 아이가 따라 할까 걱정이네요.

아이를 놀라게 하는 방법을 쓰기보다는 나중에 기회를 봐서 우호적으로 물어보는 편이 더 좋았을 거예요. 만약 이렇게 말했으면 어땠을까요?

"뉴뉴야. 지난번에 뉴뉴가 엄마 향수를 깨뜨렸을 때 엄마가 화내서 미안했어. 그러면 안 되는데 말이야. 뉴뉴는 아직 어려서 실수로 물건을 망가뜨릴 수도 있고, 또 그게 정상이야. 일부러 그런 게 아니니까. 어른도 실수로 물건을 망가뜨리거든. 앞으로 실수로 물건을 망가뜨리면 걱정하지 말고 엄마에게 솔직하게 말해. 혼내지 않을게. 실수를 통해서 배우는 건 나쁜 게 아니야."

꼭 이대로 말할 필요는 없고, 어머님의 교육 신념이 담긴 말을 해주시면 돼요. 본인이 믿는 말을 해야 효과가 있으니까요.

중요한 점은 왜 뉴뉴는 솔직하게 말하지 않고 망가진 핀을 몰래 숨겼을까요? 이 문제를 해결하지 않으면 뉴뉴는 비슷한 상황에서 또 거짓말을 할 거예요. 그때는 지금보다 자라서 '피노키오 코' 이야기도 안 통할 테고요.

아이가 사실을 숨기거나 거짓말을 하는 이유는 딱 하나예요. 어른에게 혼나지 않기 위해서죠. 본능적인 이유도 있지만 대부분은 이전에 혼난 경험이 있어서 사실을 숨겨요. 평소에 자녀를 너무 엄격하게 대하지는 않았는지, 이전에 아이가 실수했을 때 지나치게 혼낸 적은 없는지 한번 곰곰이 생각해 보세요. 태어날 때부터 거짓말을 하고 싶어 하는 아이는 없어요. 아이가 진심으로 사랑과 존중을 받아 안정감을 느끼고 부모를 전적으로 신뢰하면 사고를 친 뒤에 거짓말을 하거나 사실을 숨길 필요가 없어요. 두려움이 없으면 거짓말을 하지 않아요.

어머님은 이번 일을 제대로 처리한 것이 맞는지 확인하려고 제게 메일을 보내셨어요. 어머님이 자녀 교육에 관해서 단순히 머리로만 생각하거나 맹목적으로 자신을 믿지 않고 사소한 부분까지 세심하게 신경 쓰시는 것이 느껴져요. 특히 어머님과 남편분 모두 뉴뉴 앞에서 말과 행동을 조심하고 거짓말은 물론 선의의 거짓말도 하지 않으려고 주의한다고 하셨는데, 매우 바람직해요. 옛말에 "복숭아나무와 자두나무는 말이 없지만 꽃과 열매가 사람을 끌어들여 저절로 길이 생긴다"라는 말이 있어요. 자녀에게 모범을 보여 주는 것이 얼마나 중요한지 알려 주는 말이에요. 비록 머리핀 사건은 75점을 받았지만 앞으로 비슷한 문제가 생겼을 때 더 잘 처신하실 수 있을 것 같아요. 뉴뉴도 분명히 달라질 거고요.

마지막으로 말씀드리고 싶은 점은 아이가 옆에 있든 없든 일상생활의 모든 면에서 진실하시라는 겁니다. 엄마의 일거수일투족을 아이가 다 볼 수는 없어요. 하지만 느낄 수는 있죠. '진실함'과 '선함'을 평생의 행동 원칙으로 삼고 상대가 누구이든 진실하고 선하게 대해 주세요.

"아이가 사실을 숨기거나 거짓말을 하는 이유는 딱 하나예요. 어른에게 혼나지 않기 위해서죠. 아이가 가정에서 진심으로 사랑과 존중을 받아 안정감을 느끼고 부모를 전적으로 신뢰하면 '사고'를 친 뒤에 거짓말을 하거나 사실을 숨길 필요가 없어요. 두려움이 없으면 거짓말을 하지 않아요."

아이가 어른이 되기
싫다고 해요

딸아이는 네 살이에요. 예쁘고 똑똑하고 귀여워서 온 가족의 사랑을 듬뿍 받으며 자라고 있어요. 하지만 최근에 떼를 쓰고 신경질을 부리는 일이 부쩍 늘었고, 툭하면 어른이 되기 싫다고 말해서 고민이에요.

딸아이는 평소에 입이 짧고 운동하는 것을 싫어해요. 그래서 저와 남편 모두 "건강하고 씩씩하게 자라려면 밥도 많이 먹고 운동도 열심히 해야 해", "아이고 착해라. 우리 딸 다 컸네!"라고 자주 격려해 주는데, 예전에는 저희가 이렇게 말하면 조용히 들었어요. 하지만 지금은 "나는 어린이가 좋아요. 어른 되기 싫어요!"라고 말해요. "다른 친구들은 다 어른이 되어도 너는 계속 어린이로 있을 거야?"라고 물으면 그렇다며 고개를 끄덕끄덕해요.

아이들은 빨리 어른이 되고 싶어 하지 않나요? 빨리 어른이 되어 자기 마음대로 행동하고 싶어 하잖아요. 딸아이도 예전에는 빨리 어른이 되고 싶다고 말했는데 왜 지금은 싫다고 하는지 이해가 안 가요.

제 생각에는 작년에 할머니가 돌아가신 뒤부터 어른이 되기 싫다고 하는 것 같아요. 자기가 어른이 되면 엄마, 아빠가 할머니, 할아버지가 되어 죽을 수도 있고, 죽으면 다시는 못 보니까요. 엄마 아빠가 나이들지 않고 영원히 자기 곁에 있어 주기를 바라서 어른이 되고 싶지 않다고 하는 것 같아요. 선생님. 제 추측이 맞나요? 아이에게 제가 어떤 말을 해 주면 좋을까요?

 ## 아이를 평가하는 수단으로 '성장'을 이용하지 마세요

죽음에 대한 두려움이 커서 어른이 되기 싫어하는 아이도 있어요. 하지만 댁의 아이는 평소에 부모의 기대치가 높고 잔소리가 많은 것이 원인일 수 있어요.

아시는지 모르겠는데, 어머님과 남편분에게 성장은 아이의 활동을 평가하는 중요한 기준이자 아이를 비판하는 평계예요. 그 결과 아이의 모든 활동은 아이에게 성장을 위한 임무가 되었어요. 밥 먹는 것도 운동하는 것도 다 건강하고 씩씩하게 자라기 위해서예요. 이런 환경에서 식사와 운동은 그 자체의 즐거움은 없고 오직 성장을 위한 수단이에요.

또 어머님과 남편분은 아이를 긍정적으로 평가할 때, 이를테면 어떤 일을 잘했을 때도 "우리 딸 다 컸네"라고 말하며 성장의 의미를 부여하고 있어요.

이때 아이에게 전달되는 무언의 메시지는 무엇일까요?

'아이다운 건 부족한 거야. 쑥쑥 자라려면 노력해야 해. 잘 자라려면 밥도 많이 먹고 운동도 많이 하고 재미있게 놀아야 해.'

딸아이는 자신이 어린아이인 것을 알아요. 때문에 스스로 부족하다는 생각이 들어서 괜히 엄마, 아빠에게 짜증을 부리고 떼를 쓰는 거예요. '성장'은 엄마와 아빠가 아이에게 정해 준 이상적인 기준이고, 이 기준 앞에서 아이는 항상 못난 사람이어서 속상해요. 부모에게 칭찬을 들어도 진심으로 존중받는 기분이 아니라, 오히려 좌절감이 들어요. 그래서 어른이 되고 싶지 않은 거예요. 만약에 예전에 딸아이가 어른이 되길 원했다면, 어른이 되면 특권이 생기고 자유로워진다고 생각해서였을 거예요. 어른이 되는 과정을 즐기는 것이 아니라 엄마, 아빠처럼 아이를 간섭할 특권, 자유를 가지길 원했던 거예요.

어머님이 "아이들은 빨리 어른이 되고 싶어 하지 않나요? 빨리 어른이 되어 자기 마음대로 행동하고 싶어 하잖아요"라고 하셨는데, 이것은 어머님의 바람이지 아이의 바람이 아니에요. 사람들은 힘든 시간은 빨리 지나가고 즐거운 시간은 천천히 가길 바라요. 교도소에 있는 사람은 하루가 일 년처럼 길다고 말하지만 행복한 사람은 왜 이렇게 시간이 빨리 지나가느냐고 하죠. 어떤 아이가 빨리 어른이 되고 싶어 한다면 자신이 처한 환경에 불만이 많고 어른의 특권을 부러워한다는 거예요. 만약에 어떤 부모가 자녀가 빨리 자라기를 바란다면 이것은 양육에 부담을 느끼고 싫어하는 것을 의미해요. 물론 어머님과 아이는 이런 상태는 아니에요. 하지만 메일에서 어머님이 '유년 시절은 가치가 없고, 오직 성인이 되기 위한 준비 단계다'라고 생각하시는 게 느껴져요. 어머님뿐 아니라 많은 부모에게서 발견되는 태도이기도 하죠. 때문에 아이가 "어른이 되기 싫어요!"라고 말했을 때 어머님이 많이 놀라신 거예요.

어린아이를 존중하라는 말에 반대하는 사람은 없어요. 거의 모든 사람은 자신이 어린아이를 존중한다고 생각해요. 하지만 부모가 '유년 시절'이라는 생명의 아름다운 시기를 경시하면 아이가 이 시기의 가치를 마음껏 누릴 수 없어요. 밥을 먹는 간단한 일조차 아이 마음대로 할 수 없다면 아이는 어느 부분에서 존중받을 수 있을까요?

부모와 자녀 간에 소통이 제대로 되지 않는 것은 '시각차' 즉 '이해심'이 서로 달라서예요. 이것은 간단한 것 같지만 매우 복잡한 문제예요. 어떤 부모는 부모와 자식의 생각이 서로 다를 수 있다는 것을 전혀 이해하지 못해요. 자녀를 사랑한다면 자녀의 관점에서 자녀가 어떻게 생각하고 느끼는지, 어떻게 자녀와 대화해야 하는지 알려고 노력해야 합니다.

온 가족이 행복하시길 빌게요.

"어떤 아이가 빨리 어른이 되고 싶어 한다면 자신이 처한 환경에 불만이 많고 어른의 특권을 부러워한다는 거예요. 만약에 어떤 부모가 자녀가 빨리 자라기를 바란다면 이것은 양육에 부담을 느끼고 싫어하는 것을 의미해요."

원하는 걸 솔직하게
말하지 않아요

딸아이는 초등학교 3학년이에요. 철이 일찍 들고 부모 말을 잘 듣는 모범생이죠.

오늘 저녁에 딸이 갑자기 이야기해 줬는데, 지난주 금요일, 그러니까 사흘 전 저녁에 같은 반 친한 친구의 생일 파티가 있었대요. 다른 친구들은 다 갔는데 자기만 혼자 안 갔대요. 월요일에 학교에 갔을 때 친구들은 모두 생일 파티 얘기를 하는데 자기만 혼자 멀뚱히 듣고 있어서 마음이 안 좋았다고 말하면서 거의 울려고 하더라고요. 제가 "너는 왜 안 갔어?"라고 물었어요. 딸아이는 "엄마 기억 안 나요? 그 날 피아노 학원에 갔잖아요"라고 말했어요. 가만히 생각해 보니, 정말 그날 제가 딸아이를 데리고 피아노 학원에 갔어요. 제가 말했어요.

"그러면 '엄마. 친구 생일 파티에 가야 해요'라고 말했어야지. 피아노 학원은 하루쯤 빠져도 되지만 친구 생일은 1년에 그날 딱 하루뿐이잖아."

딸아이의 대답은 조금 의외였어요.

"엄마가 만날 피아노 학원 빠지지 말라고 그랬잖아요. 학원비가 얼마나 비싼지 아냐면서. 말해 봤자 허락도 안 해 줄 것 같고, 또 학원비도 아까워서……."

딸아이가 이렇게 말하는데 정말 마음이 아팠어요.

사실 딸아이가 말했다면 저는 흔쾌히 생일 파티에 보내 줬을 거예요. 평소에 딸과 사이가 좋고 대화도 잘 통한다고 생각했어요. 둘이 안 하는 얘기가 없거든요. 하지만 이번 일을 겪고 아이가 왜 이 일을 내게 말하지 않았을까, 왜 내가 허락해 주지 않을 것이라고 생각했을까, 내가 평소에 스트레스를 많이 줬나…… 여러모로 제 자신을 돌아보게 되었어요. 어떻게 하면 아이가 모든 일을 제게 솔직하게 말할까요?

바쁘시겠지만 선생님의 조언을 듣고 싶습니다.

 원하는 것을 용감하게 표현할 수 있게 격려해 주세요

어머님의 메일을 읽고 제 어린 시절이 생각났어요. 초등학교 3~4학년 때쯤이었죠. 담임 선생님이 병원에서 예쁜 아기를 낳았어요. 평소에 선생님은 반 아이들을 고루 예뻐해 주셨고, 아이들도 선생님을 무척 좋아했어요. 이때 한 친구가 선생님을 축하해 주러 가자고 제안했어요. 비록 어린아이들이고 가난했지만 빈손으로 갈 수는 없어 한 사람당 2위안(한화 약 330원- 옮긴이)씩 모아 영양제를 선물하기로 했죠.

당연히 친구들은 선생님을 찾아뵙고 싶어 했어요. 저도 무척이나 가고 싶었죠. 하지만 1970년대에 용돈을 받아 쓰는 아이가 몇 명이나 있었겠어요? 결국은 부모님께 손을 벌려야 하는데, 고민이 되었어요. 가정 형편을 뻔히 아는 상황에서 부모님께 돈을 달라고 하기가 미안했거든요. 저는 어릴 때 연필과 공책을 살 때만 돈을 타서 썼어요. 학교에서 돌아오고 자기 전까지 어떻게 아버지에게 돈을 달라고 말할지 고민했어요. 연필과 공책을 살 때를 제외하고 돈을 달라고 해 본 적이 없었으니까요. 2위안이 너무 큰 돈 같아서 입이 쉽게 떨어지지 않았어요. 어떻게 말할까 엄청 고민했지만 왠지 아버지가 안 줄 것만 같아 결국 말을 꺼내지 못했어요.

이튿날, 병원에 가는 학생은 많지 않았어요. 한 일고여덟 명쯤 되었을까요. 부모님이 돈을 안 주시거나 저처럼 말을 못 꺼낸 아이들이 많았던 거죠. 돈을 낸 친구들은 방과 후에 상점에 가서 선물을 산 뒤에 선생님이 계신 산부인과 병원에 갔어요. 마침 집이 그쪽 방향이라 저는 이 친구들과 같이 걸어갔는데, 원래는 병원 입구까지만 같이 가야 했지만 선생님이 너무 보고 싶은 나머지 친구들이 병원에 들어갈 때 저도 제일 끝에 서서 따라 들어갔어요. 멀리서라도 선생님을 보고 싶었거든요. 병원을 방문한 친구들 중에서 돈을 내지 않은 사람은 저 한 명뿐이었어요.

선생님은 저희를 반갑게 맞이하고 그동안 어떻게 지냈는지 이것저것 물으셨어요. 하지만 병원은 낯선 곳이잖아요. 아이들은 뭔가 어색한지 대답을 잘 하지 않았어요. 어쨌든 친구들이 하도 대답을 안 해서 초조한 나머지 제가 대답했던 게 기억나요. 처음에 선생님은 저를 못 보신 것 같았어요. 제일 뒤에 서 있었으니까요. 하지만 대답하는 사람이 저밖에 없었기 때문에 선생님은 계속 제게 관심을 갖고 말씀하셨어요. 기분이 얼마나 좋던지요.

병원에서 나온 뒤에 한 친구가 불만스럽게 말했어요. 돈도 안 낸 애가 왜 선생님 앞에서 말을 많이 하느냐고요. 선생님이 선물 살 때 너도 돈을 보탰다고 생각하시지 않겠냐면서요. 순간 '내가 잘못했구나' 생각했어요. '친구들이 나를 어떻게 생각할까? 돈도 없으면서 착한 척만 하는 아이라고 생각할까?' 이런 마음에 집에 가는 내내 괴로웠어요.

저녁때 아버지에게 낮에 있었던 일을 말하곤 엉엉 울었어요. 무섭게 혼날 줄 알았는데 의외로 아버지는 따뜻하게 위로해 주셨어요.

"아빠에게 말하지 그랬니. 아기 낳은 선생님 뵈러 가는 좋은 일이면 돈을 줬을 텐데. 앞으로는 무슨 일이 있으면 아빠에게 꼭 말하렴."

아버지 말씀을 듣고 얼마나 후회했던지요. 왜 저는 돈을 달라는 말을 못 했을까요? 말을 꺼내 보지도 않고 왜 아버지가 안 줄 것이라고 단정했을까요?

어머님께 제 일화를 말씀드린 건 딸아이의 심리와 그 당시 저의 심리가 비슷해서, 어머님이 아이의 심리를 이해하는 데 도움이 될 것 같아서예요. 확실히 부모님과 자녀 사이에는 서로 대화가 통하지 않아 오해가 생기고 마음고생을 할 때가 있어요. 사랑하지 않아서 또는 관심이 없어서 그런 게 아니에요. 도리어 상대의 반응을 지나치게 신경 쓰는 나머지 자기 마음을 솔직하게 표현하지 못해서 이런 일이 발생하는 것이에요. 더군다나 아이들은 매우 섬세해서 어른들이 미처 생각하지 못하는 것까지 생각하곤 합니다.

제가 위엔위엔을 키울 때도 비슷한 일이 있었어요. 위엔위엔이 대학교에 입학한 뒤에 어느 날 둘이 수다를 떨다가 고등학교 때 이야기가 나왔어요. 딸이 갑자기 매우 억울한 듯 말했어요. 그 당시 같은 반 친구들은 대부분 휴대전화가 있어서 자기도 몹시 갖고 싶었대요. 하지만 평소에 제가 "학생이 휴대전화가 왜 필요해"라는 말을 자주 했고, 또 수능 시험을 준비하면 휴대전화를 쓸 일도 거의 없고 시간만 낭비할 것 같아서 결국 제게 휴대전화를 사 달라는 말을 안 했대요. 위엔위엔은 의젓하게 꾹 참았다가 수능이 끝난 뒤에 휴대전화를 마련했어요. 휴대전화 이야기는 위엔위엔에게 처음 듣는 것이었어요. 저는 아이가 공부에만 관심이 있고 휴대전화에는 관심이 없는 줄 알았거든요. 한데 고등학교 때 휴대전화를 못 가진 것이 '한'이 되었을 줄 누가 알았을까요?

저는 미안해하며 위엔위엔에게 말했어요.

"엄마는 너와 세대도 다르고 나이도 다르고, 성장 환경도 사고방식도 다 달라. 그래서 네가 뭘 원하고 뭘 필요로 하는지 족집게처럼 맞힐 수 없어. 네가 원하는 것이 있으면 스스럼없이 말해. 엄마, 아빠가 동의할지 말지는 그다음의 일이야. 괜히 '부모님의 생각은 이럴 거야' 추측하지 말고 네 생각을 용감하게 표현해. 그래야 우리가 네가 뭘 원하는지 정확하게 알 수 있어. 네 생각에 동의할지 말지는 엄마, 아빠가 결정할 일이고, 네 생각을 말할지 말지는 네가 결정할 일이야. 말하면 적어도 절반의 가능성이라도 있지만 말하지 않으면 절반의 가능성마저 없어. 그러니 무슨 일이 있어도 네가 원하는 걸 표현할 줄 알아야 하는 거야. 이제 너도 성인이니까 학교나 사회에서 사람들과 어울릴 때 네 생각을 똑 부러지게 말할 줄 알아야 해."

==아이와 대화할 때 아이 스스로 자기가 원하는 것을 존중하고 용감하게 표현할 수 있게 격려해 주세요. 또 아이의 말을 경청하고 응원하는 친구가 되어 주세요.== 모녀 사이가 돈독해지면 아이가 훨씬 밝아지고 용감해질 거예요.

"부모님과 자녀 사이에는 서로 대화가 통하지 않아 오해가 생기고 마음고생을 할 때가 있어요. 사랑하지 않아서 또는 관심이 없어

서 오해가 생기고 마음고생을 하는 것이 아니에요. 도리어 상대의

반응을 지나치게 신경 쓰는 나머지 자신의 마음을 솔직하게 표현

하지 못해서 이런 일이 발생하는 것이에요."

아이가 화를 낼 때는
어떻게 하죠?

어느 날 저녁 식사를 마치고 안방에서 책을 읽는데 아이가 콩콩 뛰어
와 "엄마, 빨리 좀 와 보세요"라고 말했어요. 거실에 가 보니 아이가
블록으로 세 대의 비행기를 만들어 놓았더라고요. 크기도 모두 다르
고, 알록달록하게 예뻤어요. 30분 동안 조용하다 싶었는데 알고 보니
비행기를 만들었던 거예요. 저는 얼른 칭찬해 줬어요.

"와. 비행기 세 대가 각각 특징이 있네. 이건 생김새가 전투기 같고,
요건 엄마 마음에 쏙 든다. 날개가 정말 예뻐."

선생님 책에서 칭찬할 때 뭉뚱그려서 하면 안 된다는 내용을 읽은
게 기억나서 일부러 구체적으로 칭찬해 줬어요.

아이는 제 칭찬을 듣고 기분이 좋다 못해 약간 흥분했어요. 그런데 기분 좋은 느낌을 어떻게 표현해야 하는지 몰라서일까요? 갑자기 책꽂이 위에 기어 올라가서 대롱대롱 매달리지 뭐예요. 금방이라도 떨어질 것 같아서 빨리 내려오라고 말하려고 했는데 그사이에 '쿵' 떨어지고 말았어요. 그것도 자기가 만든 블록 비행기 위로요. 당연히 비행기는 산산조각이 났어요.

아이는 잠시 멍하게 있다가 이내 비행기가 부서진 것을 발견하고 엉엉 울기 시작했어요. 바닥에 드러누워 발버둥까지 치면서요. 저는 얼른 아이를 안고 "이런. 예쁜 비행기가 망가져서 속상하고 화가 났구나"라고 위로해 줬어요. 선생님이 책에서 그러셨잖아요. 아이의 정서를 이해하고 받아들이라고. 그래서 아이의 마음을 이해하려고 노력했어요. 하지만 아이는 제 말을 듣다가 다시 자기감정을 주체하지 못하고 화를 내기 시작했어요. 저를 밀치곤 바닥에 있는 곰 인형을 주방에 냅다 던졌다가 다시 주워서 다른 곳으로 또 던지고, 아주 막무가내였죠. 결국 남편이 나서서 말했어요.

"비행기가 망가졌으면 다시 만들면 되잖아."

그러곤 무슨 말을 더 하려고 하는 것을 제가 눈치를 줘서 말렸어요. 이런 상황에서 뭐라고 해 봤자 아이 귀에 들리지도 않고 외려 화만 더 돋우니까요.

아이가 인형을 서너 번 던졌다가 줍기를 반복하며 화풀이를 하는 동안에 전 "꽃병에는 던지지 마. 깨지니까"라고 딱 한 번 주의를 줬어요. 제 말을 들었는지 아이는 커튼, 식탁 의자 다리 등 빈 공간으로만 인형을 던졌어요. 깨질 물건이 없는 곳으로요. 잠시 뒤에 아이 기분이 조금 나아진 것 같아서 아이를 안으며 말했어요.

"비행기가 망가져서 화가 났구나. 하지만 블록이 많으니까 다시 만들면 안 될까? 아주 크고 멋진 비행기로 말이야. 어때?"

아이가 싫다고 대답하면 어쩌나 걱정했는데 다행히 고개를 끄덕이고 "그러면 엄마도 도와줘요"라고 말했어요. 저는 "알았어. 엄마랑 같이 블록 줍자"라고 대답했어요.

제가 여기저기 흩어진 블록을 한곳으로 모으고 "엄마는 비행기를 어떻게 만드는지 잘 몰라"라고 말하면서 보니 아이는 언제 화가 났냐는 듯 엉덩이를 바닥에 붙이고 앉아 새 비행기를 만들고 있었어요. 이 모든 게 5분 사이에 일어났어요.

요새 많은 사람들이 아이의 정서를 받아들이라고 말해요. 하지만 이게 어디 쉬운가요? 자기감정을 통제하는 것이 얼마나 어려운 일인데요. 예전의 저를 포함해서 많은 부모들이 아이가 화를 내면 같이 화를 내거나 푸념을 늘어놓거나 훈계를 했는데, 다 효과가 없었어요. 괜히 부모와 자녀 사이에 '전쟁'만 붙었죠. 이번 일을 통해 저는 아이의 기분을 이해하고 받아들이면 문제 해결 방법을 찾을 수 있다는 것을 배웠어요. 결국은 부모가 자신의 감정을 조절하는 게 관건이더군요. 시간이 지나면 아이도 서서히 자기감정을 통제하는 방법을 배우겠죠? 선생님의 평가가 궁금해요. 제가 제대로 하고 있는 게 맞나요?

아이를 어르는 동시에 적극적으로 관심사를 돌리세요

매우 잘하셨어요. 아이의 '감정 폭풍'을 능숙하게 잠재운 긍정적인 사례로 꼽을 정도로요. 만약에 어머님이 다른 방법으로, 예를 들어 남편분처럼 미적지근하게 아이를 달래거나 훈계를 했다면 아이의 감정은 5분 만에 풀리지 않았을 거예요. 아마 아이의 '반란'이 50분 동안 이어졌어도 아이의 감정을 이해하고 받아들이는 법은 끝끝내 배우지 못했을 거예요. <mark>최악의 상황은 부모가 아이의 감정을 이해하지 않고 화를 낸다는 이유로 다짜고짜 때리고 욕하는 것이에요.</mark> 이것은 불 난 집에 기름을 부은 꼴이라 아이는 온종일 기분이 안 좋은 채로 마음에 '독소'가 쌓여 심리적으로 상처를 받아요.

어머님은 아이의 감정을 이해하고 받아들인 것뿐 아니라 아이가 부정적인 정서에서 벗어날 수 있게 다른 곳으로 관심을 돌리려는 노력도 하셨어요. '수용'이 아이가 부정적인 정서를 밖으로 표출할 수 있게 해 주는 것이라면, '관심 돌리기'는 아이가 정서를 재구성할 수 있게 도와주는 것이에요. 아이를 어르는 동시에 적극적으로 관심사를 돌리면 아이가 부정적인 정서에서 더 빨리 벗어나요. 마냥 '수용'의 상태에만 머물러 있으면 부정적인 정서가 더 커질 수 있는데, 이것은 아이와 부모 모두에게 안 좋아요.

'관심 돌리기'를 조금 더 빨리 하셔도 좋았을 뻔했어요. 아이가 인형을 던질 때 가만히 지켜보지 않고 기회를 봐서, 예를 들어 아이가 주방에서 인형을 주워 다시 거실에 던지려고 할 때 "뭐 하러 힘들게 주우러 와. 엄마가 던져 줄게"라고 웃으면서 은근슬쩍 인형 던지기를 했으면 금세 새로운 놀이가 되었을 거예요. 그러면 아이의 감정 에너지가 빠르게 회복되어 자기도 모르게 깔깔거리고 웃어요. 단 관심 돌리기는 반드시 아이의 관심을 끌 수 있어야 해요. 만약에 아이가 혼자만 던지고 싶어 할 때 강제로 서로 주고받기를 하면 안 되고, 방법을 바꿔야 해요. 정리해 말하면, 상황을 봐 가면서 행동하세요. 모든 아이는 단순하고 착해서 부모가 조금만 신경 쓰면 어렵지 않게 달랠 수 있어요.

제 책에서 읽은 내용을 일상생활에서 잘 실천해 주셔서 감사합니다. 행복하세요.

"아이가 울고불고 화를 낼 때는 일단 아이의 감정을 이해하고 받아들이세요. 그러곤 아이가 기분 나쁜 감정에서 벗어날 수 있게 다른 곳으로 관심을 돌리세요. 아이를 어르는 동시에 적극적으로 관심사를 돌리면 아이가 부정적인 정서에서 더 빨리 벗어날 거예요."

질문 27

아이가 귀신을 보는 건가요?

올해 네 살인 딸아이는 무척 귀엽고 똑똑해요. 하지만 최근에 상상 속의 인물과 노는 모습을 보면 조금 오싹할 때가 있어요. 거실에서 놀때 갑자기 "네 배가 볼록한 건 그 속에 아기가 있기 때문이야"라고 말하는가 하면 책을 읽을 때 "내가 백설공주 읽어 줄게"라고 말하고, 마치 옆에 친구가 있는 것처럼 혼잣말을 해요. 물을 마실 때 "달님아. 너도 물 먹고 싶니?"라고 공기와 대화하고 저에게는 "엄마. 달님이에게도 새 주전자 사 주세요"라고 말하는 등 온통 영문을 알 수 없는 말을 해요.

가족 중에 임신한 사람도 없고 주변에 '달님'이라는 이름을 가진 어른이나 어린이도 없어요. 선생님. 상상 속의 친구와 놀게 해도 될까요? 다른 아이들도 이렇게 엉뚱한 말을 하나요? 아이들은 순수해서 어른들이 못 보는 존재를 볼 수 있다는 말을 어디서 들어서인지 조금 무서워요. 어떤 사람은 무당에게 한번 데리고 가 보라고 하는데 그러고 싶지는 않아요. 어떡하면 좋을까요? 딸아이를 어떻게 지도해야 하죠?

그냥 아이를 내버려 두세요

아이의 모든 동작과 언어를 어른이 이해할 수는 없어요. 못 알아듣는 것은 못 알아듣는 대로 흘려 버리세요. 아이의 성장에 해가 되는 것이 아니면 그냥 아이가 그것을 하게 내버려 두세요. 신경 쓸 필요도 없고 걱정할 필요도 없어요. 무당을 찾아갈 필요는 더더욱 없어요. 그냥 아이가 놀게 놔 두세요. 공기와 대화하는 아이가 귀엽지 않나요? 어른의 눈에 안 보이는 세계가 아이의 눈에는 보일 수 있어요. 괜히 아이들을 천사라고 부르겠어요.

아이의 장단에 맞춰 같이 놀아 주는 것은 어떤가요? 아이가 배가 볼록한 '친구'와 대화를 나눌 때 배 속의 아기가 건강하게 잘 자라는지 물어보고, 동화책을 읽어 줄 때 아이의 장난감이나 상상 속의 친구를 초대하고, '달님'이를 초대해서 같이 주스도 마시고 사과도 먹는 거예요. '달님'이가 누군지 알 필요는 없어요. 어느 날 아이가 '달님'

이의 정체에 관련된 에피소드를 자연스럽게 말해 줄 거예요.

어쩌면 아이가 너무 외로워서 스스로 자신과 노는 것일 수도 있어요. 아이와 자주 놀아 주고 함께 책을 읽는 등 상호 작용을 많이 해 주세요.

아이는 신과 가장 가까운 사람이고 어른은 다시 속세로 돌아온 신과 같아요. 서로 통하지만 거리가 있을 수밖에 없는 관계죠. **아이의 놀이를 방해하지 마세요. 이해하지 못하는 것을 강제로 이해하고 아이를 지도하려고 하지 마세요.** 그냥 아이의 모든 표현을 즐기세요. 그것만으로도 충분하니까요.

"아이의 모든 동작과 언어를 어른이 이해할 수는 없어요. 못 알아듣는 것은 못 알아듣는 대로 흘려 버리세요. 아이의 성장에 해가 되는 것이 아니면 그냥 아이가 그것을 하게 내버려 두세요."

선생님, 이럴 땐 어쩌죠?

Q 아이가 철이 지나치게 든 것인가요?

지나치게 착한 아이 때문에 고민이에요. 저는 아이를 낳은 날부터 선생님의 가르침을 실천했어요. 아이를 존중하고, 뭐든지 솔선수범하고, 아이를 때리거나 윽박지르거나 뭔가를 못 하게 금지한 적이 없어요. 돈독하게 지낼 수 있는 영리하고 착한 천사 같은 딸아이가 있어서 행복해요. 그런 딸아이가 올해 네 살이 되어 어린이집에 입학했어요. 모든 게 순조로웠죠.

그런데 어느 날 어린이집 선생님이 특별히 상담을 요청했어요. 선생님은 딸아이가 또래 아이들보다 두뇌와 신체가 발달했지만 지나치게 이성적이라서 조금 걱정스럽다고 말씀하셨어요.

"따님은 좋고 싫은 것보다 해도 되고 안 되는 것으로 구분하는 게 더 많아요. 미끄럼틀을 타며 즐거워할 때, 할머니의 손을 잡고 하원할 때는 영락없는 또래 아이의 모습이지만, 문제는 또래 아이다운 모습을 보일 때가 별로 없다는 거예요."

선생님 말씀은 조금 충격적이었어요. 딸아이는 아기 때부터 울음이 짧고 순했어요. 울음소리 면역법(수면 훈련을 위해 아기가 울 때 안아 주지 않고 안 울 때 안아 주는 육아법- 옮긴이) 같은 것은 하지 않았어요. 조용하고 조심성이 많고, 한 번도 신경질을 부리거나 떼를 쓴 적이 없어요. 많이 성숙하고 철이 든 편인데 어린이집 선생님이 문제라니까 괜히 걱정돼요. 선생님. 제 딸아이가 정상인 거죠? 만약에 아니라면 제가 어떻게 해야 할까요?

A 건강하고 훌륭한 자녀를 두셨네요. 아이에겐 아무런 문제가 없으니 걱정 마세요. 사람들은 아이가 떼를 쓰고 철 없게 굴면 싫어하면서도 이것을 아이다운 모습이라고 생각하고 그렇지 않은 아이는 문제가 있다고 생각해요. 사실 댁의 아이의 모습이 아이다운 모습 아닌가요? 저는 그 모습이 보편적인 아이상이 되어야 한다고 생각해요. 온종일 울고불고하고 아무나 때리는 것은 또래 아이들보다 유치한 것이고, 이게 오히려 비정상적인 모습이에요.

부모와 사이가 좋고 심리적으로 그늘이 없는 아이는 부모의 말을 잘 들어요. 즐거운 아이는 잘 안 울고, 깨인 아이는 슬기롭고, 존중받는 아이는 주관이 뚜렷해요.

'철이 든 것'과 '철이 지나치게 든 것'은 엄연히 달라요. 전자는 정상적인 필요가 만족되어 말썽을 부릴 이유가 없는 상태이지만 후자는 정상적인 필요가 억눌려 어른에게 잘 보이기 위해 노력하는 상태예요. 전자와 후자를 어떻게 구별할 수 있을까요? 가장 간단한 방법은 아이가 즐거워하는지 살펴보는 것이에요. 물어보는 게 아니라 살펴야 한다는 것을 기억하세요. 영리한 아이는 어른에게 잘 보이기 위해서 거짓말로 대답할 수 있으니까요. 진심으로 관찰하면 아이가 일상에서 즐겁게 생활하는지 바로 알 수 있어요.

제 딸아이도 어릴 때 그랬어요. 위엔위엔은 여느 어린이집 친구들처럼 천진했지만 성숙하고 차분해서 만나 보고 놀라는 사람이 많았어요. 예를 들어 네 살 때 위엔위엔과 함께 기차를 탄 적이 있는데, 위엔위엔은 맞은편에 앉은 처음 보는 사람들과 이것저것 서로 묻고 대답하며 놀았어요. 그 모습이 귀여우면서도 얼마나 어른스럽던지요. 그 두 사람 중 한 명이 나중에 기차에서 내릴 때 말했어요.

"꼬마 친구가 대단하네요. 크면 훌륭한 사람이 되겠어요."

제 딸아이가 훌륭하다고는 감히 말 못 하겠어요. 하지만 적어도 몸과 마음이 건강한 사람으로 자랐다고는 말할 수 있답니다. 제 경험을 공유할 수 있는 기회를 주셔서 감사합니다. 아무튼 어머님. 아이에 대한 걱정은 푹 놓으세요.

Q 아들이 혼자 자는 것을 무서워해요

제 아들은 며칠 뒤면 여덟 살이 되지만 아직도 엄마, 아빠 옆에서 자요. 저희 부부 침대 옆에 아들 침대를 놓고 자는 것도 안 되고 꼭 한 침대에서 같이 자야 해요. 눈을 감으면 머릿속에 괴물이 떠올라서 혼자 자는 것이 겁난대요. 그동안 혼자 자는 습관을 키워 주기 위해 노력했지만 모두 허사로 돌아갔어요. 혼자서는 저녁때 어두운 곳에도 못 들어가고, 방에 혼자 있지도 못해요. 반드시 어른이 있어야 잠을 자고 없으면 뜬눈으로 밤을 새워요. 고학년이 되어서도 이럴까 걱정이에요. 선생님. 좋은 방법이 있을까요?

A 아이에게 무서운 내용의 책이나 만화를 보여 주기 전으로 돌아갈 수 있다면 참 좋을 텐데요. 괴물을 보지 않았다면 절대로 아이 머릿속에 괴물이 떠오르는 일은 없었을 거예요. 아이가 어두운 곳을 무서워하는 것도 같은 이유 때문인데, 앞으로 무서운 콘텐츠를 자주 접하지 않도록 해 주세요.

아이가 혼자 못 잔다면 데리고 주무세요. 이게 왜 문제죠? 부모와 한 침대에서 자는 아이를 걱정하는 것은, 아이가 말을 못 배우면 어쩌나 걱정하는 것과 같아요. 부모가 크게 신경 쓰지 않으면 아이는 더 빨리 혼자 자고 싶어 해요. 지금 혼자서 잠을 못 자는 건 괴물이 무서운 이유도 있지만 부모가 강제로 혼자 자게 하는 것에 저항하는 것일 수도 있어요. 강압적으로 혼자 재우지 마시고 "사내 녀석이 왜 이렇게 겁이 많아"라는 말도 하지 마세요. 무슨 일 때문이든 괜히 아이와 얼굴을 붉힐 필요는 없어요.

Q 아이가 부쩍 많이 울어요

세 살짜리 딸아이를 키우는 엄마예요. 최근에 아이의 울음이 갑자기 늘었어요. 이유가 뭘까요? 어떻게 하면 아이가 안 울까요?

A 일단 우는 것은 기분이 안 좋다는 신호예요. 아기가 사용하는 최초의 언어는 웃음과 울음, 이 두 가지뿐이에요. 아이가 울면 '뭔가 마음에 안 드는 것이 있구나', '즐겁지 않구나' 하는 것을 인식하세요. 어머님의 메일 내용만 봐서는 아이의 기분이 왜 안 좋은지 알 수가 없네요. 그 원인은 어머님이 찾으셔야 해요.

Q 아이가 툭하면 몸부림을 치며 울어요

제 아이는 생후 20개월이에요. 스스로 육아 규칙을 정해서 키우고 있지만 모순적일 때가 많아요. 아이가 무리한 것을 요구하며 떼를 쓸 때, 이를테면 가위를 갖고 놀려고 할 때 주의력을 돌리려고 노력해도 소용이 없으면 그냥 울게 내버려둬요. 이렇게 해도 괜찮을까요?

A 부모에게 강압적인 대우를 받은 경험이 있는 아이는 반드시 떼를 써야 원하는 것을 얻을 수 있다고 생각해요. 그래서 원하는 것이 있을 때마다 울고불고 떼를 쓰는 방법으로 해결하려고 해요. 아이가 20개월이면 아직 가위질을 못 할 때네요. 아이는 뭐가 위험한지 잘 몰라요. 그냥 엄마가 못하게 하니까 불만인 거예요. 어머님이 옆에 있을 때는 가위를 갖고 놀게 해 주세요. 아이를 안전하게 돌보는 것은 어머님의 책임이에요. 책임이 너무 무겁다고 아이의 놀이를 제한하면 안 돼요.

Q 아이의 친구가 가정 폭력을 당했어요

아이의 반 친구가 수능 시험을 잘 못 봤다고 엄마에게 따귀를 맞았대요. 시험을 못 봤다고 얼굴이 붓고 입에서 피가 나도록 때리다니, 말이 안 되잖아요! 어떻게 이런 엄마가 있을 수 있죠? 사람이 아닌 것 같아요. 경찰에 신고해야 할까요?

A 따귀는 그 엄마가 맞아야겠네요. 그 엄마는 반드시 자기 인생이 날리는 따귀를 맞게 될 거예요. 가능하면 그 학생에게 앞으로 가정 폭력을 또 당하면 맞고만 있지 말고 경찰에 신고하라고 알려 주세요.

Q 아이가 물건을 던져요

여섯 살짜리 아들은 화가 나면 물건을 마구 던지는 못된 버릇이 있어요. 저나 남편이나 이런 행동을 하지 않아요. 어떡하면 좋을까요?

A 어머님과 남편분이 물건을 안 던진다고 해서 완벽한 건 아니에요. 혹시 평소에 아이의 행동을 지나치게 단속하시나요? 문제의 뿌리를 찾아보세요. 그러면 문제는 저절로 해결됩니다.

Q 아이가 사람을 때려요

13개월 된 딸이 9개월 때부터 자꾸 얼굴을 때리고 안경을 벗겨서 땅에 떨어뜨려요. 제가 "그러면 안 돼. 엄마 아프단 말이야"라고 말해도 여전히 때리고 할퀴고 소용이 없어요. 좋은 교육 방법이 있으면 알려주세요.

A 9개월짜리 아이가 아프게 때릴 수 있을까요? 안경을 땅에 떨어뜨리면 안 된다는 것을 알까요? 아이는 그냥 엄마와 장난이 치고 싶은 거예요. 엄마에게 호감과 호기심을 표현하는 것이죠. 아이가 안경을 땅에 떨어뜨렸을 때 화를 내거나 훈계를 하는 등의 부정적인 반응을 보이지 않았다면 문제는 진즉 해결되었을 거예요.

아이는 행동의 제약을 받을 때 열등감을 느끼고, 엄마에 대한 사랑은 불안감으로 바뀌어요. 그래서 자기가 잘못하지 않았다는 것을 증명하고 엄마가 자신을 사랑하는지 알아보기 위해 똑같은 행동을 반복하죠. 하지만 안타깝게도 그때마다 번번이 좌절감을 느껴서 상황은 더욱 나빠졌어요.

지금의 상황을 해결할 수 있는 가장 좋은 방법은 아이의 행동을 긍정적으로 대하는 것이에요. 아이가 때리면 그냥 때리게 두세요. 크게 아프지 않잖아요. 안경을 땅에 떨어뜨리면 그냥 떨어뜨리게 두세요. 망가지면 새로 맞추면 되잖아요. 아이와 대립하지 않는다면 몇 번 만에 해결될 거예요.

4장

건강한 관계가
자녀 교육의
시작이에요

인간관계가 자녀에게 미치는 영향

●

아이를 존중하지 않는 아빠나 엄마는
배우자와 동등한 관계가 아닌 경우가 많아요.
진심으로 아이를 존중하는 방법을 배우는 것은
배우자를 존중하는 방법을 배우는 것과 같아요.

아이가 자기 몸을 때려요

20개월인 아들이 어느 순간부터 매우 예민해졌어요. 친구가 조금만 화를 내거나 실수로 건드리면 불만을 표현하거나 울음을 터뜨려요. 어쩌다 친구가 때리기라도 하면 아주 막무가내로 울고 그래도 분이 안 풀리면 마치 통증을 못 느끼는 사람처럼 자기 몸을 막 때려요.

아들이 자기 몸을 때릴 때마다 마음이 너무 아파요. 아들이 왜 이런 행동을 할까요? 다른 아이들은 자기 몸을 안 때리는 것 같아요. 적어도 전 그렇게 하는 아이를 못 봤어요.

선생님, 어떡해야 할까요? 제가 뭘 잘못한 걸까요? 예전에 인터넷에서 강압적인 엄마가 자녀에게 해를 끼친다는 내용의 글을 읽은 적이 있어요. 제가 평소에 남편에게 조금 불친절해요. 강압적인 편이죠. 특히 생리하기 며칠 전부터 괜히 예민해져서 남편에게 사납게 대해요. 혹시 이게 원인으로 작용해서 아들이 곤란한 상황일 때 부정적으로 저항하게 된 걸까요? 제가 먼저 변하고 남편과 좋은 감정을 유지하는 것이 아들에게 도움이 될까요?

아들이 자기 몸을 때리면 저는 아들이 머리를 다치지 않게 잘 안아주고 위로해 줘요. 이 방법을 계속 써도 될까요?

강압적인 엄마는 집 안의 유해 물질과 같아요

어머님 스스로 반성하는 시간을 가지셨군요. 확실히 아이의 그런 행동은 엄마의 강압적인 표현에서 비롯되었어요. 하지만 변화는 이미 시작되었어요. 어머님이 문제점을 인식하셨으니까요. 다만 반성의 초점이 조금 잘못 맞춰졌어요. 메일에서 어머님이 남편을 강압적으로 대하지 않고 부부 관계를 개선하면 아들이 괜찮아질까 궁금해하셨는데, 맞습니다. 부부 관계를 개선하면 상황이 많이 좋아져요. 하지만 이것만으로는 부족해요.

세상에 독립적인 관계나 독립적으로 존재할 수 있는 성격은 없어요. 다시 말해서 한 사람의 모든 특징과 행동은 누구에게는 보이고 누구에게는 안 보일 수가 없어요. 이 사람과 영향을 주고받으면서 저 사람과 영향을 주고받지 않을 수가 없다는 말이죠. 특히 오랫동안 깊은 감정을 나누고 생활해 온 관계는 더더욱 그래요. 이렇게 비유를 해 볼까요? 성격적으로 결함이 있는 사람은 구린내가 나는 사람과 같아서 가깝게 지내면 냄새가 배어요. 강압적인 성격은 집 안에 가득 퍼진 유해 물질과 같아요. 냄새가 지독한 것은 기본이고 해롭기까지 하죠. 같은 집에서 생활하는 사람은 누구도 유해 물질의 해로움에서 자유로울 수 없어요. 어머님이 부부 관계에 영향을 줄 정도로 남편분을 강압적으로 대하셨다면, 분명 아이에게도 강압적으로 대하셨을 거예요.

메일에서 어머님은 아들에게 부드럽게 대한 것만 설명하셨어요. 아이에게 다정하고 행복한 삶을 만들어 주기 위해 노력하신 것을 알아요. 하지만 20개월 된 아이가 화가 났을 때 자기 몸을 때리는 것은 보통 신호가 아니에요. 이것은 좌절감이 매우 크고, 정서가 심각하게 훼손되었고, 감당할 수 없을 정도로 부정적인 에너지가 많이 쌓이고, 심리적인 질서가 무너지기 시작한 것을 의미해요. 어머님의 강압적인 성격은 부부 관계에만 영향을 준 것이 아니라 아이와 생활하는 데도 문제를 일으켰어요.

일상생활에서는 사소한 일들이 무수히 일어나요. 어머님이 구체적인 상황에서 모자 관계를 어떻게 형성하셨는지 보지는 않았지만 완전히 상상이 가요. 가정에서 한 사람의 힘이 지나치게 세면 1차로 배우자가 큰 스트레스를 받고 2차로 자녀가 큰 스트레스를 받아요. 배우자를 통제하는 것은 자녀에게 장애물을 설치하는 것과 같아요. 남편은 성인이라서 아내에게 받은 스트레스를 숨기거나 해소할 수 있어요. 하지만 아이는 너무 어린 나머지 심리적으로 끊임없이 받는 압박감을 외부로 어떻게 방출해야 하는지 몰라 그저 자기 몸을 때리는 방식으로 불만을 표현한 것이에요.

화목한 관계는 단순히 기교를 통해서 완성되지 않아요. 때로 어떤 관계를 개선하면 다른 관계까지 개선되기도 하지만 개선 효과는 그리 오래가지 않아요. 모든 관계의 축은 자기 자신이에요. 자신이 변하지 않으면 자신을 둘러싼 모든 사람과의 관계가 변하지 않아요. 제가 어머님께 꼭 드리고 싶은 말씀은, 남편분을 대하는 태도를 바꾸는 것만으로는 부족하고 모든 가족 구성원과 생활하는 습관을 바꾸셔야 한다는 거예요. 이 점이 가장 중요해요.

지금부터 어머님이 화를 내는 이유를 찾지 마세요. 생리를 하는 것과 화를 내는 것이 무슨 관계가 있죠? 생리와 화 사이에는 아무런 인과 관계가 없어요. 객관적인 이유를 찾지 않아야 진심으로 반성하고 자신을 바꿀 수 있어요. 이유를 찾는 것은 문제를 덮는 것과 같아서 문제를 철저하게 해결하는 것에는 도움이 되지 않아요. 그저 문제를 지속시킬 뿐입니다.

다행히도 아이는 아직 어려서 다시 시작할 수 있으니 너무 상심하지 마세요. 모든 것은 어머님의 마음에 달렸어요. 어머님은 모든 것을 전과 다르게 바꿀 수 있어요.

좋은 책을 읽고 겸허하게 반성하세요. 강압적인 성격을 부드럽게 흐르는 물처럼 바꿔 생활의 모든 부분을 너그럽게 받아들이고 이해하고 사랑하세요. 어머님의 기분을 잘 관리하고 남편분과 아이의 일에 덜 간섭하셔야 해요. 다른 사람을 바꾸려고 하지 말고 어머님이 변하세요. 미래의 목표에 담담해지고 현재의 행복에 초점을 맞추어야 합니다. 이것이 지금의 상황을 바꿀 수 있는 기본적인 방법이에요. 어머님이 스스로 변화하고 싶어 한다면 방법은 생기게 마련이에요.

아이가 자기 몸을 때릴 때 머리를 다치지 않게 안아 주고 위로해 주는 것은 좋습니다. 하지만 어머님이 아이를 어떻게 위로하셨는지 궁금하네요. 아이가 자기 몸을 못 때리게 막기만 하고 왜 자기 몸을 때리는지 이해하지 않는다면 위로는 피상적인 말에 불과하고 심하게는 탈을 바꿔 쓴 강압이 될 수 있어요. 아이의 감정을 풀어 주지 않고 부드러운 방법으로 강제로 울음을 그치게 하는 것은 또 다른 압박이에요.

아이가 엄마에게 가장 바라는 것은 조건 없이 사랑해 주고 자유 의지를 존중해 주는 거예요. 진실로 사랑받고 자유를 존중받는 아이는 다른 사람을 때리지도 않고 자신을 때리지도 않아요. 무조건적인 사랑과 자유 의지는 강압적인 것과는 물과 불처럼 함께 존재할 수 없어요. 조건 없이 사랑을 베풀고 자유 의지를 존중해 주면 어머님의 강압적인 면은 자연스럽게 약해지고 사라질 거예요. 앞으로 어머님의 임무는 무엇이 문제인지 충분히 인지하고 변화를 위한 행동에 나서는 것입니다. 네, 어려운 일이에요. 하지만 몸과 마음을 다해서 해야만 하는 일이에요. 어머님의 변화는 아이에게도 행운이지만 본인에게도 행운이에요.

모든 일에는 원인과 결과가 있어요. 뿌린 대로 거두는 법이죠. 태어날 때부터 부모인 사람은 없고 누구나 실수할 수 있어요. 중요한 것은 실수를 바로잡는 것이에요.

"가정에서 한 사람의 힘이 지나치게 세면 1차로 배우자가 큰 스트레스를 받고 2차로 자녀가 큰 스트레스를 받아요. 배우자를 통제하는 것은 자녀에게 장애물을 설치하는 것과 같아요."

<table>
</table>

질 문
29

남편과 교육관이 달라요

두 사내아이를 키우는 엄마예요. 남편과 자녀 교육관이 달라 아이들의 교육 문제를 놓고 늘 싸워요. 이 상황을 해결할 수 있는 좋은 방법이 있을까요?

 아이들 앞에서 싸우지 마세요

짧은 메일이네요. 하지만 어머님과 비슷한 사연을 보내 주신 분들이 많아요. 내용도 크게 다르지 않죠. 어머님과 아버님이 구체적으로 어떤 교육 문제를 놓고 충돌하시는지 모르지만 기본적으로 어머님이 어떤 어려움에 처해 있는지는 알겠어요. 다음은 제가 드리는 조언이에요.

먼저 부부 간에 좋은 감정을 유지하세요. 부부가 화목해야 평온한 마음으로 다양한 생각을 나누고 교육관의 거리를 좁힐 수 있어요. 본래 기분 좋은 감정은 좋은 교육의 일부분이고, 화목한 부부는 가정의 가장 아름다운 바탕색이에요. 이 바탕색을 잃으면 설령 부부의 자녀 교육관이 서로 일치해도 아이의 내면은 어두컴컴해져요. 무슨 일이 있어도 두 아이들 앞에서 싸우지 마세요. 아이들이 집에 있을 때는 긴장하지 않게 편안하고 여유로운 분위기를 만들어 주세요. 아이들은 가정 분위기의 미묘한 차이를 금세 알아차려요.

부부의 감정을 키우기 위해서 자녀 교육을 소통의 중심으로 삼는 것은 좋은 방법이에요. 따라서 교육 문제를 놓고 충돌할 때 첫째, 이것을 나쁜 일이라고 생각하지 말고 소중한 학습의 기회로 받아들이세요. 둘째, 대치 상태를 유지하지 말고 해결 방법을 찾아 공통된 인식을 형성하세요. 해결점을 찾지 않고 서로 자기 의견을 고집하며 계속해서 대치 상태를 유지하는 것은 부부 관계에 잠재된 '바이러스'가 있다는 것을 의미해요. 바이러스를 장기간 방치하면 언젠가 결혼 생활 중에 폭발하고 말 거예요.

아이를 대하는 모습은 배우자를 포함하여 타인과 자기 자신을 대하는 모습을 보여 주는 축소판이에요. 예를 들어 아이를 존중하지 않는 아빠나 엄마는 배우자와 동등한 관계가 아닌 경우가 많아요. 자기 반성을 통해서 진실로 아이를 존중하는 방법을 배우는 것은 배우자를 존중하는 방법을 배우는 것과 같아요. 많은 독자분들이 자녀와 관계가 좋아진 뒤에 부부 관계도 좋아졌다는 이메일을 보내 주셨어요. 일부는 동료들과 사이가 좋아졌다고도 하셨어요. 부부 관계와 부모 자식 간의 관계는 별개의 관계인 것처럼 보이지만, 사실은 하나의 사고방식으로 묶인 관계예요.

어떻게 하면 공통된 인식을 가질까요? 일단은 고집을 피우면 안 돼요. 자신의 생각이 옳은 것을 증명하기 위해서 배우자의 생각을 무시하면 안 돼요. 과연 자신의 생각이 옳은지 점검해 보고, 고집을 내려놓고 배우자와 솔직하게 소통하세요. 자기반성은 언제나 좋은 방법이에요.

전문 서적에서 답을 찾는 것도 좋은 방법이에요. 예를 들어 아이를 체벌해도 되는지 고민될 때 동서고금의 교육가들은 어떤 생각을 했는지 찾아보세요. 가족의 습관, 사회의 풍속을 내려놓고 위대한 사상가들의 남다른 지혜를 믿어 보세요. 공자의 가르침이 동네 할아버지, 할머니들의 가르침보다는 위대하지 않을까요? 자유 의지를 강조한 루소의 말이 아이를 때려도 된다고 주장하는 하버드 출신 박사의 말보다는 낫지 않을까요? 진정한 권위를 가진 사람들이 어떤 말을 했는지 찾아보면 결론은 이래요. '아이를 욕하며 때리지 말자! 아이에게 선택의 자유를 주고 존중해 주자!' 중요하고 권위 있는 저작에서 답을 찾는 것은 가장 믿을 수 있는 학습 방법이자, 자아 성장에 반드시 필요한 과정이며, 동일한 인식을 갖는 지름길이에요.

아이의 반응을 살펴보세요. 부부의 사이가 좋을 때는 서로 의견이 다른 것이 큰 문제가 안 돼요. 아이가 누구의 관점에 더 동의하고 누구와 더 가깝게 지내는 것을 좋아하는지 관찰하세요. 아이는 선천적으로 자신에게 안정감과 따뜻함을 주는 사람을 믿고 의지해요. 본능적으로 편안하고 즐거운 사람과는 친하게 지내지만 불편한 사람은 무의식적으로 멀리하죠. 부부 간에 아이의 호감을 사기 위해서 경쟁하지 말고 아이가 무엇을 어떻게 선택하는지 관찰하세요. 아이의 성향을 행동의 나침반으로 삼으세요. 아이가 잘못 선택하면 어쩌나 하는 걱정은 내려놓으셔도 돼요. 가족 중에 올바르게 지도하는 사람이 단 한 명이라도 있다면 아이의 영혼은 폭풍우를 피할 수 있는 항만이 있어서 큰 문제를 일으키지 않아요.

만약에 배우자가 고집을 꺾지 않고 파괴적인 성격의 교육을 하면 결코 타협하지 말고 강한 태도로 막으셔야 해요. 교육의 힘은 매우 위대해요. 사실 부부 간에 의견이 충돌할 때 누구의 관점이 더 옳은지 감각적으로 판단할 수 있어요. 예를 들어 저는 위엔위엔을 낳았을 때 남편에게 "무슨 일이 있어도 아이를 때리면 안 된다. 따귀도 때려선 안 된다"라고 '명령'했어요. 그 당시에 남편은 말을 안 듣는 아이는 때려도 된다고 생각했거든요. 어려서부터 그런 환경에서 자랐고, 주변의 모든 아이가 맞고 자랐으니까요. 때문에 체벌 문제를 놓고 남편과 매우 진지하게 대화했고, 이것이 제가 생각하는 자녀 교육의 '마지노선'인 것을 이해한 남편은 위엔위엔의 손가락도 때리지 않았어요.

물론 모든 남편이 위엔위엔 아빠처럼 협조적일 수는 없어요. 어머님의 짧은 메일에서 약간의 무력감이 느껴져요. 만약에 남편분이 후진적인 교육 이념을 버리지 않고 더 나은 교육 방법을 배우기 위해 노력하지 않는다면, 자녀 교육 수준을 높이고 두 아들에게 더 큰 사랑을 주기 위해서 어머님이 더 많은 에너지를 쏟아야 해요. 동시에 결혼 생활에서 어느 부분을 개선해야 하는지도 곰곰이 생각해 보세요.

"본래 기분 좋은 감정은 좋은 교육의 일부분이고, 화목한 부부는 가정의 가장 아름다운 바탕색이에요. 이 바탕색을 잃으면 설령 부부의 자녀 교육관이 서로 일치해도 아이의 내면은 어두컴컴해져요."

아이가 아빠만 찾아요

선생님의 조언이 필요한 행복한 고민이 있어서 이렇게 메일을 보내
드립니다.

제게는 세 살짜리 아들이 있습니다. 낮에는 어머니가 돌보시고 저
녁에는 주로 제가 돌보죠. 아내가 주중에 하루씩 쉴 때 온종일 돌보
지만 전체적으로 아내보다는 제가 아들을 돌볼 때가 더 많아요.

아무래도 어머니는 연세가 있어 아들과 재미있게 놀아 주지는 못
하세요. 대부분 텔레비전을 보며 아들이 다치지 않게 돌보는 정도죠.
몸으로 놀아 주는 것은 온통 제 차지인데 퇴근하면 아들이 하자는 대
로 놀아요. 그랬더니 아들이 저만 보면 놀아 달라고 해요. 제가 집에

있으면 다른 사람은 안 찾고 저만 졸졸 따라다닙니다.

　제가 출근할 때면 아들은 떨어지기 싫어서 대성통곡을 해요. 어머니가 그러시는데 제가 회사에 있을 때 아들이 엄마는 안 찾고 "아빠 어디 있어요? 아빠랑 놀고 싶어요"라고 말한대요. 아들이 저를 좋아해서 기뻐요. 저도 아들과 함께 시간을 보낼 수 있어서 행복해요. 저는 아들에게 뭔가를 강압적으로 시키지 않아요. 그러면 안 된다고 생각하니까요. 뭐든지 아들이 제 말을 이해할 때까지 상의하는 편이에요. 평소에 당나라 시, 송나라 시, 『삼자경(三字經)』(중국에서 아동에게 글자를 가르치는 데 사용하는 책 - 옮긴이), 영어 등 교육용 CD를 틀어 주고, 아들이 관심을 보이면 같이 시도 외우고 책도 읽어요. 아들이 영리하고 배우는 것을 좋아해서 지금 『삼자경』과 시는 대부분 뗐어요. 또 선생님 책에 소개된 대로 아들에게 일방적으로 책을 읽어 주지 않고 아들과 함께 손가락으로 글자를 짚어 가며 읽어요. 아들이 아는 글자가 많아서 얼마나 기쁜지요. 모든 게 선생님 덕분이에요.

　제가 궁금한 점은 어르신들은 아빠가 아들을 돌보고 아들이 아빠에게 의지하는 것이 안 좋다고 말씀하시는데요. 장기적으로 생각할 때 아빠가 엄마보다 아들을 더 많이 돌보는 것이 안 좋은가요? 만약에 그렇다면 어떻게 해야 할까요? 바쁘시더라도 꼭 알려 주세요. 감사합니다.

지금처럼 아이를 많이 사랑해 주세요

아버님은 타고난 교육가예요. 혹시 자녀 교육서를 많이 읽으셨나요? 아이에게 진정한 사랑과 자유를 주고 있다는 점에서 아버님의 방법은 선진적인 교육 이념에 가장 부합해요.

아버님은 아이를 친구처럼 대하시는군요. 뭔가를 강요하지 않고 즐겁고 편안하게 대해 주니 아이가 아빠와 놀고 싶어 할 수밖에요. 다른 집 아이들도 아버님 같은 아빠가 있으면 온종일 뒤를 졸졸 쫓아다닐 거예요. 사람은 좋은 것을 추구하고 싫은 것은 회피하는 본능이 있어요. 아이는 더더욱 감각에 따라 좋아하는 일을 하죠. 아이가 유독 아버님을 잘 따르는 것은 아버님이 아빠 역할을 매우 잘하고 있다는 증거이니 마음 푹 놓으세요.

아버님은 아이를 더 많이 사랑해 주셔도 괜찮아요. 아이들에게 사랑은 언제나 필요하니까요. 아이가 엄마를 안 찾는 것도 문제는 아니에요. 아이는 성장 단계에서 그때그때 서로 다른 성향을 보여요. 이것이 곧 엄마를 더 좋아하거나 아빠를 더 좋아하는 것을 의미하지 않아요. 부부 사이는 경쟁 관계가 아니라 상호 보완 관계예요. 아마 많은 사람이 아버님과 같은 남편을 만난 아내분을 부러워할 거예요! 자녀에게 관심이 없는 남편 때문에 고민하는 어머님들의 메일이 많이 오는데, 아이와 아내분은 복이 많네요. 참 좋은 아버지세요.

온 가족이 행복하시길 빌게요.

"아이는 성장 단계에서 그때그때 서로 다른 성향을 보여요. 이것이 곧 엄마를 더 좋아하거나 아빠를 더 좋아하는 것을 의미하지 않아요. 부부 사이는 경쟁 관계가 아니라 상호 보완 관계예요."

아이에게 부모의 이혼을
어떻게 설명해야 할까요?

다섯 살짜리 아들을 키우는 앞길이 막막한 엄마예요. 아들은 일찍 철이 들어서 주변에서 무슨 일이 일어나는지 다 알아요.

어떤 이유로 인해서 남편과 이혼하기로 결정했어요. 그동안 힘든 것을 꾹 참고 살았거든요. 주변에서는 아들을 생각해서 헤어지지 말라고 말하지만 더 이상은 제가 못 참겠더라고요. 요새 이혼 가정 자녀들의 탈선 문제가 뉴스에 심심찮게 등장해요. 저와 남편의 이혼이 아들에게 부정적인 영향을 줄까 걱정되는데 어떡하면 영향을 최소한으로 줄일 수 있을까요? 아들에게 이혼한 사실을 말해 줘야 할까요? 그러면 어디까지 말해 줘야 할까요? 어떤 사람들은 아이에게 알리지 말고 선의의 거짓말을 하라고 하지만, 그러려면 주변 사람들이 모두 거짓말을 해야 하는데 생각만 해도 피곤해요.

남편은 타지 사람이라서 이혼하면 고향으로 돌아갈 거예요. 남편이 아들을 자주 못 만나도 저는 부자 간의 감정을 지켜 주기 위해서 남편이 아들을 얼마나 사랑하는지 말해 주고 아들이 아빠를 계속 사랑할 수 있게 도와줄 거예요. 하지만 그 이상 무슨 말을 어떻게 해 줘야 할지 모르겠어요. 어떻게 하면 혼자서도 아들을 잘 키울 수 있을까요? 어떻게 하면 아이가 이혼의 영향을 받지 않고 건강하게 자랄 수 있을까요?

선생님의 조언을 간절하게 기다리겠습니다.

 아이에게 서로의 험담을 하지 마세요

이유가 어떻든 결혼 생활이 족쇄와 수갑을 찬 것처럼 느껴질 때 이혼은 좋은 선택이에요. 어떤 부부들은 사사건건 싸우는 무늬만 부부이지만 '아이를 위해서'라는 명목으로 이혼을 질질 끌어요. "아이를 생각해서 이혼하지 않는다"라는 말은 꽤 괜찮게 들려요. 하지만 이 말은 아이에게 큰 상처와 죄책감을 줄 수 있어요. 자기 때문에 부모가 불행한 결혼 생활에서 벗어나지 못한다고 생각하기 때문이죠.

어머님은 그간의 스트레스에 맞서 용감한 결정을 하셨어요. 행복하지 않은 결혼 생활을 종료하는 것은 자신을 사랑하는 길이자 상대방을 사랑하는 길이고, 특히 아들을 사랑하는 길이에요. 가정에서 부모가 즐겁지 않으면 자녀도 즐거울 수 없고, 부모가 행복하지 않으면 자녀도 행복할 수 없어요. 아들 앞에서 툭하면 싸우는 것은 아들에게 나쁜 모범을 보이는 것일뿐더러 부모의 신뢰를 크게 떨어뜨리는 행위예요. 또한 아이의 내면세계를 춥고 어둡게 만들어 성인이 돼서도 타인과 친밀한 관계를 맺는 데 어려움을 느끼게 만들어요. 결혼 생활은 일찍이 파탄 났지만 겉으로는 사이 좋은 척하는 부부들이 있어요. 아이에게 완벽한 가정을 만들어 주기 위해서 이혼하지 않는다고 말하지만 사실은 체면, 사회적 지위, 재산 등을 지키기 위해서 이혼하지 않는 거예요. 아이는 부모가 거짓말하는 걸 다 알아요. 부모가 개인의 이익을 얻기 위해 자신을 인질로 삼고 있다는 걸 알면 아이는 괴로움을 넘어 증오심을 느껴요.

어머님 인생의 주인은 어머님이에요. 어머님을 대신할 사람은 없어요. 어머님의 감각을 믿으세요. 괜찮아요. 가족의 해체는 자녀에게 분명히 영향을 줍니다. 기존의 가정이 없어진 이상 아이는 새로운 생활환경에 적응해야 해요. 특히 부모와 깊은 정을 나눈 상태에서 아빠든 엄마든 오랫동안 못 보게 되면 그리울 수밖에요. 아이가 정기적으로 아빠와 만나 둘이 함께 시간을 보낼 수 있게 남편분과 잘 상의해 보세요. 남편분이 다른 가정을 꾸리든 말든 아들과 함께 보내는 시간은 꼭 필요해요.

그리고 아이에게 서로의 험담을 하지 않기로 두 분이 약속하세요.

이것은 매우 중요한 내용이에요. 부부 사이의 원한을 자녀에게 풀어 놓으면 안 돼요.

이혼은 창피한 일도 아니고 아이의 잘못도 아니에요. 어차피 이혼하는 거면 아이에게 사실대로 말씀하세요. 사실 숨기려고 해도 숨길 수도 없어요. 아이는 예민해서 일상생활의 사소한 부분에서 가족이 전과 같지 않다는 것을 다 느껴요. 괜히 아이의 마음을 조마조마하게 만드는 것보다 확실하게 설명하는 것이 좋아요.

다섯 살인 아들에게 이렇게 말해 주면 어떨까요?

"옛날에 엄마와 아빠는 서로에게 가장 좋은 친구였어. 서로 아주 사랑해서 함께 결혼했고 널 낳았지. 네 몸에는 엄마, 아빠의 피가 흘러. 넌 엄마, 아빠의 아들이니까. 우리는 널 무척 사랑하고, 이 사랑은 영원히 변하지 않을 거야. 그런데 말이야. 살다 보니까 함께 살기에 서로 많이 다르다는 것을 알게 되었어. 만약에 서로 헤어지지 않으면 우리 모두 우울해지지만, 헤어지면 행복할 것 같아서 상의 끝에 헤어지기로 결정했어. 이걸 이혼이라고 불러. 이혼하면 각자 더 좋아하는 친구를 찾을 수 있어. 너도 친구들과 놀 때 그렇잖아. 예전에는 또우또우와 친하게 지냈지만 지금은 마오마오와 더 친하게 지내지? 또우또우보다 마오마오가 더 좋다면서 말이야. 네가 새로운 친구가 좋아지면 그 친구와 더 친하게 지내는 것처럼 엄마, 아빠도 새로운 친구를 만날 거야. 엄마, 아빠가 헤어지면 아빠는 다른 도시로 이사를 가서 지금처럼 날마다 볼 수 없어. 하지만 아빠가 자주 놀러 오실 거야. 아빠는 영원히 네 아빠이고, 영원히 널 사랑하니까. 엄마도 영원히 네 엄마이고, 영원히 널 사랑할 거야. 우리 모두 널 아주아주 사랑해. 엄마, 아빠가 이혼하는 건 너와 상관없는 엄마, 아빠의 일이야. 일이 잘 마무리되면 엄마, 아빠는 다시 평범한 친구처럼 서로 관심을 갖고 연락할 거야."

어떻게 하면 혼자서도 아이를 잘 키울 수 있는지 물어보셨어요. 한 부모만 있는 가정의 아이와 부모가 모두 있는 가정의 아이 사이에 본질적인 차이점은 없어요. 국수를 젓가락으로 먹으나 포크로 먹으나 별 차이가 없는 것처럼 말이죠. 부모가 한 사람이든 두 사람이든 아이는 훌륭하게 자랄 수도 있고 엇나가게 자랄 수도 있어요. 가족이 몇 명인지는 중요하지 않아요. 중요한 것은 교육을 어떻게 시키느냐예요. 존중, 자유, 응원, 사랑은 가정 교육의 핵심이에요. 시대가 바뀌어도 영원히 변하지 않을 핵심이죠.

사람들은 흔히 말해요. 결혼할 때는 진짜 사랑이 무엇인지 몰랐다고. 결혼 생활을 통해서 인생의 경험이 풍부해지고 성숙해지면 자신이 어떤 사람이고 앞으로 어떻게 생활하고 싶은지 명확하게 알 수 있어요. 앞으로 어머님의 인생은 더 아름다워질 거예요. 빨리 새로운 행복을 찾으시길 바라요.

행복하세요.

"행복하지 않은 결혼 생활을 종료하는 것은 자신을 사랑하는 길이자 상대방을 사랑하는 길이고, 특히 자녀를 사랑하는 길이에요. 가정에서 부모가 즐겁지 않으면 자녀도 즐거울 수 없고, 부모가 행복하지 않으면 자녀도 행복할 수 없어요."

메일을 쓰기까지 큰 용기가 필요했어요. 저는 사람들에게 손가락질 받는 외도녀예요. 제 스스로 완벽한 가정을 깨뜨렸지만 아이를 사랑하는 마음은 변함이 없어요.

아이를 낳고 선생님을 비롯해서 많은 자녀 교육 전문가의 책을 읽었어요. 아이에게도 책을 많이 사 줬는데, 집에 있는 책은 모두 제가 사 준 거예요. 예전에는 아이와 함께 책을 많이 읽었어요. 딸을 무척 사랑했고, 딸도 저를 무척 사랑했어요. 하지만 제가 잠시 사랑에 눈이 멀어 다른 남자를 만났고, 남편에게 발각되어 이혼을 당했어요. 이혼할 당시에 딸아이는 다섯 살이었고 지금 전남편이 키우고 있어요.

외도를 하는 것은 돌아올 수 없는 강을 건너는 것과 같아요. 지금은 그 사람과 이런저런 이유로 헤어져 연락도 하지 않아요. 그 사람과 헤어질 때의 심정이란…… 불교에서 말하죠. 고통이 극에 달하면 모든 것을 내려놓게 된다고요. 전 너무 괴로워서 모든 감정을 탁 놓고 말았어요.

제게 딸아이는 아픈 손가락이에요. 가장 미안하고 가장 그리운 사람이죠. 이혼하면서 모든 것을 잃었어요. 재산도 잃고 딸도 잃고, 심지어 부모님도 화가 나셔서 저를 내쫓으셨어요. 이혼할 때 살 집은커녕 땡전 한 푼 없이 쫓겨났고, 엄마로서 자격이 없는 것 같아 양육권도 요구하지 않았어요. 지금은 형편이 나아져서 금요일 오후에 딸아이가 어린이집에서 하원한 뒤부터 월요일 아침까지 함께 지내요. 헤어질 때마다 딸아이가 얼마나 슬프게 우는지 몰라요. 어떤 아이가 엄마와 함께 살고 싶지 않겠어요. 평소에 딸아이는 할머니가 돌봐 줘요. 전남편은 날마다 11시, 12시가 되어 집에 돌아와 딸아이와 놀아 줄 시간이 없어요. 이혼한 뒤로 쭉 이랬대요.

아이만 생각하면 마음이 찢어질 것처럼 아파요. 요즘 저는 아이를 데려와서 함께 살 생각만 해요. 제가 우스울 거예요. 자기 손으로 가정을 망가뜨려 놓고 무슨 낯짝으로, 게다가 자기 집도 없는 사람이 어떻게 아이를 키울 생각을 하느냐고요. 친정 어머니가 그래요. 딸에게 아무리 잘해 줘도 커서 제가 바람을 피운 사실을 알게 되면 저를 미워할 것이라고요. 어머니가 이렇게 말씀하실 때마다 심장이 두근두근거리고 스스로 아이를 키울 자격이 없는 사람처럼 느껴져요.

그냥 죽어 버릴까 생각도 했지만 용기도 없고 딸도 마음에 걸려서 그만뒀어요. 목숨이 붙어 있는 한 딸을 포기하지 못할 것 같아요. 선생님을 본받기 위해서 『좋은 엄마가 좋은 선생님을 이긴다』를 몇 번이나 반복해서 읽었어요. 그리고 딸아이를 위해서 칭찬 기록장도 만들었어요. 딸아이가 얼마나 좋아하던지요. 특히 칭찬 내용을 써 주고 꽃을 그려 주면 그렇게 좋아해요. 크리스마스 때는 산타클로스 이름으로 예쁜 선물을 보내 줬어요. 딸아이와 함께 있는 모든 순간이 행복하고 즐겁고, 딸아이도 저와 함께 있는 시간을 매우 그리워해요. 단지 딸아이가 커서 모든 사실을 알게 되면 저를 이해해 줄까 걱정인데, 앞으로 어떡하면 좋을까요? 제가 양육권을 다시 가져올 수 있을까요? 어떻게 하면 딸아이를 잘 교육시키고 제 실수를 만회할 수 있을까요? 어디서부터 무엇을 어떻게 해야 할지 모르겠어요.

제 메일을 읽어 주셔서 감사합니다. 선생님의 도움을 받고 싶어요.

 아이 문제는 결혼 생활과 분리해서 생각하세요

한 번의 외도로 모든 것을 잃고 마셨네요. 막다른 길에 몰렸다고 해서 목숨을 포기하기에는 어머님이 젊고 아름다워요.

먼저 묻고 싶은 점이 있어요. 외도하기 전에 어머님의 신분은 엄마였고, 딸아이를 사랑했어요. 한데 외도한 뒤에 이 신분이 변했나요?

아이에 대한 사랑이 변했어요? 만약에 변하지 않았다면 왜 스스로 엄마가 될 자격이 없다고 생각하죠? 엄마의 자격을 결정하는 것은 엄마와 다른 사람 사이의 감정일까요, 엄마와 아이 사이의 감정일까요? 아이와 다른 사람들 중에서 누구의 발언권이 더 셀까요?

어머님은 근본적으로 두 가지 잘못된 관념을 갖고 있어요. 시대에 맞지 않는 낡은 관념이 어머님을 지금의 어려움에 빠뜨렸어요.

먼저 외도에 대한 정의가 극단적이고 왜곡되어 있어요. 어머님의 의식 속에서 외도는 용서받을 수 없는 죄악이에요. 스스로 죄를 저질렀다고 생각하고 있어요. 메일에도 '사람들에게 손가락질 받는 외도녀', '스스로 완벽한 가정을 깨뜨리고 말았다'라는 표현을 쓰셨어요. 다른 사람이 어머님을 어떻게 대하기도 전에 어머님은 스스로 자신을 멸시하고 있어요. 굳이 법정에 가지 않아도 스스로 도덕적인 재판관이 되어 극악무도한 죄를 저질렀다고 판단하고 자신을 정신적 감옥에 가두고 있어요.

생각해 보세요. 외도가 아니라 남편분과 성격이 맞지 않아 도저히 못 살겠어서 이혼했다면 빈손으로 나오셨겠어요? 지지고 볶고 싸워서 이혼하는 것이나 외도 때문에 이혼하는 것이나 서로 사랑하지 않아서 헤어지는 것은 결과만 놓고 보자면 똑같은데 왜 후자를 더 죄악시하죠?

물론 외도를 잘했다는 것은 아니에요. 하지만 여기에서는 외도에 대해서 말하지 않을게요. 그건 또 다른 주제이니까요. 제가 말하고 싶은 점은 어머님의 잘못이 스스로를 미워하고 평생 씻을 수 없는 죄로 여길 정도는 아니라는 거예요. 자신의 감정을 통제하지 못하고 외도한 것과 화를 통제하지 못하고 남편과 치고 박고 싸우는 것은 냉정하게 말해 큰 차이가 없어요. 모두 특별한 감정 상태에서 자기도 모르게 선택한 일 때문에 부부의 감정이 상하고 이혼까지 하게 된 것이죠. 그저 인성의 나약한 표현이란 점에서 더 도덕적일 것도, 더 형편없을 것도 없어요.

원래 결혼은 남성 중심 사회에서 여성을 통제하기 위해서 만들어 낸 산물이에요. 결혼에 각종 개념을 부여하고 광적으로 여론을 조장하고 세뇌 작업을 한 것이죠. 수렵 시대부터 농경사회, 산업화 시대를 거쳐 정보화 시대가 되기까지 결혼의 의미는 계속해서 변했어요. 이제 배우자는 동반자 관계가 되었어요. 두 사람이 서로 미워하지 않고 생을 마감할 때까지 손을 잡고 나란히 사는 것은 아름다운 일이에요. 때문에 사람들은 절개를 칭송하고 영원한 사랑을 노래해요. 하지만 사람은 감정이 풍부한 생물이고 현대 사회는 또 얼마나 풍요로운가요? 결혼은 약속이지만 속박은 아니에요. 살다 보면 더 좋은 사람이 나타날 수 있고, 이것은 정상이에요. 만약에 더 이상 함께 살 수 없어 헤어지기로 결정했다면 함께 산 시간이 아름다운 추억으로 남을 수 있게 그간의 동반자에게 삶의 한 부분이 되어 준 것에 감사하고 새로운 길을 축복해 줘야 하지 않을까요? 저는 이것이 더 합리적이고 나은 이별 방식이라고 생각합니다.

물론 어머님의 경우에는 남편과 이별을 얘기하기 전에 일이 진행되고 발각되어 남편분에게 상처를 주었을 수 있습니다. 그것은 잘못이지요. 하지만 사람도 상품처럼 더 나은 사람이 있는가 하면 못난 사람도 있어요. 순정파가 있는가 하면 사기꾼도 있어 한번 실패를 겪고 나면 그만큼 현명해지죠. 어머님이 외도를 통해서 어떤 사람을 만났든 간에 그것은 그 사람과 어머님 사이의 감정 문제예요. 어머님의 도덕 문제가 아니란 겁니다. 어머님이 진짜 사랑을 만났든 사기꾼을 만났든 이것은 어머님의 경험이 풍부해졌거나 상처받았다는 것을 말해줘요. 영광스럽거나 수치스러운 문제가 아니에요. 따라서 그 사람과 실패한 관계를 맺은 것을 죄로 여길 필요가 없어요.

진짜로 문제인 것은 이 일이 있은 뒤에 어머님이 보인 태도와 주변 반응이에요. 어머님이 스스로 자신에게 내린 '무거운 판결'을 잠시 뒤로하고, 전남편분의 반응은 아무리 생각해도 아쉬운 점이 많아요. 어머님을 정말로 사랑했다면, 어머님을 점유물이나 부속품으로 생각하지 않고 독립적인 사람으로 존중했다면 이 일 때문에 어머님과 이혼했더라도 빈손으로 어머님을 내쫓고 양육권을 빼앗지 않았을 거예요. 전남편의 분노와 원한은 본질적으로 극도의 이기심이며, 어머님을 존중하지 않은 것이라고 볼 수 있어요. 어머님이 왜 다른 남자를 만났을까요? 혹시 외도하기 전에는 결혼 생활이 행복하고 만족스러웠나요? 만약 행복하지 않았다면 외도 여부와 상관없이 이혼 자체가 아주 나쁜 일은 아닐 거예요.

도리어 문제는 친정 부모님의 반응이에요. 다른 남자를 만나고 이혼했다고 해서 집에서 내쫓다니요. 이혼하고 갈 곳이 없어 결국 아이도 못 키우게 되었잖아요. 딸이 어려움에 처했을 때 가장 먼저 도움의 손길을 내밀어야 할 사람들이 찬물을 끼얹고 돌을 던지다니요. 집 밖으로 쫓아낸 것도 모자라 어머님을 멸시하고 저주하다니, 너무 잔인해요. 부모님이 사랑한 것은 딸이 아니라 체면이에요. 부모님의 거짓된 정의감은 단지 그들의 거짓된 사랑을 드러낼 뿐인데, 부모님이 이 사실을 아실지 모르겠네요. 만약에 모르신다면 백날 사랑을 설명해도 소용이 없어요. 어디까지나 추측이지만 어머님은 자라면서 부모님께 많은 상처를 받았을 거예요. 따뜻한 사랑도 못 받고 가족에 대한 소속감도 별로 못 느꼈을 거예요. 안타깝지만 이번 일을 자신을 사랑하고 용기를 내는 기회로 삼으세요. 그러면 이혼이 그렇게 나쁜 일이 아니고 오히려 고마운 일이 될 거예요. 이 일을 통해서 주변 사람들의 진면목을 알게 되었으니까요.

어머님을 어려운 상황에 빠뜨린 두 번째 원인은 사건의 범위를 잘못 정한 거예요.

외도는 가정에서도 받아들이기 어렵고 사회에서도 받아들이기 어려운 일이에요. 하지만 어머님이 감정 문제에서 잘못했다 하더라도 이성 간에 문제가 생긴 것이지, 이것이 모녀 관계와 무슨 상관이죠? 어머님이 다른 남자를 좋아하거나 이혼하면 엄마의 신분이 변하나요? 아이를 안 키우거나 더 이상 사랑하시지 않을 건가요? 아이에게는 어머님이 영원히 엄마 아닌가요?

생각을 잘하셔야 해요. 아이 문제는 반드시 결혼 생활 문제와 분리해서 생각하세요. 두 문제를 한데 섞어 아이에게 영향을 주면 안 돼요. 이혼할 때 자녀를 인질로 삼아 배우자를 괴롭히고 제약하는 것은 매우 이기적인 행위예요. 양육권을 남편에게 그냥 넘긴 것은 너무 무책임했어요. 지금도 매일 밤 늦게 들어온다면서요. 아이에게 좋을 것이 하나도 없어요. 결혼은 어머님과 전남편 사이의 일이에요. 이혼을 하든 말든, 이혼을 어떻게 하든 아이를 끌어들이지 않고 두 사람이 해결해야 해요. 부부가 이혼할 때 아이가 누구와 살 것인가는 마땅히 아이가 선택할 문제예요. 아마 아이가 누구와 더 살고 싶어 하는지는 두 분이 잘 아실 거예요. 다 느껴지니까요. 딸에게 잘해 줘도 커서 어머님이 바람을 피운 사실을 알게 되면 어머님을 미워하게 될 거라는 친정 어머니의 말은 순 허튼소리예요. 어머님 때문에 자기 체면이 깎였다고 생각해서 처벌하고 저주하는 것이지요. 그것은 친정 어머니의 생각이지 아이의 생각이 아니에요. 아이들이 얼마나 영리한 줄 아세요? 마음속으로 누가 자신을 가장 사랑하는지 다 알기 때문에 어머님을 이해할 거예요. 그러니 친정 어머니의 말은 신경 쓰지 마세요.

이상의 이유로 어머님은 아이를 키울 자격이 있으니 양육권을 가질 수 있었어요. 또한 빈털터리로 나오지 않고 재산분할을 신청했어도 될 뻔했어요. 물론 이혼 판결의 효력이 발생한 지금 법적으로 재산을 다시 찾아올 수 있는지는 모르겠어요. 이 부분은 변호사와 잘 상담

해 보세요. 양육권 문제는 아이의 바람을 가장 중요하게 생각하세요. 아이는 본능적으로 선택할 거예요. 아이가 더 좋아하고 함께 살고 싶어 하는 사람이 양육자로 더 적합해요. 만약에 아이가 날마다 엄마와 살고 싶어 한다면 더 이상 망설이지 말고 아이와 함께 살 수 있게 행동에 나서세요.

법적 단계를 밟지 않고 어머님이 한 달에 얼마씩 양육비를 받으며 아이를 키울 수 있게 전남편과 잘 상의해 보세요. 단 아이가 아빠와 할머니를 언제든지 만날 수 있게 해 줘야 해요. 이것이 가장 간단하고 피해가 적은 방법입니다. 만약에 전남편이 동의하지 않는다면 변호사를 선임하고 조치를 취하세요. 양육권을 되찾기 위해서 아이가 엄마와 더 살고 싶어 한다는 걸 증명하고, 비록 이혼 판결의 법적 효력이 발생했지만 재산권을 되찾기 위한 노력도 해 보세요. 보완할 부분이 있을 거예요. 어쨌든 어머님이 스스로 자신을 보호하지 않고 지레 포기한 부분이 너무 많아요.

어머님은 두 번의 사랑에 실패하셨지만 그렇다고 사랑을 아예 포기하지 마세요. 아름다운 인생도 포기하지 마세요. 생각을 철저하게 바꾸고 정신세계와 세상을 보는 관점을 새로운 수준으로 업그레이드하세요. 사람은 누구나 자신에게 맞는 즐겁고 행복하고 사랑이 넘치는 인생이 있어요. 이것은 하늘이 주는 것이니, 반드시 찾아서 소중하게 누리세요.

어머님과 딸아이의 행복을 빌게요.

"아이 문제는 반드시 결혼 생활 문제와 분리해서 생각하세요. 두 문제를 한데 섞어 아이에게 영향을 주면 안 돼요. 이혼할 때 자녀를 인질로 삼아 배우자를 괴롭히고 제약하는 것은 매우 이기적인 행위예요."

시어머니가 아이에게
저를 나쁜 엄마라고 해요

6개월 된 아기가 있는 초보 엄마예요. 아기를 낳을 때쯤 남편과 사이가 조금 안 좋아졌어요. 시어머니 때문에요.

시어머니와 친정 어머니 모두 연세가 있으셔서 출산 후 저와 아기를 돌봐 줄 아줌마를 한 분 고용했어요. 시어머니는 제가 산후조리를 하는 동안에 음식을 해 주셨어요. 원래는 시어머니께 주방을 맡기고 싶지 않았어요. 괜히 저 때문에 고생하실 필요가 없잖아요. 하지만 남편이 기어코 시어머니를 모셔 왔어요. 산후조리를 하는 내내 시어머니는 아기에게 저를 나쁜 엄마라고 말해 줬어요. 농담이라는 것도 알고 아기가 못 알아듣는 것도 알지만 마음이 편하지 않았어요. 그리고 무슨 심리인지 모르겠는데, 시어머니는 제가 잘못되는 것을 좋아하세요. 예를 들어 실수로 엉덩방아를 찧으면 반나절 동안 그렇게 웃으세요. 임신 기간에 모르고 해산물을 먹었는데 임산부는 해산물을 먹는 것이 안 좋다는 것을 나중에 알았어요. 제가 뒤늦게 걱정하자 시어머니는 "큰일 났네. 너 이제 어떡할래!"라고 웃으며 말씀하셨어요.

시어머니는 나쁜 생활 습관이 많아요. 식사할 때 '쩝쩝' 소리를 내고, 음식을 할 때 기름을 너무 많이 넣어요. 기름을 조금만 줄이면 좋겠다고 말씀드렸지만 변한 게 없어요. 또 동네 아줌마들과 남을 그렇게 험담하고, 이것도 잘못했다, 저것도 잘못했다, 온종일 제가 잘못한 것만 지적하세요. 잔소리가 얼마나 심하신지, 다 열거할 수 없을 정도예요.

시어머니는 제가 아기를 낳고 한 달 뒤에 본댁에 돌아가셨어요. 하지만 최근에 남편이 3천 위안(한화 약 49만 원- 옮긴이)짜리 방까지 얻어 시어머니를 다시 모셔 왔어요. 아기를 맡기기 위해서요. 남편에게 우리 세 가족만 살고 시어머니는 용돈을 조금 더 드려서 본댁에 다시 들어가시게 하자고 말했지만 남편은 들은 척도 안 해요.

너무 괴로워서 어떻게 해야 할지 모르겠어요. 시어머니가 아기에게 안 좋은 영향을 줄까 봐 걱정이에요. 그냥 확 이혼하고 말까 생각했지만 이혼이 어디 쉬워야죠. 저 정말 어떡해야 할까요? 선생님의 조언이 필요합니다.

시어머니를 본댁으로 모셔다 드리세요

메일에 자신의 생각을 똑 부러지게 밝히신 점이 기뻐요. 시어머니의 개입을 원하지 않으시군요. 고부 갈등을 겪는 많은 가정에서 며느리들은 한편으로는 시어머니를 원망하면서 한편으로는 시어머니의 도움을 받고 싶어 해요. 아이도 키워 주고 음식도 해 주길 바라지만 간섭은 원하지 않으면 문제를 해결하기가 어려워요.

살림도 잘 돌봐 주면서 친정 어머니처럼 자상한 시어머니를 만나면 얼마나 행운일까요? 그러면 각종 문제가 없을 텐데 말이죠. 고부 갈등을 겪는 이유는 다양해요. 어머님의 메일에서 보면 시어머니의 행동 습관에는 확실히 문제가 있어요. 하지만 어머님에 대한 시어머니의 평가를 들으면 역시 문제가 한 보따리일 거예요. 제가 드리고 싶은 말씀은 시어머니에 대한 평가를 내려놓으시라는 거예요. 시어머니가 어떤 사람이고 어머님에 대해서 뭐라고 말씀하시든 신경 쓰지 마세요.

어머님이나 시어머니나 모두 평범한 사람이에요. 저마다 장단점이 있어요. 어머님과 시어머님의 공통점은 한 남자를 사랑한다는 거예요. 두 사람은 마땅히 두 집에서 따로따로 살아야 해요. 만약에 시어머니와 며느리 모두 서로의 생활에 개입하는 것을 좋아한다면 협조하며 사는 것이 가장 이상적이에요. 하지만 서로 상대방을 마음에 들어 하지 않는다면 각자 생활하는 것이 최상이에요.

저는 어머님의 생각을 지지합니다. 시어머니를 본댁으로 돌려보내세요. 시어머니가 나빠서가 아니라 단지 세 가족의 생활에 개입하지 않게 하기 위해서요. 고부 관계를 개선하는 것을 통해서 문제를 해결할 수도 있지만 당장 문제를 해결하기에 시간이 너무 오래 걸리고, 사람은 쉽게 바뀌지 않아요. 시어머니와 좋은 관계를 유지하는 최고의 방법은 온종일 함께 지내는 것이 아니라 적당한 거리를 유지하는 것이에요.

어머님은 이미 가정을 이루고 아기까지 낳은 독립적인 사람이에요. 분명히 본인이 원하는 삶이 있기 때문에 다른 사람의 방해를 받고 싶지 않을 거예요. 설령 그 상대가 시어머니라도요. **자녀가 결혼한 이상 양가의 부모는 '다른 가정의 사람'이에요. 유대감을 이어 가되 생활 공간은 반드시 분리해서 서로 보고 싶을 때 만나는 것이 좋아요.** 시어머니는 물론 친정 엄마도 어머님의 생활을 방해할 권리는 없어요.

물론 시어머니를 본댁으로 돌려보내기 위해서는 반드시 남편분과 상의해야 해요. 상의할 때 미리 생각을 정리해서 이해관계를 최대한 분명하게 말씀하세요. 남편분이 아내를 사랑하고 관심이 많다면 아내의 감정과 바람을 무시하지 않을 거예요. 잠시 이해하지 못해도 결국은 아내의 생각을 이해하고 받아들일 거예요.

어쩌면 남편분은 아기를 맡기는 것 외에 효도하고 싶은 마음에 어머니를 모시고 왔을 수도 있어요. 그렇다면 시어머니를 정성껏 잘 섬기세요. 시어머니께 효도하는 것과 어머님 살림에 간섭하지 못하게 하는 것은 결코 상충하지 않아요. 시어머니를 진심으로 공경하고 친절하게 대해 주세요. 어쨌든 남편분을 키워 주신 분이에요. 남편분은 무수한 남자들 중에서 어머님이 '엄격'하게 선택하신 분이잖아요? 한 남자를 어머님 마음에 쏙 들게 키워 내신 분이면 대단하지 않아요? 이 점만으로도 시어머니께 충분히 감사할 만해요.

시부모님과 함께 사는 것은 쉬운 일이 아니에요. 시부모님이 원하는 것은 미소와 안부의 말이에요. 공손한 태도로 아이를 봐 주지 않으셔도 된다고 말씀드리세요. 꼭 싸울 필요는 없어요. 문제가 생기면 시어머니를 설득하려고 하지 말고 묵묵히 듣기만 하고 어머님이 생각하신 대로 행동하세요.

어머님의 내면은 강해요. 상황을 잘 판단하고 결연하게 선택하세요. 어머님의 행복은 어머님의 선택에 달렸어요.

"시어머니와 좋은 관계를 유지하는 최고의 방법은 온종일 함께 있는 것이 아니라 서로 적당한 거리를 유지하는 것이에요. 만약에 시어머니와 며느리 모두 서로의 생활에 개입하는 것을 좋아하면 협조하며 사는 것이 가장 이상적이에요. 하지만 서로 상대방을 마음에 들어 하지 않는다면 각자 생활하는 것이 최상이에요."

아이의 할아버지, 할머니의 참견이 심해요

『좋은 엄마가 좋은 선생님을 이긴다』를 반복해서 읽다가 궁금한 점이 생겨서 여쭙니다. 저는 시댁에 어르신만 네 분이에요. 남편의 조부모님까지 아직 건강하게 살아 계세요. 저희 부부의 고민은 더 이상 네 어르신들의 참견과 잔소리를 견디지 못하겠다는 겁니다. 아이가 태어난 뒤에 아이의 모든 것을 어르신들이 도맡아서 결정하세요.

제가 키우겠다고 하면 어르신들은 말씀하세요.

"노인네 네 명이서 할 게 뭐 있냐. 그냥 애라도 봐 주는 게……."

지금은 아이를 만날 수도 없어요. 아이를 안아 주면 바로 빼앗아 가세요. 어떡하면 좋을까요?

아이는 할아버지, 할머니의 장난감이 아니에요

젊어서 취미 생활도 못 하고 자아도 찾지 못한 채 오로지 돈만 벌고 일만 한 사람은 퇴직한 뒤에, 특히 노년기에 접어들면 생활의 모든 것에서 무료함과 공허함을 느껴요. 이때 손주가 태어나면 무료한 생활에 큰 재미가 생기죠. 어린아이는 영혼이 있는 장난감과 같아서 함께 놀면 재미있고 쉽게 통제할 수 있어요. 또한 아이를 키운다는 모종의 가치감과 존재감을 느낄 수 있어서 손주에 대한 일부 어르신들의 사랑은 내리사랑을 넘어 '독점' 수준으로 발전해요. 어머님 외에 비슷한 고민을 하는 많은 젊은 엄마들이 메일을 보내 주셔서 기억에 남아요.

어르신들의 심리도 이해는 가지만, 아이는 어르신들의 '장난감'이 아니에요. 조부모는 결코 부모의 역할을 대신할 수 없어요. 아동은 선천적으로 엄마, 아빠를 좋아하고 부모와 함께 살고 싶어 해요. 부모와 자식 사이를 억지로 갈라놓으면 뒤이어 많은 문제가 생겨요. 아이 문제뿐 아니라 어머님과 남편분 모두 어르신들의 잔소리를 못 견디겠다고 하는 것을 보면 간섭이 심하신 것 같은데, 사실 지나친 간섭은 가정에 도움이 안 됩니다.

아기가 '문제아'가 되기 전에 서둘러 분가하세요. 부부의 행복을 위해서 결연하게 이사 나오세요. '독립'하는 과정이 쉽지 않고 예상밖의 문제가 생길 수도 있지만 마음을 굳게 먹으면 반드시 방법이 생기게 마련이에요. 어르신들에게 독립하겠다고 말씀드릴 때는 말투와 분위기에 신경 쓰셔야 해요. 어르신들이 버림을 받았다는 생각이 들지 않게 적당한 이유를 대고 꿋꿋한 태도로 신속하게 행동하세요.

마지막으로 어르신들의 삶에 재미를 더해 줄 방법을 찾아보세요. 강아지나 고양이를 입양하면 어떨까요? 책을 읽어 주는 라디오를 즐겨 듣는 어르신들도 있고, 공연을 자주 보러 가는 어르신들도 있어요. 노래를 듣고 따라 불러도 그렇게 하루가 무미건조하지 않을 거예요. 가족은 행복 공동체예요. 모두가 즐겁게 사는 것을 최종 목표로 삼으세요. 어머님과 남편분이 독립적으로 생활하는 동시에 어르신들께 효도하고 마음을 따뜻하게 써 주세요. 이것도 교육이에요. 아이가 다 보고 배우니까요.

아기의 행복을 위해서 바로 행동하세요.

"아이는 할아버지, 할머니의 '장난감'이 아니에요. 조부모는 결코 부모의 역할을 대신할 수 없어요. 아동은 선천적으로 엄마, 아빠를 좋아하고 부모와 함께 살고 싶어 해요. 부모와 자식 사이를 억지로 갈라놓으면 뒤이어 많은 문제가 생겨요."

점쟁이 말만 믿는
시어머니 때문에 괴로워요

곧 있으면 돌이 되는 아이가 얼마 전에 감기를 심하게 앓았어요. 콜록
콜록 기침을 하고 열이 심하게 나서 온 가족이 애간장을 태웠죠. 감기
가 나은 뒤에 시어머니는 아이의 사주를 보러 가셨는데 결과를 듣고
전 그만 괴로움에 빠지고 말았어요.

　저는 타이저우(중국 저장성에 있는 도시- 옮긴이) 사람이에요. 선생님도
잘 아시겠지만 타이저우 사람들은 점을 잘 믿어요. 무슨 일만 생기면
점쟁이를 찾아가죠. 궁합을 보러 갔을 때 점쟁이가 둘이 팔자가 안 맞
는다고 말하면 이별하는 연인도 있어요. 사실 아이 이름도 점쟁이가
지어 줬어요. 원래 미신 따위는 안 믿지만 주변 사람들이 하도 많이

말하니까 저도 모르게 믿게 되더군요.

점쟁이는 아이의 사주를 안 좋게 말했어요. 건강하게 자라려면 저와 남편을 '엄마', '아빠'라고 부르면 안 되고 '이모', '삼촌'이라고 불러야 한대요. 처음에 이 말을 듣고 얼마나 화가 나고 심장이 벌렁거리던지요. 시어머니께 "점쟁이가 아무렇게나 말한 것을 어떻게 믿어요!"라고 말했지만 시어머니는 점쟁이의 말을 굳게 믿으세요. 정말 괴로워 미치겠어요. 아이가 엄마를 엄마라고 부르면 안 된다니, 이보다 더 황당하고 웃긴 상황이 있을까요? 시어머니의 말을 안 들으면 고부 관계가 평온하지 못할 거예요.

선생님, 제 상황이 너무 비참해요. 요즘 같은 시대에 점쟁이 말에 운명을 맡기는 사람이 어디 있어요? 한데 시어머니는 아닌가 봐요. 어떡하면 좋을까요?

 아이에게 할머니를 수양 할머니라고 부르게 하세요

어머님의 이메일 내용이 너무 뜻밖이라서 놀랐어요.

"약한 사람은 운명을 믿지만 강한 사람은 운명을 창조한다"라는 말이 있어요. 사람의 운명은 자기 손에 달렸어요. 스스로 운명을 개척한 사람들이 얼마나 많은지 보세요. 사람들이 자기 자신을 믿지 못하고 점쟁이의 말을 믿는 것은 깊은 무력감 때문이에요. 팔자가 안 맞아서 헤어진 연인들은 얼마나 슬플까요? 미신을 굳게 믿는 어른들 때문에 강제로 헤어진 것이니 말이에요. 사실 가장 불쌍한 사람은 점쟁이의 말을 믿는 사람이에요. 죽간에 적힌 글귀에 운명을 맡기다니요. 세상에 태어나 자신이 원하는 대로 살지 못하고 점쟁이의 말에 휘둘리는 것은 헛사는 것이나 다름없어요.

아이가 평생 부모를 엄마, 아빠라고 못 부르는 상황을 만들고 싶지 않으면, 이모가 아니라 정정당당하게 엄마가 되고 싶다면 시어머니의 말을 믿지 마세요.

시어머니의 사고방식은 여전히 농경사회에 머물러 있지만 어머님은 인터넷 정보 시대를 살고 있어요. 시어머니의 터무니없는 말을 믿을 게 아니라 어머님 스스로가 이성적으로 문제를 해결해야 해요. 어머님은 이 일에 대해서 자기만의 생각이 있을 거예요. 만약에 운명을 믿었다면 제 책을 읽지 않고 사주풀이 책을 읽으셨을 테니까요.

용기를 내세요. 어머님은 엄마예요. 아이와 가장 가까운 사람이죠. 이번에 점쟁이의 말에 흔들리면 앞으로 누군가의 말에 또 흔들릴 수 있어요. 아이를 보호하고 스스로 운명을 개척하세요. 강한 사람이 곧 신이에요.

만약에 시어머니가 계속해서 이모, 삼촌 명칭을 고집하시면 더 대단한 점쟁이를 찾아갔는데 할머니를 '수양 할머니'라고 불러야 한다고 했다고 말씀하세요. 그러면 문제가 해결되어 아기가 엄마, 아빠라고 부를 수 있게 될 거예요. 시어머니가 수양 할머니를 참을 수 있는지 한번 시도해 보세요.

"모든 사람의 운명은 자기 손에 달렸어요. 사람들이 점쟁이의 말을 믿는 것은 자기 자신을 못 믿고 깊은 무력감을 느끼기 때문이에요."

직접 아이를 키우는 것이 어리석은 짓인가요?

임신했을 때 선생님의 『좋은 엄마가 좋은 선생님을 이긴다』를 읽었어요. 선생님이 딸아이를 다른 사람에게 맡기지 않고 직접 키우셨다는 글을 읽고 그 당시에 저도 아이를 세 살 때까지 직접 키우고 어린이집에 다닐 나이가 되면 출근해야겠다고 마음먹었어요. 생각해 보니 서둘러 출근할 필요가 없었어요. 일단 남편의 수입이 있으니까요. 곧 있으면 출산 휴가가 끝나요. 그사이 마음이 바뀌어 아예 사표를 내고 아이를 키울 생각인데 친구들이 자꾸 저보고 바보래요. 집에 가만히 계시는 시어머니에게 맡기면 될 것을 왜 스스로 고생을 자처하냐고요. 출근하는 것이 외려 편할 텐데 스스로 복을 걷어찬다면서요.

제 친구들은 아이를 직접 안 키우고 친정이나 시댁에 맡겼어요. 요즘 젊은 엄마들은 이렇게 많이 하는 것 같아요. 처음에는 아이를 직접 키운다는 생각에 기뻤지만 확실히 아이를 키우는 것이 보통 힘든 일은 아니에요. 조심해야 하는 것도 너무 많고요. 가끔 친구들을 만나면 혼자 별종이 된 것 같아 곤란할 때가 많아요. 아이를 어르신들께 맡긴 친구들 사이에서 저는 그냥 바보예요. 원래는 아이를 직접 키우려고 했지만 조금씩 마음이 흔들려요. 선생님, 아이를 직접 키우는 것이 정말 중요할까요? 선생님의 조언을 듣고 싶어요.

좋은 부모는 최대한 아이와 많은 시간을 보내요

'별종'은 폄하의 뜻으로 쓰일 때가 많아요. 하지만 아이를 직접 키우는 엄마를 별종이라고 부른다면 좋은 의미에서 별종 아닐까요? 남들과 다른 길을 가는 것을 두려워하지 마세요. 다른 사람과 똑같아지면 어떻게 남들과 다른 '좋은 엄마'가 될 수 있겠어요? 어떻게 자녀분이 어머님을 자랑스러워하겠어요? 예전에 딸아이를 키울 때 가끔씩 숙제를 대신 해 주고 교과서 외의 책을 많이 읽게 하면 많은 사람들이 놀랐어요. 아이를 망친다고 생각하는 사람도 있었고, 어디 딸이 어떻게 크는지 두고 보자 하는 사람도 있었어요. 하지만 전 남과 다른 방법을 시도했고, 고맙게도 딸아이는 만족스럽게 잘 자랐어요.

많은 사람들이 본인은 평범한 '대다수'에 속하길 바라면서 자식은 뛰어난 사람이 되길 바라요. 한데 평범한 부모 밑에서 탁월한 자녀가 나오는 것이 쉬운 일일까요? 어머님 자신을 믿으세요! 세상에 잘못된 결정은 없어요. 집안의 어르신이 아이를 돌봐 주면 편하고 좋죠. 하지만 그만큼 잃는 것도 있어요.

아마 몇 년 뒤면 웃음기가 쏙 가신 친구들 사이에서 어머님 혼자 환하게 웃고 계실 거예요.

"부모는 최대한 아이 곁에 많이 있어 주는 것이 좋아요. 물론 최고로 좋은 것은 날마다 얼굴을 보며 생활하는 것이에요."

질문 37

첫째 아이가 동생을 질투해요

둘째 아이를 출산한 지 얼마 안 된 엄마예요. 큰아이는 딸이고 둘째는 아들이에요. 둘째를 낳기 전에 두 아이를 양육하는 방법에 관한 글을 많이 읽었어요. 공통적인 의견은 둘째보다 큰아이 편을 더 들어줘라, 엄마가 여전히 자신을 사랑하는 것을 느낄 수 있게 큰아이에게 더 신경을 써 줘라, 둘째를 낳았다고 해서 큰아이에게 소홀하지 마라 등이었어요. 하지만 실전에서 경험해 보니 힘만 들고 별 효과는 없는 것 같아요.

저희 부부는 남편 직장 때문에 어쩔 수 없이 서로 떨어져 살아요. 아이는 저와 친정 식구들이 키우고 있어요. 둘째를 낳기 전까지 제가 큰아이를 데리고 잤는데 문제는 둘째가 태어난 지금도 저와 함께 자려고 한다는 거예요. 큰아이의 요구를 최대한 만족시켜 주기 위해서 두 아이를 모두 데리고 잤더니 이번에는 또 다른 문제가 생겼어요. 둘째가 한밤중에 우는 통에 큰아이가 잠을 제대로 못 자서 면역력 저하로 감기에 걸렸지 뭐예요.

감기가 옮는 것을 예방하려면 반드시 두 아이를 떨어뜨려 재워야 하는데, 큰아이는 외할머니와 잘 자다가도 가끔씩 엄마를 찾으며 울어요. 그러면 저는 친정 어머니에게 둘째를 맡기고 얼른 큰아이를 달래 줘요. 한데 갈수록 큰아이가 저를 더 많이 찾아서 고민이에요. 자다가 깼을 때 제가 안 보이면 울고불고 난리가 나요. 자기 전에도 꼭 제가 옆에 있어야 하고, 한밤중에 깼을 때도 제가 안 보이면 엉엉 울면서 엄마를 찾아요.

큰아이를 재울 때 둘째가 배고파서 울 때가 있어요. 이럴 때 제가 "동생 잠깐만 젖 주고 올게"라고 말하면 막무가내로 울어요. 아무리 달래고 상황을 설명해도 소용이 없어요. 진퇴양난이라는 말이 있죠. 제 신세가 딱 그래요. 큰아이를 돌보자니 작은 아이가 울음을 그치지 않아서 마음이 조급해지고, 작은 아이를 돌보자니 큰아이가 서글프게 울어서 마음이 아파요. 제 몸은 하나인데 동시에 두 아이를 돌보려니 너무 힘들어요. 친정 어머니는 큰아이가 울 때마다 제가 달래 주니까 '울면 통하는구나'라는 것을 알고 더 많이 우는 것이라고 말씀하시는데, 정말 그런가요? 큰아이가 울면서 재워 달라고 보채면 모른 척해야 할까요?

지금 큰아이를 남편이 있는 시댁에 몇 달 보냈다가 둘째가 조금 크면 다시 데리고 올까 생각 중이에요. 제가 안 보이면 엄마를 안 찾을 것 같아서요. 딸아이에게 이 계획을 말하면서 "엄마랑 잠시 떨어져서 아빠랑 살래? 그래도 괜찮겠어?"라고 물었더니 그러겠다고 대답했어요. 하지만 막상 보내려니 아이가 상처받을 것 같아서 마음이 놓이지 않아요.

선생님이 많이 바쁘신 것은 알지만 꼭 답장해 주셨으면 좋겠어요.

 두 아이와 한방에서 주무세요

어머님은 몇 가지 잘못된 가설을 세우곤 이것을 근거로 문제를 해결하려고 하다가 스스로 덫에 걸리고 말았어요.

하나, 어머님은 둘째 아이가 한밤중에 우는 통에 큰아이가 잠을 제대로 못 자고 면역력이 떨어져 감기에 걸렸다는 가설을 세우셨어요. 그러면 둘째 아이가 안 울었다면 큰아이는 감기에 안 걸렸을까요? 둘, 큰아이가 감기에 걸리자 둘째 아이에게 옮는 것을 예방하기 위해서 서로 떨어뜨려 재워야 한다는 가설을 세우셨어요. 그 결과 두 아이를 각 방에서 따로따로 재우는 일이 벌어졌어요.

두 가설은 모두 사실이 아니에요.

먼저 둘째 아이의 울음소리 때문에 큰아이가 잠을 제대로 못 잤다?

이것은 어른의 생각이에요. 아이는 시끄러워도 잘 자요. 선천적으로 뛰어난 '방해' 방지 능력과 적응 능력이 있기 때문이죠. 설령 동생의 울음소리를 듣고 깨어나도 며칠 지나면 금세 적응해요. 어른과 달리 아이는 연속적으로 잠을 못 자는 경우가 거의 없어서 하룻밤 잠을 설치면 이튿날 달게 자요. 더욱이 둘째 아이가 밤을 새우는 것도 아니고, 몇 번 깨어서 울어도 큰아이가 수면 시간이 부족하고 면역력이 떨어질 정도로 잠을 못 자는 일은 없어요. 감기의 원인은 다양해요. 잠을 못 자서 감기에 걸렸다는 것은 어머님의 추측에 불과해요.

다음으로 두 아이를 따로따로 재운다? 방을 따로 쓰는 방법으로는 감기 바이러스의 전파를 막을 수 없어요. 어머님이 감기 바이러스를 '묻히고' 두 방을 왔다 갔다 하시잖아요. 또한 한집에 같이 살면 공기가 순환하면서 바이러스가 퍼질 수 있어요. 따라서 감기를 예방하기 위해서 두 아이를 따로따로 재운다는 말은 근거가 부족해요.

두 가설이 모두 잘못되었다는 것을 알았으면 이제 어머님이 직면한 문제가 무엇인지 이해할 차례예요.

어머님은 둘째를 낳기 전에 이론적인 공부를 싹 마치셨어요. 큰아이가 동생 때문에 실망하거나 질투하지 않고 심리적으로 균형을 이룰 수 있게 노력한 점은 대단해요. 아마 둘째 아이를 임신한 엄마들은 모두 어머님처럼 하고 싶을 거예요. 하지만 어디 현실이 그렇게 녹록한가요?

많은 엄마들이 둘째를 낳은 뒤에 태도가 돌변하는 큰아이 때문에 이러지도 저러지도 못하는 처지에 놓여요. 집집마다 문제는 다 다르지만, 어머님의 문제는 사실 간단해요. 혼자서 두 아이를 재우기가 벅차다는 거죠. 스트레스를 너무 받은 나머지 무의식적으로 친정 어머니에게 큰아이의 취침을 맡길 이유를 찾기 위해 '가설'도 만들었어요. 물론 어머님은 고의적으로 가설을 만들지 않았어요. 자기도 모르게 무의식이 작동한 것이죠. 큰아이를 미워해서가 아니에요. 사람은 누구나 고통을 피하고 즐거운 것을 추구해요. 이것은 매우 정상적인 본능이에요. **누구도 어머님에게 '신사임당'처럼 아이를 키우라고 강요할 수 없고 어머님 스스로도 그런 사람이 되기 위해서 자신을 다그칠 필요가 없어요.**

문제의 원인을 파악했으니 이제 해결할 차례예요. 다음은 제가 드리는 조언입니다.

첫째, **두 아이와 한방에서 주무세요.** 아이가 원하는 것이 있다면 최대한 만족시켜 주세요. 다 같이 한방에서 자면 엄마와 함께 있고 싶어 하는 큰아이의 마음을 충족시켜 주고 어머님도 이쪽 방 저쪽 방 왔다 갔다 하지 않고 편하게 둘째 아이를 돌볼 수 있어요. 모든 걱정을 내려놓으세요.

마음이 가벼우면 문제도 가벼워져요. 못 믿겠다면 한번 시험해 보세요. 큰아이가 한밤중에 동생 울음소리에 깨어 울 때 큰일이 일어난 것처럼 당황하지 말고 등을 가볍게 토닥여 주고 뽀뽀해 주세요. 짧게는 사흘 길게는 일주일이면 큰아이가 동생 울음소리에 크게 반응하지 않고 잘 잘 거예요. 잘못된 가설을 증명하기 위해서 애쓰지 않는다면 일은 간단하게 풀려요.

둘째, **모유에는 천연 항바이러스 성분이 많아서 돌 미만의 아이들은 좀처럼 감기에 걸리지 않아요.** 감기에 걸린 큰아이와 함께 생활해도 둘째 아이는 감기에 걸리지 않을 수 있어요. 모유 덕분이죠. 설령 큰아이가 둘째 아이에게 감기를 옮긴다 해도 그리 큰 문제는 아니에요.

사람이 한 번도 안 아플 수 있나요? 가족 중에 누가 감기에 걸리면 나머지 가족들과 격리된 채로 지내야 하나요? 더욱이 큰아이가 동생에게 감기를 옮겼다면 꼭 한방을 써서가 아니라 낮에 활동하며 옮긴 것일 수도 있어요. 감기 때문에 큰아이와 떨어져 자면 얻는 것보다 잃는 것이 더 많아요.

셋째, **큰아이를 시댁에 보내지 마세요.** 큰아이의 잠투정이 심해진 것은 엄마에게 사랑을 못 받을까 봐 두려워해서예요. 만약에 큰아이를 시댁에 보내면 엄마에게 버림받은 줄 알 거예요. 비록 큰아이가 동의했지만 제 생각에는 엄마에게 잘 보이기 위해서 엄마가 원하는 대답을 했거나 동생에게 엄마의 사랑을 빼앗긴 현재의 상황에서 벗어나기 위해서 새로운 방법을 시도해 보고 싶어 하는 것 같아요. 또는 아빠가 그리워서 그러는 것일 수도 있는데, 만약에 큰아이가 아빠와 보낸 시간이 적고 조부모와 별로 친하지 않다면 엄마와 떨어지는 순간 상실감을 느낄 거예요. 따라서 시댁에 보내더라도 일주일을 넘기지 마세요.

마지막으로 어머님과 공유하고 싶은 글이 있어요. 얼마 전에 받은 메일인데, 어머님에게 도움이 될 것 같아요.

선생님께 어제저녁의 일을 말씀드리고 싶어요. 어제저녁에 15개월 된 둘째 아이(아직 못 걸어요)는 품에 안고 네 살 된 큰아이는 옆에 데리고 집에 가고 있었어요. 그런데 큰아이가 갑자기 안아 달라고 멈추어 서는 거예요.

예전 같으면 한숨을 푹푹 쉬고 불만스러운 말투로 "동생 안고 있는 거 안 보여? 엄마가 어떻게 동시에 두 명을 안아!"라고 짜증을 냈을 거예요. 하지만 어제는 가만히 큰아이의 마음을 느껴 봤어요. 큰아이는 엄마가 동생만 사랑하는 것이 아니라 자신도 사랑하는지 증명해 보고 싶어서 그런 것 같았어요. 그래서 제가 말했어요.

"웨이웨이도 동생처럼 아기였을 때 엄마가 날마다 안아 줬지? 지금은 '엉아'라서 튼튼한 다리로 혼자 걸을 수 있잖아. 동생은 아직 혼자 못 걸어서 엄마가 안아 주는 거야."

하지만 큰아이는 여전히 안아 달라고 떼를 썼어요. 저는 잠시 고민하다가 이렇게 말했어요.

"엄마는 한 번에 한 사람만 안을 수 있어. 그러면 동생 여기에 내려놓고 너 먼저 안아서 집에 데려다 준 뒤에 다시 동생 데리러 올까?"

큰아이는 아직 어리지만 동생을 혼자 내버려두면 안 되는 것을 알고 바로 대답했어요.

"그건 안 돼요!"

제가 말했어요.

"사랑하는 동생 잃어버릴까 봐 그러는구나. 그러면 어떡하지? 엄마가 동생 안고 웨이웨이 손잡고 갈까? 그러면 되겠네. 어서 가자."

큰아이는 따라 걷기는 했지만 여전히 뾰루퉁한 표정으로 말했어요.

"엄마. 초콜릿 먹고 싶어요."

원래 초콜릿을 먹는 시간도 아니고 편의점에 가려면 한 골목을 더 가야 했지만 거절하지 않았어요.

"그래. 편의점에 가자."

결국 아이는 편의점에서 초콜릿을 사 먹었어요.

큰아이가 초콜릿을 한입 먹고 얼마나 기뻐하던지, 집까지 흥얼거리면서 갔어요. 요즘 늘 이런 식으로 스스로 선택하게 하는데 벌써 철이 들어서 동생에게 의젓하게 양보할 줄도 알고, 순간순간 감동할 때가 많아요. 고백하기 부끄럽지만 예전에는 큰아이가 큰 잘못을 하지 않아도 툭하면 때렸어요. 큰아이가 뭔가를 요구했을 때 제 기분이 안 좋고 말을 해도 안 통하면 불같이 화를 냈죠. 하지만 지금은 아이의 마음을 이해해 주는 방법으로 문제를 쉽게 해결해요.

엄마가 아이의 마음을 잘 이해해 주면 아이도 엄마의 마음을 잘 이해해 줘요. 이분의 경험이 어머님에게 도움이 되었으면 좋겠어요.

"엄마가 아이의 마음을 잘 이해해 주면 아이도 엄마의 마음을 잘
이해해 줘요."

둘째 아이를 낳아야 할까요?

안녕하세요. 저도 선생님과 같은 교사예요. 아홉 살인 아들은 공부도 잘하고 성격도 바르고, 모든 면에서 잘 성장하고 있어요. 특히 교육 문제는 제가 매우 신경 써서 챙겨요. 한데 티 없이 밝게 자라는 아들을 보면 괜스레 마음이 헛헛해질 때가 있어요.

선생님, 아이가 자랐다는 것은 제가 그만큼 늙었다는 것을 의미하잖아요? 저는 올해 서른다섯 살이에요. 왜인지 모르지만 요즘 자꾸 둘째 아이를 낳으면 어떨까 하는 생각이 들어요. 전에는 한 번도 생각해 보지 않았던 문제예요. 제가 이런 생각을 한다고 비웃으셔도 좋아요.

한 살 두 살 나이를 먹으며 '인생 참 허무하고 처량하구나' 생각이 드는 순간을 많이 목격했어요. 얼마 전에 마흔네 살의 동료 교사가 뇌 진탕으로 갑자기 죽었어요. 예순일곱의 노모가 죽은 아들을 안고 목 놓아 우는 모습이 얼마나 슬프던지요. 또 어떤 아이는 갑자기 교통사 고를 당해서 짧은 인생을 마감하고 말았어요. 자식을 먼저 떠나 보내 는 부모의 심정이 어떨지 자식을 키우는 사람들은 다 짐작이 가잖아 요. 세상에 비슷한 일들은 얼마든지 많아요.

제가 근무하는 학교의 선생님들은 대부분 자녀가 한 명이에요. 산 아 제한 정책의 영향을 받은 것도 있지만 요새 젊은 사람들은 자녀를 많이 키우는 것을 원하지 않잖아요. 당장 편한 게 중요하고 늙어서의 일은 그때 가서 생각하자는 주의니까요. 예전에는 저도 이렇게 생각 했어요. 하지만 가만히 생각해 보니 저만 생각할 것이 아니라 자식 생 각도 해야겠더군요. 언젠가 저와 아내가 세상을 떠나면 아들만 달랑 남잖아요. 물론 그때가 되면 아들도 결혼해서 가정을 이루겠지만, 아 내가 있는 것과 형제자매가 있는 것은 다르니까요.

건강 체질인 아내는 예전부터 제가 원하면 둘째 아이를 낳고 싶다 고 말했어요. 아내의 바람은 둘째 치고 이제는 제가 둘째 아이를 낳고 싶어졌어요.

선생님도 자녀분이 한 명인 것으로 알고 있는데 저의 이런 생각이 비정상인지 궁금해요. 아이를 키우는 것이 쉽지 않고 많은 정성을 쏟 아야 하는 일인 것을 알아요. 그래서인지 머리로는 둘째를 낳고 싶지만 선뜻 행동하지는 못하겠어요.

선생님은 저의 멘토입니다. 선생님의 의견을 듣고 싶습니다.

 ## 만약의 상황을 대비해서가 아니라 사랑을 위해서 아이를 낳으세요

보기 드문 주제의 고민을 보내 주셨네요. 결론부터 말하자면 아버님의 생각은 정상이에요. 아버님 덕에 저도 이 문제에 대해서 생각할 기회를 갖게 되어 기쁩니다.

사실 저도 생명의 나약함 앞에서 두려움을 느낀 적이 많아요. 딸아이의 안위를 걱정하는 것 말고도 딸아이가 어릴 때 문득문득 이런 생각이 들었어요. '만약에 우리 부부가 늙고 병들어 죽으면 딸아이 혼자 어떻게 뒷일을 감당할까?' 아버님처럼 저도 아이를 한 명 더 낳으려고 했지만 국가 정책에 막혀 포기했어요. 그 당시에 저는 나중에 딸아이에게 무조건 세 명은 기본으로 낳으라고 말해야겠다 생각했어요. "백 년도 못 사는 사람이 천 년 일을 걱정한다"라는 말이 있는데, 제가 딱 그랬죠. 하지만 요즘은 생각이 조금 바뀌었어요. 그렇기 때문에 아버님에게 조금 더 성숙한 조언을 드릴 수 있을 거예요. 다른 이유는 없고 오직 아이가 좋아서라면 둘째 아이를 낳으세요. 하지만 막연한 걱정 때문에 둘째 아이를 낳고 싶은 것이라면, 그럴 필요가 없어요. 만약에 두 개의 이유가 다 해당하면 생각이 더 크게 기우는 쪽을 선택하세요. 이유는 다음과 같아요.

첫째, 자녀가 한 명 더 늘면 큰아이에게 주던 사랑을 반으로 쪼개어 나누어 주는 것이 아니라 똑같은 크기의 사랑을 베풀어야 해요. 기존에 아이에게 쏟은 사랑이 100이었다면 이제는 200을 쏟아야 하는 것이죠. 사랑은 많이 베풀수록 좋아요. 인생에서 누군가를 사랑하는 것처럼 기분 좋은 일은 없으니까요. 하지만 '운명'이 둘 중에 한 아이를 먼저 데리고 가면 50퍼센트의 고통만 겪는 것이 아니라 100퍼센트의 고통을 겪어요. '보험'의 관점에서 생각할 때 자녀가 한 명 더 있는 것은 안전 지수가 높아지거나 이중 안전장치가 생기는 것이 아니라 걱정거리가 하나 더 늘고 심하게는 리스크가 하나 더 생기는 것과 같아요.

둘째, 자연 앞에서 사람은 얼마나 무력하고 처량한지요. 하룻밤 사이에 생과 사를 달리할 수 있는 것이 사람이에요. 질병, 교통사고, 자연 재해 등 어떤 일이 언제 어떻게 일어날지 아무도 알 수 없어요. 사람의 능력은 제한돼 있으니까요. 앞일을 걱정하는 것에 자신의 에너지를 50퍼센트 쓰는 사람이 5퍼센트만 쓰는 사람보다 더 안전할까요? 인생은 변화무쌍해요. 인생을 가장 현명하게 사는 방법은 '큰 홍수'를 막기 위해서 미리미리 '작은 둑'을 만드는 것이 아니라 지금 이 순간을 충분히 즐기는 것이에요. 가족을 사랑하고 자신을 사랑하고 자신의 인생에 참여하는 모든 사람을 사랑하세요. 하늘, 꽃, 동물, 한 끼 식사, 한 잔의 차 등 사소한 모든 것들을 사랑하세요. 마음에 사랑이 많아지면 사랑스러운 것을 더 많이 발견할 수 있고, 사랑과 선량함이 최고의 보호 장치가 되어 자신을 잘 지켜 줄 거예요. 만약의 상황을 대비해서 자녀를 낳지 말고 사랑을 위해서 낳으세요.

셋째, 인생은 본래 의미가 없어요. 모든 생명은 무(無)에서 태어나 다시 무(無)로 돌아가죠. 인생에서 가장 값진 것은 체험하는 것이에요. 다른 그 무엇도 아닌 체험요. 어차피 허무한 인생 노력하지 말고 되는대로 막 살라는 의미가 아니에요. 지나치게 걱정하지 말고 현재에 집중하며 지금 이 순간을 최대한 즐겁게 살자는 거예요. 요새 젊은 사람들은 자녀를 많이 키우는 것을 원하지 않고 당장 편한 게 좋고, 늙어서의 일은 그때 가서 생각하자는 주의라고 말씀하셨죠? 저는 이렇게 사는 것이 옳다고 생각해요. 그때그때의 생명의 가치를 무시하고 오로지 노년의 삶을 준비하기 위해서 일하는 것은 옳지 않아요. 어려서부터 스트레스를 받지 않고 즐겁게 생활하며 내면이 좋아하는 일을 선택한 사람은 노년이 불행할 수 없어요. 노년의 일은 마땅히 노년에 맡겨 두세요. 사람은 지금 이 순간에 할 수 있는 일만 할 수 있어요.

자녀를 키우는 가장 큰 의미는 부모와 자식이라는 최고로 친밀한 관계를 통해서 자신이 어떤 사람인지 파악하고 점점 더 나은 사람이 되어 가는 것에 있어요. 자녀는 부모를 성장시키는 동시에 최고의 사랑과 아름다움을 느끼게 해 줘요. 최고의 선물을 주는 것이죠.

이상은 제가 드리고 싶은 조언이었어요. 둘째 아이를 낳을지 여부는 아버님이 잘 결정하시리라 믿습니다.

"다른 이유는 없고 오직 아이가 좋아서라면 둘째 아이를 낳으세요. 하지만 막연한 걱정 때문에 둘째 아이를 낳고 싶은 것이라면 그럴 필요가 없어요. 아이가 한 명 더 있는 것은 안전 지수가 높아지거나 이중 안전장치가 생기는 것이 아니라 걱정거리가 하나 더 늘고 심하게는 리스크가 하나 더 생기는 것과 같아요."

뜻밖의 임신 때문에
문제가 생겼어요

질 문
39

여섯 살짜리 딸아이를 키우는 엄마예요. 최근에 덜컥 임신하는 바람에 인생 계획이 꼬여 그만 곤란한 상황에 놓이고 말았어요.

원래 둘째 아이를 가질 계획이었지만 이렇게 빨리 생길 줄은 몰랐어요. 저는 업무가 많아서 날마다 늦게 퇴근해요. 이번 주에도 5일 내내 아이가 잠든 뒤에 퇴근할 정도로 바빴어요. 아이 숙제도 이튿날 아침에 봐주고, 엄마로서 아이를 제대로 챙겨 주지 못하고 함께 놀아 주지 못해 죄책감이 들어요. 아이는 시어머니가 돌봐 주시지만 엄마를 대신할 수는 없잖아요. 남편은 외지에서 일하는데, 제가 일하지 않으면 생활비가 부족하고 그렇다고 계속 일하면 아이도 제대로 못 돌보고 일도 제대로 못하고, 어떻게 해야 할지 모르겠어요. 선생님의 조언을 듣고 싶어요.

 ## 가정 교육을 위해서 꼭 전업주부가 될 필요는 없어요

어차피 둘째 아이를 낳으려고 계획했고, 이미 아이가 찾아왔으니 마음을 편하게 가지세요. 당면한 문제를 걱정하기보다 둘째 아이를 임신한 기쁨을 마음껏 누리세요. 태교도 엄연히 교육의 일부분이에요. 임신했을 때 불안과 초조를 자주 느끼는 것은 태아에게 좋지 않아요.

어머님의 메일을 통해서 제가 파악한 문제는 크게 두 가지, 큰아이의 교육 문제와 가정의 수입 문제예요.

먼저 큰아이의 교육 문제부터 이야기할까요? 사실 큰아이의 교육 문제와 둘째 아이의 임신 시기는 서로 관계가 없어요. 만약에 큰아이의 학업 문제를 해결한 뒤에 둘째 아이를 가질 생각이라면 아마 큰아이가 대학교를 졸업해야 여유가 생길 거예요. 지금 큰아이가 여섯 살이고 유치원에 다니는데, 어머님은 유치원생의 숙제를 봐주는 것도 아침에 겨우 하고 있어요. 앞으로 초중고교에 입학하면 신경 써야 하는 일들이 더 많아질 텐데 둘째 아이를 어떻게 돌보실 건가요?

근본적인 문제는 어머님이 잘못된 태도로 큰아이의 학습을 관리하는 것이에요. 방법이 잘못되었으니 여유도 없고 효과도 없고 초조하고 긴장될 수밖에요. 어머님은 전업주부가 되면 시간이 많아져 날마다 아이의 숙제를 봐주고 공부를 시킬 수 있을 것이라고 생각하시지만 현실은 그렇지 않아요. 지금의 상황을 해결하는 최고의 방법은 아이의 학습을 효율적으로 관리하는 방법을 배우는 것이에요. 방법이 옳으면 부모와 아이 모두 여유로울 수 있지만 방법이 잘못되면 부모와 아이 모두 힘들어요. 이것은 매우 중요한 화두이자 어머님이 풀어야 하는 과제예요. 이 과제를 잘 해결하면 큰아이의 학습을 잘 관리하는 동시에 둘째 아이도 잘 돌볼 수 있어요.

다음은 가정의 수입 문제예요. 큰아이의 교육 때문에 일부러 사표를 내실 필요는 없어요. 교육을 위해서 꼭 전업주부가 될 필요는 없다는 말이에요. 전업주부가 워킹맘보다 반드시 교육을 잘 시킨다는 보장은 없으니까요. 외려 지나치게 아이의 자유를 침해하고 교육 문제에 신경 써서 아이에게 학업적, 심리적인 부담을 주어 문제가 되는 경우도 있고요. 저는 큰아이 때문에 사표를 내는 것에 찬성하지 않아요. 어머님의 미래를 위해서도요. 기본적으로 어머님이 전업주부가 되는 것에 반대하지만 이것은 또 다른 문제이니 더는 말하지 않을게요.

둘째 아이를 낳는 것과 가정의 수입 문제도 서로 관계가 없어요. 임신해도 정상적으로 출근할 수 있으니까요. 틈틈이 큰아이와 함께 시간을 보내세요. 같이 놀이도 하고 재미있는 이야기도 들려주고 책 읽는 흥미를 키워 주세요. 아이가 숙제를 어떻게 하든 크게 신경 쓰시지 마세요. 나중에 초등학교에 입학한 뒤에도 아이의 숙제에 간섭하지 마세요. 최고의 교육은 가장 단순하고, 간섭하지 않는 것이 최고로 잘 간섭하는 것이에요. 어머님이 일상생활에서 이 점을 잘 실천하시면 좋겠어요. 제대로 된 방법을 사용하면 큰아이의 교육 문제와 가정의 수입 문제를 모두 잘 해결할 수 있을 거예요.

"가정 교육을 위해서 꼭 전업주부가 될 필요는 없어요. 전업주부가 워킹맘보다 반드시 교육을 잘 시킨다는 보장은 없으니까요. 외려 지나치게 아이의 자유를 침해하고 교육 문제에 신경 써서 아이에게 학업적, 심리적인 부담을 주어 문제가 되는 경우도 있어요."

아이들을 따로 키워 마음이 아파요

저는 둘째로 쌍둥이를 얻은 엄마예요. 큰아이는 쌍둥이가 태어난 뒤에 시댁에서 생활해요. 날마다 어린이집에서 하원하면 두세 시간 정도 저와 함께 논 뒤에 저녁때 다시 시댁으로 돌아가요. 헤어질 때 이런저런 핑계를 대며 가고 싶어 하지 않지만 기특하게도 울고불고 떼를 쓰지는 않아요. 요즘에는 할아버지, 할머니 댁에 꼭 가야 하는 것을 알고 뽀뽀를 해 주거나 "안녕히 주무세요"라고 인사해요. 그런데 아이가 시댁에 돌아가는 뒷모습을 보면 마음이 너무 아파요.

큰아이는 세 돌 전까지 저와 떨어져 지낸 적이 없어요. 잘 때도 저와 함께 자다가 쌍둥이가 태어난 뒤부터 떨어져서 자기 시작했어요.

시어머니는 예전부터 큰아이가 쌍둥이들을 방해한다고 큰아이를 시 댁에 보내라고 말씀하셨지만 제가 조금만 더 데리고 있겠다고 말씀 드렸어요. 그래서 쌍둥이를 낳고 첫 달은 함께 생활하며 잠만 따로 잤 는데 기어코 시어머니가 강제로 큰아이를 데리고 가셨어요. 마음이 얼마나 아프던지요.

선생님. 큰아이와 두 쌍둥이를 다 함께 키울 수 있는 방법이 있을까 요? 큰아이와 함께 생활하고 싶어요.

 ## 첫아이, 둘째 아이, 셋째 아이 모두 직접 키울 수 있어요

==큰아이와 두 쌍둥이를 다 함께 키울 수 있는 방법이 있어요. 그냥 큰 아이를 데리고 오세요. 그리고 예전처럼 날마다 함께 생활하며 할 수 있는 것을 하세요.== 방법은 이렇게 간단해요.

쌍둥이 동생이 생기면 큰아이는 반드시 엄마와 떨어져 생활해야 하는 것이 새로운 '트렌드'인가요? 만약에 쌍둥이에게 동생이 생기면 어떻게 되나요? 이번에는 쌍둥이를 친정에 보내야 하나요? 베컴과 빅토리아 부부처럼 넷째 아이를 낳으면 어떻게 키우실 건가요? 부모 님 세대를 생각해 보세요. 한집에 자식이 예닐곱 명인 경우가 흔했어 요. 지금처럼 생각하면 아예 키울 수가 없어요.

큰아이가 쌍둥이를 어떻게 방해하던가요? 저녁때 잠을 못 자게 시 끄럽게 굴던가요? 쌍둥이들을 때리고 엄마에게 칭얼거리던가요? 그렇다고 큰아이를 데리고 가다니, 시어머니가 너무하셨어요. 큰아이는 엄마와 함께 살며 엄마에게 깊은 정이 들었어요. 만 3세면 엄마를 한창 찾을 나이예요. 이런 시기에 동생이 태어났다고 해서 엄마와 떨어뜨려 놓는 것은 매우 잔인해요.

더욱이 엄마와 떨어져서 살게 되면 무의식중에 큰아이에게 동생들을 미워하는 마음이 생겨 큰아이와 쌍둥이들 사이가 안 좋아질 수 있어요.

시어머니가 강제로 아이를 데리고 가셨으니, 어머님이 강제로 데리고 오세요. 시어머니의 반응이 걱정된다면 시어머니가 더 중요한지 큰아이가 더 중요한지 생각해 보세요. 어머님의 결정에 따라서 상황은 달라질 수 있어요. 그렇다고 시어머니와 싸우라는 말은 아니고, 결연한 태도로 공손하게 말씀드리시라는 거예요. 동시에 몇 명의 아이를 돌보는 것은 불가능한 일이 아니에요. 물론 집안일은 많아지겠지만, 엄마의 따뜻한 보살핌을 받은 기억은 아이들에게 평생 의미 있는 영향을 줄 거예요.

"동시에 몇 명의 아이를 돌보는 것은 불가능한 일이 아니에요. 물론 집안일은 많아지겠지만, 엄마의 따뜻한 보살핌을 받은 기억은 아이들에게 평생 의미 있는 영향을 줄 거예요."

선생님, 이럴 땐 어쩌죠?

Q 저희 어린이집에 이혼하려는 부모가 너무 많아요

선생님 안녕하세요. 저는 어린이집을 운영하는 '빠링허우(1980년대에 출생한 사람들 – 옮긴이)'예요. 학부형 중에 이혼하려고 하는 부모가 있어요. 그리고 어린이집이 위치한 곳이 한창 개발 중인 지역인데 이혼에 직면한 가정이 꽤 많아요. 어떻게 하면 이분들을 말릴 수 있는지 선생님이 꼭 좀 방법을 알려 주셨으면 좋겠어요.

A 이혼은 부부 간의 일이지만 아이에게 큰 영향을 줘요. 하지만 그렇다고 진즉 끝난 관계를 아이 때문에 억지로 유지하면 아이에게 더

큰 피해가 생겨요. 행복하지 않고 즐겁지 않은 부모가 어떻게 자녀를 행복하고 즐겁게 해 줄까요? 따라서 부모의 이혼이 자녀에게 꼭 나쁜 일만은 아니에요.

원장님은 마음이 착하시네요. 하지만 동정하는 눈빛으로 이혼한 부모와 자녀를 대하지 마세요. 이들에게 필요한 것은 '헤어짐'을 모르는 척해 주는 것이에요.

Q 아이 앞에서 자꾸 남편이 '들이대요'

남편은 사소한 부분에 신경을 잘 안 쓰는 편이에요. 아이를 낳기 전에도 그렇게 스킨십을 시도했는데, 아이를 낳은 지금도 여전해요. 아이가 아무것도 모를 것이라고 생각하는지 아이 앞에서도 예외는 아니에요. 남편이 저를 만지는 것을 아이가 몇 번 목격하고 "엄마 내 거야. 만지지 마"라고 말한 적이 있어서 남편에게 아이 앞에서는 자제하라고 진지하게 말했는데 이미 문제가 생기고 말았어요. 아이가 밖에 나가서 남편의 행동을 따라 해요.

A 아이 앞에서 스킨십은 '진하면' 안 되고 서로 사랑하는 마음을 전달하는 정도에서 그쳐야 해요. 아이는 뭐든지 보고 배워요. 만에 하나 밖에 나가서 부부의 진한 스킨십을 흉내내면 문제가 될 거예요. 문제가 생기지 않게 아이 앞에서는 담백하게 사랑을 표현해 주세요.

Q 2개월짜리 아기도 양말을 신겨야 하나요?

2개월짜리 아기도 양말을 신겨야 하나요? 언니가 이 문제 때문에 시어머니와 싸우려고 해요.

A 양말을 신겨도 되고 안 신겨도 돼요. 둘 다 아기에게 큰 영향은 없어요. 사람이 흰 옷을 입으나 검은 옷을 입으나 건강에는 큰 영향이 없는 것처럼요. 진짜 문제는 언니와 그쪽 시어머니의 관계예요. 이런 사소한 문제로 싸우면 앞으로 더 큰 문제는 어떻게 해결할지 모르겠네요. 둘이 함께 살지 말고 따로따로 살라고 말씀드리세요. 아이를 키우는 것은 언니의 몫이에요. 시어머니가 지나치게 간섭하면 안 되죠. 언니가 용기를 내는 것이 아기에게도 좋고 본인의 가정에도 좋겠어요.

5장

부모의 자존감이
아이의 행복을
결정해요

아이와 부모의 자존감

완벽한 부모가 되려고 하지 마세요.
끊임없이 학습하고 반성하는 한편
자신을 있는 그대로 받아들이고
완벽하지 못한 모습도 허용하세요.

41

불교를 믿는 엄마가 왜
아이를 마구 때릴까요?

선생님 책을 조금 더 일찍 읽지 못한 것이 후회스러워요. 2009년에
책이 출간될 당시 초등학교 1학년이었던 딸아이는 지금 4학년이 되
었어요.

저는 신실한 불교 신자이지만 딸아이를 미워해요. 남들은 다 예쁘
다고 칭찬하는 아이를 정작 엄마인 저는 한 번도 안아 주지 않았어요.
내가 낳은 딸이지만 이상하게 싫고, 그래서 엄마 노릇도 제대로 하지
못했어요. 초등학교에 입학하기 전까지 딸아이는 친정 어머니가 대신
키워 주셨고 저는 퇴근하고 친정에 저녁 식사를 하러 갈 때 딸아이를
잠깐씩 만났어요.

어제 선생님 책을 구입하고 앉은자리에서 다 읽었어요. 책을 읽는 것이 아니라 선생님과 얼굴을 맞대고 대화하는 기분이었어요. 시간이 나는 대로 선생님의 책을 두 번 세 번 반복해서 읽을 생각이에요. 사실 저는 인내심이 매우 부족한 사람이에요. 아이를 보면 괜히 짜증이 나고, 자녀 교육서에도 좀처럼 흥미가 없었죠. 하지만 각종 자격증을 따는 것과 불경을 읽으며 수련하는 것에는 관심이 많아요. 이런 제가 선생님의 책을 한숨에 다 읽은 것은 그만큼 공감되는 내용이 많아서예요.

슬슬 제 이야기를 시작할게요. 딸아이는 초등학교 1학년 때부터 외할머니, 그러니까 저희 친정에서 나와 저희 부부와 함께 살아요. 저는 딸에게 요구 사항이 많은 매우 엄격한 엄마예요. 딸아이가 시험에서 90점 이상을 받아도 틀린 한 문제를 문제 삼아 딸아이를 때리고 욕해요. 딸아이에게 복습을 시킬 때 태도가 나쁘면 바로 손이 올라가요. 아이를 때리고 욕하는 악순환은 2년 동안 지속되다가 최근에 조금씩 줄어들기 시작했어요. 심리적으로 문제가 있는 것을 인정하고 고치기 위해서 심리학자의 책을 많이 읽었지만, 뒤돌아서면 내용을 잊어버려서 소용이 없었어요. 그러던 어느 날 딸아이가 말했어요. "엄마 불교 신자 맞아요?"

딸은 공부도 잘하고 예의도 바르고 어른들을 공경할 줄도 아는 영특한 아이예요. 하지만 갈수록 성격이 난폭해져요. 작은 일에 화를 내고, 제게 불만이 있으면 욕하고 때려요. 선생님 책을 읽고 '지금껏 나는 어떤 엄마였나' 반성했어요. 결국은 제 탓이었어요. 지난 2년 동안 딸아이를 때리고 욕한 결과가 뒤늦게 나타나는 것이었어요.

저는 다른 사람들에게는 더없이 친절해요. 사람들에게 물어보면 저를 원수에게도 은혜를 베풀 사람이라고 말할 거예요. 직장에서는 고집을 피우지 않아요. 일이 주어지는 대로 척척 처리하고 동료들과 원만하게 잘 지내지요. 하지만 유독 딸과 부딪치는 일이 많아요. 딸아이가 말을 안 듣고 반항하는 이유를 모르겠어요. 저는 실패한 엄마예요. 저와 딸 사이를 두고 악연이라고 말하는 것 같아요. 훌륭한 따님을 둔 선생님이 부러워요.

선생님은 보살이에요. 인간 세상에 환생한 보살! 제가 반성할 수 있도록 도와주시고 반년에서 1년에 걸쳐 딸아이의 거친 성격을 고칠 수 있게 도와주세요.

온 가족이 행복하시길 빌겠습니다. 승승장구하세요.

 아이를 부처라고 생각하고 잘 대해 주세요

메일을 읽고 필력이 매우 좋아서 '책을 많이 읽으신 분이구나' 하고 생각했어요. 어머님의 글솜씨가 부러워요.

아이를 미워하신다고요? 예쁘고 착하지만 이상하게 싫고, 딸아이를 직접 키우지 않고 초등학교 입학 전까지 친정 엄마가 대신 키워주셨다고요. 이 모든 것은 그 결과예요. 어머님은 원인을 설명하지 않았어요.

성인이 누구에게 가장 순수하고 따뜻한 자비와 연민의 정을 느낄까요? 자기 자식이에요. 자식을 사랑하는 것은 대자연이 설계한 생물의 본능이에요. 예외는 없어요. 어미 닭도 날개를 이용해서 본능적으로 병아리를 보호하는데, 하물며 감정이 풍부한 사람은 어떨까요? 그런데 어머님은 딸아이가 괜히 싫어요. 왜일까요?

무엇이 어린 생명에 대한 어머님의 자비심을 말살시켰을까요? 분명 타고난 성격은 아니에요. 신이 사람의 천성을 악하게 창조했을 리가 없어요. 어머님의 어린 시절은 어땠나요? 즐거웠나요? 혹시 심각한 고통을 겪거나 너무 많은 거절과 부정을 경험해 차갑게 변하지 않았나요? 딸아이를 보면 무의식적으로 고통스러운 기억이 떠올라 본능적으로 피하고 싶고 싫은 것이 아닐까요? 상대가 어머님의 귀여운 아이라고 해도 말이죠.

어머님은 자격증과 불경, 이 두 가지에 흥미를 느껴요. 자격증도 좋고 불경도 좋아요. 하지만 아이를 싫어하고 때리고 욕하는 사람이 이것에 대한 흥미를 느낀다면 다시 생각해 볼 필요가 있어요. 지금부터 제가 솔직하게 말씀드리는 걸 용서해 주세요. 날카로워서 읽으면 가슴이 아프고 화가 나고 분노가 솟구칠 거예요. 저는 어머님이 마주하기 싫어하는 '고름집'을 터뜨릴 거예요. 이것이 어머님을 돕는 가장 좋은 방법이에요.

어머님이 자격증 공부를 열심히 하는 것은 전문 능력을 키우거나 지식을 더 많이 배우기 위해서가 아니에요. 성취감을 느끼고 현실에서 도피하기 위해서죠. 다른 사람에게 친절하고 자비롭게 대하는 동기와 직장에서 열심히 일하는 동기는 서로 일치해요. 외부의 호평을 얻고자 하는 것이죠. 어머님이 의식하고 있는지는 모르지만, 이것이 어머님의 최고 목표이자 최대 가치예요. 열심히 노력하고 외부에서 긍정적인 반응을 얻으면 스스로 체면이 서는 것 같아 아마 기분이 좋을 거예요.

어머님은 다른 사람들 눈에는 매우 자신 있어 보이지만 사실은 열등감이 있어요. 그래서 다른 사람을 통해서만 존재감을 느껴요. 어머님은 다른 사람이 본인을 어떻게 생각하는지 매우 중시하고, 타인의 태도를 자신의 감정, 크게는 자신의 자의식보다 더 중요하게 생각하죠. 다시 말해 스스로 자기 자신을 돌보지 않아요. 자신을 돌보지 않는 사람이 자식은 어떻게 돌볼까요? 즉 어머님에게 어머님 자신과 아이는 체면에 관계된 사람이 아니라서 별로 중요하지 않아요.

어머님은 자신을 '원수에게도 은혜를 베풀 사람'이라고 생각하지만, 사실 타인의 호평을 얻기 위해서 자신의 본모습을 왜곡한 것이에요. 진실로 원수에게 은혜를 베풀 정도의 도량이 있는 사람은 결코 아이를 때리고 욕하지 않아요. 어머님은 외부인과 딸아이를 확연히 다른 태도와 정서로 대하고 있어요. 어머님은 사람들에게 친절한 것이 아니라 친절한 말을 하는 것뿐이에요. 남보다 자기 자식을 괴롭히는 것이 법적으로나 체면상으로 가장 안전하니까요.

어머님이 어린 시절에 어떤 일을 겪었는지 모르지만, 확실한 건 억울함과 무력함을 느끼며 성장했을 거란 점이에요. 남편분과 사이는 어떤지요? 행복한 결혼 생활은 치유의 효과가 있고, 배우자와 사이가 좋으면 자녀와도 사이가 좋아요. 어머님의 내면 깊숙한 곳에는 어두운 그림자가 있어요. 어머님은 어린 시절에 쌓인 억울함, 분노, 원한이 성인이 된 뒤에도 치유되지 않자 최종적으로 딸아이에게 '분풀이' 하듯 쏟아내고 있어요. 무의식적인 반응이라서 그동안 자각하지 못했을 거예요. 이제부터라도 마음으로 알아차리시기를 바라요. 내면을 들여다보는 것을 거부하지 마세요. 자신을 진실하게 대면할 때 문제의 흐름을 파악하고 근본적으로 해결할 수 있어요.

제 글을 읽기가 불편하실 거예요. 어머님 자아에 대한 환상을 깨뜨리니까요. 하지만 잘 받아들이실 거라 믿어요. 어머님은 자신이 진실하지 않게 살고 있다는 것을 예전부터 아셨어요. 현명한 분이니까요. 불교를 믿는 이유도 헛된 명성, 무의미한 공허함, 짓눌린 감정을 풀어내기 위해서이지 않나요? 내면의 평화, 영혼의 쉼터, 정신적 휴식처를 찾고 싶으신 거잖아요.

모든 종교의 궁극적인 목적은 자신의 영혼을 구원하고 생명의 참된 의미를 찾는 것이에요. 이것은 매우 아름다운 염원이지만 많은 사람들은 표면적인 수단과 방법을 추구하며 염원과는 다르게 행동해요. 날마다 불경을 읽으며 수행하고 향을 피우고 절하는 것은 외형적인 형식에 불과해요. 진짜 달을 보지 않고 달을 가리키는 손가락을 보는 것이죠.

종교의 궁극적인 목적은 자신의 진짜 신분, 즉 '나는 누구인가'를 알고 영혼의 집을 찾는 것입니다. 외형적인 형식을 추구하는 것은 쉽지만 진짜 자신을 알기 위해서는 대단한 용기가 필요해요. 때문에 진정한 수행은 어려운 것이죠. **오직 진실한 자신을 이해할 때 다른 사람들의 눈에 비친 자신이 아닌 진짜 자신을 사랑할 수 있고, 아이를 사랑할 수 있고, 나아가 모든 사람을 사랑하고 원수도 사랑하는 경지에 도달해요.**

딸아이의 "엄마 불교 신자 맞아요?"라는 말을 내면을 알아차리라는 경고음으로 받아들이세요. 어머님은 자신이 어떤 엄마인지 반성하셨다고 했는데, 이것은 반드시 필요한 과정이에요. 하지만 반년에서 1년에 걸쳐 아이의 거친 성격을 고칠 수 있게 도와 달라는 것은 잘못된 부탁이에요. 아이는 아무 문제가 없어요. 어머님이 '고쳐 줄' 문제가 없단 말이죠. 아이는 어머님을 따라 하는 중이에요. 어머님이 '도'를 터득하고 마음속의 '악마'를 내쫓고 아이에게 다정하게 대하면 아이의 성격은 자연스레 온화해져요. 이번에는 진짜 수행을 해 보세요. 그것이 곧 아이에게 복을 지어 주는 길이에요.

"모든 사람은 부처이고 신이다"라는 말이 있어요. 부처를 본받고 싶으면 아이를 부처라고 생각하고 잘 대해 주세요. 아이도 부처요, 신이에요. 내면에서 자비심을 발견하고 아이를 사랑하고 존중해 주세요. 그러면 머지않아 어머님은 부처의 모습에 가까워질 거예요.

"종교의 궁극적인 목적은 자신의 진짜 신분, 즉 '나는 누구인가'를 아는 것이에요. 자신을 진실하게 대면할 때 문제의 흐름을 파악하고 근본적으로 해결할 수 있어요."

초등학생 아이를 둔 엄마예요. 제가 오늘 이렇게 메일을 보내는 이유는 고민이 있어서예요. 아, 아이에 관한 고민은 아니고 저에 관한 고민이에요.

저는 예전부터 마음의 문제가 있었어요. 선생님 책을 읽고 그것이 어린 시절에 부모님에게 잘못된 대우를 받은 것에서 비롯되었다는 사실을 알았어요. 일상처럼 온갖 꾸지람과 비난을 받았고, 부모님에게 따뜻한 사랑을 받아 본 기억이 없어요. 부모님은 엄격하고 사랑에 인색하신 분이에요. 좋은 장난감을 가진 친구들이 부러워서 사 달라고 해도 거의 사 주시지 않았죠. 저는 어려서부터 소심하고 겁이 많고

질문
42

엄마가 되었어도
여전히 인간관계가 어려워요

친구가 별로 없었어요. 또한 지금까지 30년 넘게 열등감에 시달리고 있어요. 선생님 책을 읽는 내내 부모님에게 받은 상처가 떠올라서 괴로웠어요. 상처를 후벼 파는 것처럼 마음이 아파서 몇 번이나 책을 덮으려고 했지만 아이를 생각해서 예닐곱 번 반복해서 읽었고, 이후에 아이와 사이가 많이 좋아졌어요. 제가 더 이상 숙제 문제에 간섭하지 않자 아이가 스스로 숙제하기 시작했고, 모르는 것이 있으면 먼저 묻기도 해요. 아이와 티격태격했던 문제는 이렇게 자연스럽게 해결되었지만 제 안의 문제는 그대로 남아 있어요.

저는 인간관계에 두려움이 있어서 새로운 사람들을 잘 못 사귀어요. 어떤 일을 하기 전에 혼자 머릿속으로 수십 번이나 시뮬레이션을 하고, 무슨 일이든 항상 나쁜 쪽으로 생각하고 좌절감을 느껴요. 저는 어쩌면 좋을까요?

선생님의 연구 대상은 아동이고 저는 이미 성인이지만 그래도 선생님의 조언을 듣고 싶어요. 답장 기다릴게요.

 자신의 소심함을 받아들이세요

제 책을 예닐곱 번이나 읽으시다니, 어머님의 의지에 감탄했어요.

어머님의 고민은 제 '연구 범위'를 벗어나지 않아요. 문화, 사회, 과학 영역은 서로 명확한 경계가 없어요. 교육은 심리, 사회, 철학을 모두 다루는 분야예요. 또한 철학자도 결혼 문제에 대해서 자기만의 의견을 발표할 수 있고, 결혼 전문가도 교육 문제에 조예가 깊을 수 있어요. 세상은 서로 통하고, 인류도 서로 통하고, 개인의 지혜와 능력도 서로 통하니까요. 자기 분야에 통달하고 관련 분야의 이치까지 이해하는 사람이 진짜 전문가예요.

어머님 문제는 가정 교육에 관한 문제예요. 어머님은 성인이 되어 한 아이의 엄마가 되었지만 여전히 어린 시절에 받은 상처 때문에 괴로워하고 있어요. 아동 상담과 비교할 때 시간의 차이만 있을 뿐, 내용은 서로 같아요.

어머님은 스스로 열등감이 많다고 하셨어요. 소심하고 낯선 사람을 사귀는 것을 두려워하고 모든 일을 부정적으로 생각하고 좌절감을 잘 느끼신다고요. 또한 이 모든 것이 어린 시절에 겪은 심리적인 좌절 때문인 것도 알아요. 한번 이렇게 생각해 보세요. 이들 '결점'은 어머님이 '창조'한 것도 아니고 타고난 것도 아니에요. 부모님이 무심코 '만들어 준' 것이에요. 어머님 잘못이 아닌데 왜 자신을 탓하죠? 자책과 같이 부정적인 정서는 얼른 버리셔야 해요.

그다음은 수용의 단계로 넘어가야 해요. 이것이 변화의 첫 단계죠. 스스로 자신이 어떻게 느껴지든 간에 저항하거나 평가하지 말고 그냥 있는 그대로 인정해 주세요. 예를 들어 '사람은 조금 대범해야 하는데 난 소심해서 어떡하지?'라고 생각하지 말고 '소심하면 뭐 어때'라고 생각하세요. 괜히 남의 시비에 휘둘릴 일도 없고 누가 찾아와서 시비를 거는 일도 없고 좋지 않나요? 대담한 것도 좋아요. 하지만 절대적으로 좋은 것은 아니에요. 소심한 사람은 대범한 사람보다 경험이 부족할 수 있지만 위험한 상황에서 멀찌감치 떨어져 있을 수 있어요. 친구가 별로 없으면 어떤가요? 친구가 많은 사람은 또 많은 대로 고민이 있어요. 이 사람 저 사람 다 만나고 다니다 보면 자기 시간이 부족하고 돈도 많이 지출되는데, 어머님은 그런 걱정은 할 일이 없잖아요. 친구가 단 두 명뿐이어도 속을 터놓고 지내는 사람이 있다면 괜찮아요. 친구가 없으면 가족과 대화하면 되고, 혼자 책을 읽거나 영화를 봐도 돼요. 요즘 혼자 시간을 보내는 사람을 부러워하는 사람들이 얼마나 많게요. 외톨이처럼 보일 수 있지만 혼자 시간을 잘 보내는 것도 지혜예요.

모든 일은 동전의 양면처럼 긍정적인 면이 있으면 반드시 부정적인 면이 있어요. 중요한 것은 어떤 면을 보느냐입니다. 남을 맹목적으로 부러워하지 말고 스스로 자신의 좋은 점을 볼 수 있는 사람이 되세요.

어머님의 삶의 방식을 수용하고 자신을 있는 그대로 받아들이세요. 행여 자녀분에게 상처를 준 적이 있다면, 스스로 자신을 용서하고 부모님을 용서해 주세요. 원한이나 후회의 감정을 품고 살지 마세요. 부정적인 에너지에 빠지면 과거에 발목이 잡히고 현재를 보지 못해 지금 이 순간을 살 수 없어요. 자신을 인식하고 변화시키는 데 에너지를 쓸 수 없거든요.

어머님은 엄격하고 차가운 부모님에게 상처를 받아 유년 시절을 즐겁게 보내지 못했어요. 하지만 이때의 경험으로 자녀분의 마음을 잘 이해하고 세심하게 돌볼 수 있게 되었어요. 어머님은 잘하고 계세요. 이미 어려서부터 부모님에게 보고 배운 잘못된 자녀 교육의 사슬을 끊었기 때문에 앞으로 가족과 친정 부모님께 더 잘하실 수 있을 거예요. 말 그대로 좋은 엄마가 있어 삼대가 복을 받게 되는 것이죠.

책을 많이 읽어 보시기를 권할게요. 제 책을 읽고 변화를 경험했으니 독서의 효과에 대해서는 의심하지 않으실 거예요. 책을 많이 읽으면 좋은 깨우침을 얻을 수 있는가 하면 타인의 경험에서 실생활에 필요한 지식과 교훈을 얻을 수 있어요. 또한 자신이 더 이상 과거의 자신이 아니라 매우 흥미로운 존재임을 알게 될 거예요. 책을 읽는 것처럼 좋은 치유는 없어요. 독서를 평생의 취미로 삼으세요.

자녀분과 함께 공원에서 즐겁게 뛰노는 건 어떤가요? 아름다운 풍경을 보고 깨끗한 공기를 마시면 기분이 한결 좋아져요. 도울 수 있는 만큼 타인을 도와주는 것도 영혼을 즐겁게 만드는 방법이에요. 타인을 돕는 것은 곧 자신을 돕는 것이니까요.

"부모님에게 받은 상처를 자기 탓으로 돌리지 말고 자신을 있는 그대로 받아들이고 지금 이 순간을 즐기세요."

아이가 내향적이에요

딸아이는 곧 생후 2년 6개월이 돼요. 예전에 저는 감정을 잘 통제하지 못하고 툭하면 아이에게 화를 내고 욕했어요. 딸아이도 저를 보고 배웠는지 조금만 기분이 나쁘면 친구들을 때렸어요. 하지만 결정적인 시기에 운 좋게 선생님의 책을 읽고 많은 도움을 받았어요. 이제는 저도 딸아이에게 화를 내지 않고 딸아이도 친구들을 때리지 않아요. 정말 감사합니다.

　요즘 주요 고민거리는 딸아이의 성격이에요. 남편은 밝고 외향적인 성격이지만 저는 매우 내향적이에요. 모범을 보여 주는 것의 중요성을 모르는 것은 아니지만 이미 굳어 버린 성격을 고치기는 매우 어렵더군요. 딸아이는 두 돌 전부터 친정 어머니의 손에서 자랐어요. 친정 어머니도 매우 내향적인 편이세요. 딸아이는 매우 소심해요. 어린이집에서 낯선 사람을 보면 끝까지 인사를 안 해요. 누가 자기 얘기를 하면 고개를 푹 숙이고 꼼짝도 안 해요. 그러면 주위 사람들에게 익숙해질 때까지 품에 안고 기다리는 수밖에 없어요.

어느 날 집에 세 명의 손님이 왔는데 아이가 무섭다고 방에서 나오지도 않았어요. 손님들이 떠날 때 아이를 안고 나가서 "'안녕히 가세요'라고 인사하자" 했더니 또 고개를 푹 숙이고 가만히 있지 뭐예요. 타일러도 끝까지 고개를 들지 않았어요. 벌써 손님 두 분이 신발을 다 신고 현관문 밖으로 나가기에 딸에게 말해 줬어요.

"엄마는 네가 부끄러워서 그러는 거 다 알아. 조금씩 괜찮아질 거야. 이제 손님 한 분만 남았다. '안녕히 가세요'라고 인사해 볼까? 세상에서 가장 착한 우리 딸."

놀랍게도 딸아이는 고개를 들고 마지막 손님에게 "안녕히 가세요"라고 인사했어요. 이 작은 변화가 얼마나 기쁘던지요.

하지만 그 이후에 딸아이는 다시 예전 모습으로 돌아갔어요. 아이를 이렇게 달래도 되나요? 서두르면 안 되는 것을 알지만 조금 있으면 두 돌 반이 되고 이대로 성격이 굳어져서 못 고칠까 봐 걱정이에요. 선생님. 아이의 내향적인 성격을 바꿀 수 있는 좋은 방법이 있을까요?

아이가 소심한 것이 아니라 어머님이 겁이 많은 것이에요

사실 어머님의 메일에 딸아이의 성격이 소심한 이유가 다 설명되어 있어요. 아이는 유전적인 요인 외에 너무 어린 나이에 마음의 상처를 받았어요. 엄마에게 수시로 욕을 듣고 맞았으며, 그마저도 엄마와 같이 살지 못하고 매우 내향적인 외할머니와 함께 생활했어요. 이런 상황에서 '간덩이'가 커지면 친구들을 때리고 간이 콩알만 해지면 인사조차 못 하는 게 전혀 이상하지 않아요.

요즘 아이가 친구들을 안 때리는 것은 어머님이 더 이상 아이를 때리지 않고 예뻐해 주시기 때문이에요. 엄마가 자신을 사랑하는 것을 아이도 아는 것이죠. 엄마의 사랑은 이렇게 위대해서 엄마가 변하면 아이도 따라 변해요.

아이의 소심한 성격에 조바심을 내지 마세요. 옛말에 "병은 산이 무너지는 것처럼 갑자기 오고 실을 뽑는 것처럼 서서히 간다"라는 말이 있어요. 아이의 소심함은 마음에 상처를 받은 결과예요. 짧은 시간 안에 바꾸려고 하지 마세요. 겉으로 보이는 행위는 쉽게 바꿀 수 있지만 겉으로 드러나지 않는 마음은 쉽게 바꿀 수 없어요. 아이를 때리는 나쁜 습관은 노력하면 빨리 고칠 수 있지만 소심한 성격은 평생 노력해도 쉽게 바뀌지 않는다는 것을 어머님도 잘 아시잖아요. 그러니 아이가 단기간에 외향적이고 대범해지기를 바라면 안 돼요.

어머님은 아이가 곧 두 돌 반이 되는데 지금 성격을 못 고치면 그대로 굳어진다는 생각 때문에 초조해하고 있어요. 이것은 근거 없는 잘못된 생각이에요. 어린아이의 성격은 충분히 바뀔 수 있어요. 이른 바 "세 살 버릇 여든까지 간다"라는 속담은 아이의 나쁜 버릇을 3세 이전에 강제로 고치라는 의미가 아니에요. 아동 교육의 황금기인 3세 이전에 아이를 충분히 사랑해 주라는 의미죠.

아이의 소심함은 본능적인 방어 기제예요. 외부 세계가 안전하고 엄마가 자신을 있는 그대로 받아들이고 자유를 존중해 준다고 생각하면 스스로 경계심과 거부감을 내려놓아요. 어머님은 모르고 그렇게 하셨지만 낯선 사람이나 손님에게 강제로 인사를 시키면 어머님에 대한 아이의 신뢰가 떨어져요. 강압적인 방식으로는 예의를 가르칠 수도 없고 아이를 대범하게 만들 수도 없어요. 자녀에게 싫어하는 일을 강제로 시키는 것은 예의와 배려가 없는 행위예요. 강압적인 교육은 오히려 무례함과 부족한 인격을 가르치는 결과를 낳아요.

행동은 말보다 더 큰 영향력이 있어요. 지금부터 모든 걱정을 내려놓고 아이에 대한 편견도 버리고 어른을 대하듯 아이를 대해 주세요. 어머님은 친정 엄마에게도 낯선 사람과 강제로 인사하라고 시키나요? 남편이 마음에 안 드는 일을 하면 화를 내고 강제로 못하게 하나요? 진심으로 아이를 사랑하고 존중해 주세요. 소심한 면을 인정하고 강제로 낯선 사람과 인사시키지 마세요. 그러면 아이가 스스로 대담하고 인사 잘하는 아이로 변해요. 사랑과 존중은 최고의 예의예요. 어머님이 예의를 지키면 아이가 그대로 보고 배울 겁니다.

어머님이 아이의 소심한 성격을 걱정하시는 것에는 자기 자신에 대한 불만이 투영되어 있는 것 같아요. 제가 생각할 때는 그래요. 그동안 소심한 성격 때문에 피해를 보신 적이 많았을 테니까요. 진짜 문제는 아이의 소심함이 아니라 어머님의 두려움이에요. 가만히 어린 시절을 돌이켜 보세요. 무엇이 어머님을 이렇게 소심하게 만들었나요? 어머님의 어린 시절을 돌아보고 소심함이 친정 엄마나 다른 사람의 잘못에서 비롯된 것이라고 용감하게 인정하고 나면 아이를 더 잘 이해할 수 있어요. 그리고 아이에게 낯선 사람이나 손님에게 인사하라고 시키는 것이 예절을 가르치기 위한 것인가요, 다른 사람에게 어머님이 예절 교육을 시키는 모습을 보여 주기 위한 것인가요? 전자와 후자는 엄연히 달라요. 자녀를 교육할 때 착각하기 쉬운 점은 표면적으로는 '아이를 위해서' 교육한다고 하지만 실은 부모 자신을 위해서 그렇게 하는 경우가 많다는 겁니다. 허영심과 열등감을 버리세요. 부모의 체면 때문에 아이가 피곤해지는 일은 없어야 해요.

"자녀에게 싫어하는 일을 강제로 시키는 것은 예의와 배려가 없는 행위예요. 강압적인 교육은 외려 무례함과 부족한 인격을 가르치는 결과를 낳아요."

다른 아이와 달리
아들에게는 인내심이 없어요

질 문
44

저는 어린이집 교사이자 한 아이의 엄마예요. 안타깝게도 원생들에게는 좋은 선생님이지만 아들에게는 좋은 엄마가 아니에요. 온종일 어린이집에서 아이들을 돌보고 집에 오면 인내심이 바닥나거든요. 이런 상황에서 아들이 시끄럽게 굴거나 투정을 부리면 짜증을 내고 때로는 몇 대 때리기까지 해요.

가끔 감정을 억누르지 못할 때 왜 어린이집 아이들 앞에서는 잘 참는데 아들 앞에서는 못 참을까 반성해요. 하지만 막상 아들이 소란을 피우면 감정을 통제하지 못해요. 아들이 일부러 말썽을 피우는 것이 자기 마음의 소리를 들어 달라는 몸짓인 것을 알아요. 제 주의를 끌기 위해서 일부러 그런다는 걸 알기 때문에 더 속상하고 괴로워요.

선생님. 어떻게 하면 참을성 있게 아들을 교육시킬 수 있을까요?

 좋은 선생님과 좋은 엄마의 역할을 구분하지 마세요

어린이집 선생님인 동시에 엄마이시군요. 어머님은 어린이집 선생님 신분일 때는 교육의 책임을 다하기 위해서 인내심을 발휘하지만 엄마의 신분으로 돌아가면 짜증을 내고 가끔은 아들을 때리기도 해요. 어머님은 왜 어린이집 아이들 앞에서는 참을성이 있지만 집에 돌아오면 참을성이 줄어드는지, 또 어떻게 하면 참을성 있게 아들을 지도할 수 있는지도 알고 싶어 하세요. 어머님은 왜 두 장소에서 서로 다른 인내심을 발휘할까요? 해결 방법을 찾기 위해서 먼저 문제의 원인을 살펴보기로 해요.

어머님이 어린이집에서 인내심을 잘 발휘하는 건 그럴 수밖에 없는 조건하에 있어서예요.

첫째, 모든 어린이집은 교사에 대한 규정이 있어요. 이 규정에 따라서 교사는 원생에게 화를 내면 안 되고 원생을 욕하고 때려도 안 돼요. 이것은 교사에 대한 최소한의 요구 사항이자 행동 규범이에요. 어머님은 어린이집의 관련 규정을 준수해야 할뿐더러 의식적으로 '좋은 선생님'이 되기 위해서 참을성을 가지고 아이들을 보살펴야 해요. 다시 말해 어머님은 직장의 규정을 잘 지키며 직업적 역할을 충실히 이행하고 계세요. 자신의 일에 책임을 다하시는 모습에 경의를 표합니다. 대단하세요.

둘째, 어린이집 아이들 뒤에는 이 아이들을 보호하는 부모가 있어요. 요즘은 아이들을 다 귀하게 키우고 부모들의 자녀 보호 의식이 강해서 교사가 조금만 실수해도 학부모의 항의를 받아요. 교사가 인내심을 더 발휘할 수밖에 없는 환경이고, 어머님도 이 영향에서 자유로울 수 없어요. 따라서 어머님의 인내심은 자연스럽게 우러난 것이 아니라 의식적으로 자신을 통제한 결과라고 할 수 있어요.

이것 외에도 어머님이 어린이집에서 더 참을성을 발휘하는 이유가 또 있어요. 어린이집에는 교사뿐 아니라 원생들에 대한 규정도 있어요. 아이들은 규칙을 지키며 질서 있게 생활해야 하고 선생님 말씀을 잘 들어야 해요. 선생님을 조금 무서워하기 때문에 집에서처럼 마냥 마음대로 굴지 않고 조금 더 착해지고 말을 잘 들어요. 그래서 어머님이 어린이집 아이들을 참을성 있게 대한다고 '착각'하실 수 있어요.

제가 이렇게 판단하는 이유는 어머님이 자기 아이는 다른 모습으로 대하기 때문이에요. 집에서 아이는 어린이집 규칙에서 벗어나 활발하게 뛰노는 그 나이 또래의 본성으로 돌아가고, 어머님은 교사의 신분에서 벗어나 본연의 모습으로 돌아가요. 이 상태에서 아이가 소란을 피우면 어머님은 감정을 통제하지 못하고 짜증을 내고 아이를 때리게 되는 것이죠.

집에서와 어린이집에서의 어머님 모습은 서로 상반되거나 대립하지 않아요. 하나의 심리 상태가 두 환경에서 두 개의 모습으로 나타난 것뿐이에요. 표면적으로는 확연히 다르지만 원인은 하나예요. 아동을 대할 때 한쪽 마음은 다정하지만 다른 한쪽 마음은 이기적이고, 이쪽 마음은 사랑이 넘치지만 저쪽 마음은 미움이 많아요. 단지 언제 어디서 어떤 조건일 때 어느 마음을 더 많이 드러내느냐의 차이만 있을 뿐이에요. 달리 말하면 어머님은 온종일 아이들과 생활하고 있지만 심리적으로 충분히 성숙하지 않고 아동을 잘 이해하지도 못하며 제대로 사랑할 줄도 몰라요.

제 분석이 불쾌할 수도 있고 놀라울 수도 있어요. 읽기 거북하시겠지만 제가 이렇게 표현하는 것을 용서해 주세요. 이것은 가치 평가나 도덕적인 판단이 아니라 객관적인 진술이에요. 또한 어머님의 문제가 아니라 모두가 이해해야 할 사회적인 문제예요. 학생들을 살뜰히 돌보는 것에 자신의 모든 에너지를 쏟아붓고 '훌륭한 교사'라고 칭송받는 사람들 중에 정작 자기 자녀는 돌보지 않고 문제아로 키우는 경우가 꽤 있어요. 아픈 자식을 병원에 데리고 가는 것보다 학생들 수업을 먼저 챙기느라 치료 시기를 놓쳐서 자식을 죽음에 빠뜨리는 교사도 있어요. 한데 문제는 사람들이 이들 교사를 긍정적으로 평가하고 심하게는 헌신적인 교사라고 칭송하는 거예요. 이들은 허황된 고상함과 허영심에 도취되어 상황을 제대로 인식하지 못하고 자녀를 '방치'한 사람들이에요. 자신이 허황된 생각에 빠져 있는 것을 모르면 분리된 상태에서 살게 되어 학교에서는 존재감을 뽐내고 성취감을 느끼기 위해서 최선을 다하지만 집에 돌아오면 긴장감이 풀리다 못해 감정적으로 변해 가족 분위기를 긴장되게 만들어요.

자녀를 제대로 교육시키지 못하고 자녀와 사이 좋게 지내지 못하는 사람이 어떻게 좋은 교사가 될 수 있을까요? 자녀와 함께 있을 때 가장 진실한 모습이 드러나게 마련인데, 이때의 모습은 어린이집 아이들을 지도할 때도 은연중에 드러날 수밖에 없어요. 자녀와 사이 좋게 지낼 수 있어야 진심으로 다른 아이들과 사이 좋게 지낼 수 있고, 자녀에게 인내심을 발휘할 때 진실로 다른 아이들에게도 인내심을 발휘할 수 있어요.

그렇다고 어머님의 노력과 업적을 부정하는 것은 아니에요. 어린이집 교사는 매우 힘든 직업이에요. 온종일 어린아이들을 돌보는 일을 어머님은 매우 잘하고 계세요. 더 훌륭한 교사가 되고 싶다면, 교사와 엄마의 두 역할을 모두 잘 소화하고 싶다면 인내심을 습관처럼 키우세요. 직업적으로 전문성을 높이는 동시에 수시로 자신의 감정을 알아차리는 것이 습관이 되면 아이와 함께 성장할 수 있어요. 저는 이것보다 더 좋은 조언은 없다고 생각해요. 포괄적이고 모호하다고 생각하실 수 있어요. 하지만 이것이 어머님과 아이를 근본적이고 효과적으로 성장시킬 수 있는 가장 실질적이고 구체적인 방법이에요.

타고난 좋은 교사도 없고 타고난 좋은 엄마도 없어요. 저도 이 이치를 깨우치는 데 수년이 걸렸어요. 젊은 부모들 대다수가 제 책을 읽고 제가 처음부터 좋은 엄마였을 것이라고 생각하는데, 사실 그렇지 않아요. 위엔위엔을 교육할 때 저도 유치하고 때로는 수준 낮은 실수를 많이 저질렀어요. 위엔위엔을 키우며 저도 함께 성장했죠. 위엔위엔을 어떻게 사랑해야 하는지 알게 된 뒤에 더 많은 아이를 사랑할 수 있게 되었고, 제 인생도 더 많이 발전했어요. 어머님은 열심히 노력하신 끝에 훌륭한 교사가 되었어요. 쉽지 않은 일을 이루셨어요. 하지만 동시에 좋은 엄마도 되셔야 해요. 사람의 인성을 가장 효과적으로 알 수 있는 방법은 아이와 어떻게 지내는지를 보는 거예요. 아이와 함께 있을 때 인성이 가장 적나라하게 드러나기 때문이죠. 집에서는 늑대인 사람이 밖에서는 순한 양이 될 수 없어요. 기껏해야 양가죽을 뒤집어 쓴 늑대가 되겠죠. 사람들에게 꾸민 모습을 보여 주다가 실수로 본 모습을 보여 주면 자신에게도 득이 되지 않고 다른 사람들에게도 득이 되지 않아요. 어머님이 해야 하는 공부는 좋은 선생님과 좋은 엄마의 역할을 분리하는 것이 아니라 조화롭게 일치시키는 겁니다.

구체적인 조언을 해 드리면, 먼저 집에서 넓은 마음으로 아이를 대해 주세요. 설령 아이가 조금 '제멋대로' 행동하더라도 놔 두세요. 그렇다고 버릇이 없어지지 않아요. '지나친 사랑'은 가짜 개념이에요. 흔히 자녀를 통제하지 않으면 자녀가 버릇이 나빠지고 규칙을 안 지킬 거라는 두려움이 있어요. 사실 '지나친 사랑'은 아이의 자주적인 선택권을 박탈하고 모든 것을 부모 마음대로 좌지우지하는 것이에요. 사랑과 정반대의 개념이죠. 아이에게 필요한 것은 규칙과 통제가 아니라 사랑과 자유예요. 안전과 도덕을 지키는 선에서 최대한 아이가

하고 싶은 것을 할 수 있게 허락해 주세요. 안전과 도덕을 지키면 결코 버릇이 없어지거나 문제아가 되는 일은 일어나지 않아요. 오히려 분수를 알게 되니 마음 푹 놓으세요. 어머님이 마음을 조금 느긋하고 여유롭게 가지면 아이가 소란을 피우거나 말을 안 듣는 것이 근본적으로 문제가 되지 않아 인내심을 발휘하고 말 것도 없어요. 사실 인내심의 기본 바탕은 사랑이에요. 인내심을 키우는 것은 곧 사랑을 키우는 것이에요.

물론 어머님 자신에게도 너그러워질 필요가 있어요. 완벽한 엄마가 되려고 하지도 말고 완벽한 교사가 되려고 하지도 마세요. 끊임없이 학습하고 반성하는 한편 자신을 있는 그대로 받아들이고 완벽하지 못한 모습도 허용하세요. 이것은 아이를 있는 그대로 받아들이는 것과 동일한 수업이자 어머님이 집중해서 수련해야 하는 내공이에요.

어머님은 이미 훌륭한 선생님이에요. 조금 더 여유를 가지고 집에서 아이와 사이 좋게 지내면 더 훌륭하고 한층 여유로운 선생님이 되실 거예요.

"자녀와 사이 좋게 지낼 수 있어야 진심으로 다른 아이와 사이 좋게 지낼 수 있어요. 자녀에게 인내심을 발휘할 때 진실로 다른 아이에게도 인내심을 발휘할 수 있어요."

질문 45

교도소 수감 사실을
아이에게 어떻게 말할까요?

저는 여섯 살짜리 유치원생 아들을 둔 서른두 살의 아빠입니다. 업무 상 실수로 '직권 남용죄'를 저질러 곧 교도소에 수감될 예정이에요. 아무래도 3년 형을 받을 것 같습니다. 가장 큰 고민은 저를 포함해 가 족들이 아들에게 뭐라고 말해 줘야 아들이 부정적인 영향을 안 받고 잘 자랄 수 있을까입니다.

　가장 먼저 든 생각은 해외에 일하러 간다고 말하는 것인데, 이렇게 말해도 괜찮을까요? 평소에 아들녀석과 잘 놀아 주어서인지 아들이 저를 많이 따라요. 만약에 아들이 저를 보고 싶어 하면 가족들이 뭐라 고 말해 줘야 할까요? 어떻게 하면 아빠가 부재인 상황에서도 아들이 밝게 자랄까요? 행여 저 때문에 아들의 유년 시절이 불행해질까 봐 걱정입니다.

사실대로 말하면 이제 겨우 여섯 살인 아들이 아빠를 이해해 줄까요? 만약에 사실대로 말해 줬을 때 다른 친구들이 "너희 아빠는……?"이라고 물으면 아들은 뭐라고 대답해야 할까요? 아들이 열등감을 느끼거나 어린 마음에 상처를 받지는 않을까요?

 ## 거짓말로 상황을 모면하지 마세요

진실함과 선량함은 인생을 지탱하는 두 개의 큰 기둥이에요. 어떤 일을 하든 이 두 개의 기본 원칙에서 벗어나면 안 돼요. 아이를 속이지 마세요. 해외에 일하러 간다는 거짓말은 하지 말고 사실대로 상황을 잘 설명해 주세요.

사실대로 말하면 아이는 1년에 몇 번이라도 아빠를 만날 수 있지만 다른 나라에 간다고 말하면 3년 동안 아빠를 한 번도 못 만나요. 해외에 간다고 말해서 못 만나는 것보다 교도소에서라도 아이를 만나는 것이 더 낫지 않나요? 거짓말은 또 다른 거짓말을 낳고, 사실을 숨기려고 하면 가족만 피곤해져요. 아이들은 최첨단 레이더예요. 아버님이 해외에 일하러 간다고 속여도 아이는 직감적으로 아빠에게 무슨 일이 일어났다는 것을 알 거예요. 때문에 사실을 말해 주지 않으면 아이는 더 불안해할 거예요. 더욱이 거짓말은 언젠가 탄로가 나게 마련이고, 아이의 도덕관만 나빠져요. 아버님의 사정을 사실대로 용감하게 밝히는 것도 교육의 일종이에요.

구체적으로 이렇게 해 보면 어떨까요?

첫째, 어떤 일이 일어났는지 분명하게 말씀해 주세요. 여섯 살이면 어느 정도 세상 물정을 알 나이예요. 평소에 아들과 친하게 지내셨다면 아이가 아빠의 말을 모두 다 이해하지 못해도 최소한 어떤 일이 일어났는지는 이해할 테니 걱정하지 마세요. 아버님이 지은 죄가 아이의 정서를 해칠 정도가 아니면 아이가 어떻게 된 일인지 알 수 있게 사실대로 잘 설명해 주세요. 아빠가 어떤 잘못을 저질렀는지 알면 마음의 준비가 되어 두려움을 쉽게 떨쳐낼 수 있지만, 아무것도 모르면 굉장히 나쁜 일을 저질렀다고 제멋대로 추측해 더 불안해져요.

둘째, 아이에게 말할 때 말투에 신경 써 주세요. 무거운 분위기는 피하고, 조금 밝은 말투로 본론에 서서히 들어가세요. 예를 들어 이렇게 물어보세요.

"예전에 네가 아빠도 잘못한 적이 있냐고 물었지? 만약에 그렇다면 용서해 줄 거니? 지금 아빠는 잘못한 일이 있어서 네 용서가 필요해. 아빠를 용서해 줄 수 있니?"

아이는 분명 용서해 주겠다고 대답할 거예요. 그러면 온화한 말투로 아버님에게 어떤 문제가 발생했고 앞으로 어떤 처벌을 받게 될지 설명해 주세요. 이때 말투가 굉장히 중요한데, 최대한 밝게 말씀하셔야 해요. 그렇다고 별일 아닌 양 꾸미시면 안 돼요. 사실대로 덤덤하게 말하는 것이 가장 좋아요. 사실 아이에게 영향을 주는 것은 아버님에게 일어난 일이 아니라 그 일을 대하는 아버님의 태도예요. 아버님의 가장 중요한 태도는 '말'이에요. 최근 며칠 동안 아버님은 심한 감정의 기복을 겪으며 앞으로 몇 년 동안 지내야 하는 생활에 많은 용기가 필요했을 거예요. 그러면 이제는 아이에게 용기를 내어 사실을 말씀해 주세요.

"사람은 누구나 잘못을 저지를 수 있고 잘못을 저지르면 벌을 받아야 해. 잘못을 저지르는 것은 부끄러운 일이 아니고 전적으로 나쁜 일만은 아니야. 잘못을 통해서 인생에 도움이 되는 교훈을 얻을 수 있거든. 교도소는 무섭기만 한 곳이 아니야. 조금 다른 방식으로 생활하는 곳이지. 3년은 생각보다 빨리 지나갈 거야. 어쩌면 그 전에 집에 올 수도 있어."

진심을 전달하면 아이가 잘 이해할 거예요.

셋째, 다른 사람들에게 아빠에 대해서 어떻게 말해야 하는지 알려 주세요.

"아빠의 일은 우리 가족끼리만 알아야 해. 다른 사람들에게 알려 줄 필요가 없어. 만약에 누가 '아빠는 어디에 있니?'라고 물으면 '비밀이에요. 안 가르쳐 줄 거예요'라고 대답해."

아이가 이렇게 대답할 때 꼬치꼬치 캐묻는 사람은 별로 없어요. 만약에 할 일 없는 사람이 끈질기게 물으면 "우리 아빠가 어디에 있는지 왜 궁금하세요?"라고 되물으라고 하세요. 상대방의 말문을 막을 수 있어요. 다른 사람들에게 외국에 갔다고 거짓말하거나 다른 핑계를 대라고 시키지 마세요. 아이의 입장만 더 난처해져요.

넷째, 아버님의 일이 아이에게 부정적인 영향을 줄까 봐 걱정하시는데, 분명 어느 정도 영향은 줄 거예요. 이건 피할 수 없는 부분이에요. 하지만 이렇게 생각해 보는 건 어떨까요? 사람은 누구나 정도만 다를 뿐, 어린 시절에 상처를 받은 기억이 있어요. 설령 아버님에게 이 일이 일어나지 않았어도 다른 문제로 아이에게 마음의 상처를 줄 수 있어요. 이번 일이 아이에게 어느 정도 영향을 주겠지만 온 가족이 이 일을 잘 처리하면, 특히 아버님이 이 일을 회피하지 않고 자신의 잘못에 책임지는 모습을 보이면 아이는 마음의 상처를 덜 받고 오히려 긍정적인 영향을 받을 수도 있어요. 어머님이 아이를 잘 보살피고 충분히 사랑해 주면 내면의 상처는 금세 치유돼요. 어쨌든 엄마의 사랑은 아이에게 가장 중요하니까요.

아동은 부모에 대한 그리움이 매우 강렬해요. 제가 어릴 때 아버지가 먼 지역으로 일하러 가시는 바람에 거의 반년 동안 못 만난 적이 있어서, 아이가 아버님을 얼마나 그리워할지 잘 알아요.

제가 마지막으로 드릴 조언은, 아이와 떨어져 지내는 동안에 책을 통해 교감하시라는 겁니다.

아이에게 아빠가 떠난 뒤에 주말마다 책을 보내 주겠다고 하세요. 물론 책을 사서 보내 주는 일은 어머님이나 다른 가족이 해야겠죠. 인터넷이나 서점에서 정기적으로 구매해서 아이에게 선물해 달라고 부탁하세요. 그러면 아이는 주말이 빨리 오기를 기다릴 것이고, 책을 받을 때마다 아빠의 숨결을 느낄 것이고, 책장을 넘길 때마다 아빠와 함께 있는 기분이 들 거예요. 어머님이 책에 아버님 도장을 찍어 주면 더 좋겠어요. 그러면 아이가 책을 더 친근하게 느낄 테니까요. 책을 매개체로 아이와 교감하면 아빠를 그리워하는 아이의 마음도 달래질 수 있고 독서 흥미도 키워질 수 있어요. 또한 다양한 책을 읽는 것은 좋은 치유 방법이라서 아이의 심리 건강에도 큰 도움이 될 거예요. 책을 보내는 일로 세 마리의 토끼를 잡으세요.

책은 일주일에 한 권씩 보내는 게 좋을 것 같아요. 한 달은 여섯 살 아이가 기다리기에 너무 긴 시간이에요. 제 블로그나 웨이보에 추천 도서 목록이 있으니 어머님께 참고하라고 전해 주세요.

제 조언이 큰 도움이 되기를 바랍니다.

"아이가 알아들을 수 있게 '사람은 누구나 잘못을 저지를 수 있고 잘못을 저지르면 벌을 받아야 해. 잘못을 저지르는 것은 부끄러운 일이 아니고 전적으로 나쁜 일만은 아니야'라고 말해 주세요."

우울증이 있는 엄마는
자녀를 어떻게 교육해야 할까요?

저는 여섯 살짜리 아들을 키우는 엄마예요. 『좋은 엄마가 좋은 선생님을 이긴다』를 읽고 선생님의 교육 방법이 매우 독특하다고 생각했어요. 현재 제 교육 방법을 고치기 위해서 열심히 노력하고 있지만 몇 가지 의문점이 있어요. 엄마의 우울증이 자녀에게 얼마나 큰 영향을 줄까요? 선생님이 꼭 답변해 주셨으면 좋겠어요.

저는 만 3세 때부터 우울증을 앓아 왔어요. 최근 1년간 치료를 받고 많이 좋아졌지만 늘 우울감이 있어서 일이 힘들면 바로 기분이 나빠지고 남편과의 관계도 수시로 좋아졌다가 나빠졌다가 해요. 확실한 건 제가 우울해지면 아들도 눈빛이 어두워지고 기분이 축 가라앉는다는 거예요. 제 마음의 병이 아들에게 심리적으로 어두운 그림자를 남길까 봐 걱정이에요.

아들은 매우 영리해요. 유치원 선생님에게 뭐든지 빨리 배운다고 칭찬을 듣고 친구들과 사이 좋게 지내지만 소심하고 눈물이 많고 자신감이 부족해요. 잘 우는 것은 유전인 것 같아요. 제가 툭하면 울거든요. 하지만 아들은 저보다 더 심각한데, 일이 조금만 뜻대로 안 풀리면 울어요. 눈물이 많은 것은 어떻게 해도 고쳐지지가 않아요. 아들의 자신감이 부족한 것은 남편 영향을 받은 것 같아요. 남편은 아들이 돌 남짓 되었을 때 직장을 잃고 지금까지 놀아요. 모든 경제적인 부담을 저 혼자 짊어지고 있는 상황이다 보니 남편과 사이가 더 안 좋아졌어요. 남편은 늘 제게 무시를 당해서 자신감이 없다고 말해요.

아들 교육법을 바꾸기 위해서 남편에게 선생님 책을 추천했지만 남편은 제 말을 귓등으로도 안 듣고 여전히 자기 방식을 고집해요. 저는 직업상 출장이 잦아서 집을 비우는 시간이 많아요. 그때마다 남편은 제가 출장을 가면 아들과 사이가 좋아졌다가도 제가 집에 돌아오면 다시 사이가 나빠진다고 말해요. 요즘 집에서 아들에게 고시(古詩)를 외우는 습관을 키워 주기 위해서 저녁마다 아들과 함께 고시를 암송하는데, 제가 출장을 가면 남편이 나 몰라라 해서 고시를 외우는 일이 습관이 되려다가도 뚝 끊겨요.

아들은 어린이 애니메이션인 「로봇트레인」을 좋아해요. 텔레비전에 이 만화가 나오면 밥도 안 먹고 넋을 잃고 봐요. 책도 시리즈로 다

가지고 있어요. 오늘 아들이 오후가 될 때까지 아무것도 못 먹었다고 말했어요. 아들은 아침부터 「로봇트레인」을 봤는데 제가 출근한 뒤에 남편이 아무것도 안 먹인 것 같아요.

아들 교육에 관해서는 항상 자신감이 없어요. 선생님 책을 읽고 제가 굉장히 부족한 엄마인 것을 알았어요. 아들의 문제를 해결할 수 있는 효과적인 방법을 못 찾을 때마다 스스로 아들을 잘못 교육시키는 것이 아닌가, 아들의 인생을 제 손으로 망치고 있는 건 아닌가 걱정스러워요.

 ## 우울감에서 벗어났을 때 충분한 사랑을 주세요

어머님. 우울증에 걸린 엄마도 자녀를 밝게 키울 수 있어요. 중요한 것은 자녀에게 긍정적인 에너지를 주느냐 부정적인 에너지를 주느냐예요. 어머님이 우울할 때 아이의 상태도 같이 나빠지는 것은 정상이에요. 우울감에서 벗어났을 때 아이에게 충분히 밝은 사랑을 주신다면 크게 문제가 없어요.

물론 우울감에서 벗어나는 것이 쉽지 않다는 것을 알아요. 메일을 통해서 들여다본 어머님의 생활은 확실히 문제가 있어요. 친정 가족과의 문제도 있고 지금의 가족과도 문제가 있고, 어머님의 우울증은 지금까지 감정을 꾹꾹 억누르고 산 결과예요. 이미 일어난 일을 바꿀 수는 없지만 상황을 새롭게 인식해 보세요. 아이와 더 가까워지고 어머님 병세도 한결 가벼워질 거예요.

아이가 잘 우는 것이 유전인 것 같다고 하셨는데, 제 생각은 달라요. 아동에게 울음은 언어의 일종이에요. '마음에 응어리가 있어요', '엄마, 아빠 도와줘요'라는 메시지죠. 아이가 울었을 때 적절한 반응을 못 얻으면 풀리지 않은 감정의 응어리가 상처로 남아 난폭해지고 열등감이 생기고 우울해져요. 또한 마음의 상처를 제때 치료하지 않으면 어른이 된 뒤에 각종 심리 문제를 겪어요. 어머님은 왜 우울증에 걸렸을까요? 어머님이 왜 어린 시절에 자주 울었고 어떤 상처를 받았는지 지금은 기억이 안 날 수도 있어요. 만약 그 당시에 친정 부모님이 어머님의 울음에 주의를 기울이고 깔깔 웃을 수 있는 즐거운 경험을 더 많이 만들어 주었다면 어머님은 우울증에 걸리지 않았을 거예요.

어머님은 무의식적으로 부모님의 교육 방식을 답습하고 아이가 잘 우는 것을 유전 탓으로 돌리고 있어요. 이렇게 해서는 문제를 해결할 수 없어요. 먼저 한집안의 교육 방식은 대대손손 후대에 전해져요. 때문에 나쁜 교육 방식을 가진 집안은 누가 잘못된 점을 깨우치고 잘못된 교육 방식의 고리를 끊기 전까지는 몇 대에 걸쳐 똑같은 문제가 되풀이해서 나타나요. 저는 어머님이 잘못된 교육의 고리를 끊는 사람이 되었으면 좋겠어요. 다음으로 아이가 잘 우는 문제를 해결하기 위해서 아이와 자주 소통하고 아이의 마음을 잘 이해해 주세요. 괜히 우는 아이는 없어요. 반드시 이유가 있죠. 도저히 왜 우는지 모르겠는

때는 그냥 울게 내버려 두세요. 운다고 짜증내지도 말고 못 울게 막지도 말고 아이가 울음을 터뜨린 감정 상태를 그대로 받아들이세요. **아이가 울 때는 부모와 자녀가 소통하기에 가장 좋은 때예요.** 이 기회를 소중하게 여기세요. 마지막으로 우울하더라도 의식적으로 부정적인 기분을 추스르셔야 해요. 아이에게 화를 내지 않고 억지로라도 밝은 표정을 지으면 아이가 부정적인 영향을 덜 받아요.

남편분 이야기를 해 볼게요. 남편분은 구직 활동도 열심히 안 하고 아들을 잘 돌보지도 않아요. 표면적으로는 책임감이 부족한 것처럼 보이지만 사실은 내면이 매우 나약해요. 내면이 나약한 남자는 아이들에게 폭력을 잘 휘둘러요. 아버님이 평소에 아이와 어떻게 지내는지 자세히 모르지만, 어머님이 출장을 갔을 때는 아들과 사이가 좋았다가 어머님이 집에 돌아오면 다시 사이가 나빠진다고 하는 것으로 보아 부자 간에 사이가 '좋다'라는 것이 '화목하다'를 의미하는 것 같지는 않아요. 아이는 아빠와 친하지 않거나 무서워서 그 기간에는 '활개'를 못 치고 '얌전하게' 있는 것 같아요.

남편분은 선척적으로 부모에게 물려받은 기질적 문제 외에 어머님과도 사이가 안 좋아요. 남편분의 나약한 마음을 이해해 주고 어려운 처지에서 벗어날 수 있게 장점을 봐 주고 자신감을 키워 주세요. 어머님이 무시하고 포기하면 남편분은 자립하지 못해요. 부부 관계는 몇 마디 말로 다 설명할 수 없는 큰 주제예요. 제가 해 드릴 수 있는 가장 시급한 조언은 앞으로 가정 생활 관련 책을 많이 읽어 보시라는 거예요. 어떻게든 방법을 찾아서 남편분과 함께 읽으세요. 예를 들어 남편분이 제 책을 안 읽으려고 하면 해당 내용을 인쇄해서 무슨 핑계를 대서라도 읽게 하세요. 독서는 마음의 상처를 치유하는 최고의 방법이라서 아이와의 관계를 개선하는 데도 도움이 돼요.

부부가 화목하게 사는 것도 교육의 일부분이에요. 이때 '화목함'은 억지로 관계를 유지하는 것이 아니라 부부가 서로 편안하게 지내는 것을 의미해요. 부부가 화목해지면 어머님의 우울증도 낫고 아이와 남편분도 아름다운 관계를 새롭게 형성할 수 있을 거예요.

"우울증에 걸린 엄마도 자녀를 밝게 키울 수 있어요. 중요한 것은 자녀에게 긍정적인 에너지를 주느냐 부정적인 에너지를 주느냐예요."

아버지를 잃은
슬픔이 너무 커요

저는 선생님과 동향인 네이멍구 사람이에요. 지금은 베이징에서 생활
하고, 만 2년 8개월의 딸아이가 있어요.

선생님께 제 가족 이야기를 할게요. 반년 전에 갑작스러운 교통사
고로 아버지를 잃었어요. 너무 허망하고 슬퍼서 딸아이를 돌보지 못
할 지경이에요. 제 자신을 추스르려고 노력했지만 슬프고 우울한 기
분을 떨쳐내지 못하겠어요. 딸아이도 어두운 제가 싫은지 한동안 남
편만 따르고 저는 근처에도 못 오게 했어요. 딸마저 이러는 통에 더욱
절망감을 느꼈어요.

지금도 딸아이는 남편만 찾아요. 예전에는 딸아이에게 화를 낸 적

이 거의 없지만 지금은 아버지가 그리우면 우울하고 심란해져서 괜스레 딸에게 화를 내요. 두어 번 화를 크게 낸 뒤에 딸아이를 안고 대성통곡하며 "외할아버지가 너무 보고 싶어서 그랬어. 미안해"라고 사과한 적이 있어요. 그 이후에 딸아이와 함께 있을 때는 최대한 인내심을 발휘하려고 노력해요.

선생님. 딸아이와 다시 친해지면 괴로움이 조금 줄어들 것 같아요. 또 딸에게 사과할 때 지금처럼 말하면 될까요? 꼭 답장해 주세요.

가족을 가장 잘 추모하는 방법은 자신의 자리에서 열심히 사는 것이에요

아버지를 갑자기 여의고 많이 슬프셨겠어요. 가족을 잃는 것보다 더 슬픈 일은 없어요. 하지만 지나치게 슬퍼하는 것은 매우 이기적인 행위라고 제가 말한다면 놀라실까요?

어머님은 친정 아버지를 잃고 졸지에 반쪽짜리 고아가 되는 고통에 빠지셨어요. 그러곤 안타깝게도 이 일을 계기로 다정한 엄마에서 차가운 엄마로 변했고 딸아이에게 어머님의 모든 고통과 불행함을 고스란히 전달해 아이마저 반쪽짜리 고아처럼 만들었어요. 어른이 되어도 부모를 잃으면 슬퍼요. 그렇다면 엄마의 사랑을 잃은 아이의 기분은 어떨까요? 어머님이 아버지를 잃은 슬픈 감정에 빠져 있는 동안에 아이는 엄마의 사랑을 상실하는 슬픔을 겪었어요. 이것이 이기적인 게 아니면 뭐죠?

아이는 본능적으로 사랑을 찾고 따뜻함을 찾아요. 엄마가 온몸으로 어두운 에너지를 뿜어낼 때 아이가 엄마를 피해 더 다정한 아빠를 따른 것은 매우 정상적인 현상이에요. 의지할 수 있는 아빠가 있어서 다행이에요. 어머님은 아이를 따뜻하게 보살필 생각은 않고 되레 아이가 어머님을 따뜻하게 보살펴 주면 괴로움이 조금 줄어들 것 같다고 하세요. 얼마나 이기적인 생각인가요?

불행한 상황을 가장 잘 처리하는 방법은 상처를 최소한으로 줄이는 것이에요. 세상이 끝난 것처럼 슬퍼할수록 상처만 더 커지고 괜히 무고한 사람까지 피해를 입어요. 메일에서 아이가 어두워진 어머님을 싫어하는 것 같다고 하셨는데, 실제로 아이는 아빠만 찾고 있어요. 엄마가 차갑게 대하는데 아이가 엄마 앞에서 밝게 웃을 수 있을까요? 엄마가 만날 우울해하는데 아이가 즐거울 수 있을까요? 어머님의 상태를 당장 바꾸세요. 계속해서 지금처럼 끝도 없이 슬픔에 빠져 있으면 아이와 더 멀어지는 것은 기본이고 가족 분위기까지 깨져 어머님이 더 큰 상처를 받아요.

어머님은 슬퍼하는 것이 아버지를 추모하는 것이라고 생각하실 수도 있어요. 한번 아버지의 입장에서 생각해 보세요. 딸이 당신을 내려놓고 일상으로 돌아가기를 바랄까요, 아니면 날마다 슬픔에 빠져 있기를 바랄까요? 하늘나라에서 아버지는 어머님이 아이를 더 살뜰히 보살피기를 바라실까요, 차갑게 대하기를 바라실까요?

아버지와의 갑작스러운 이별을 통해 어머님은 '지금의 소중함'을 배우셔야 해요. '아버지가 살아 계실 때 맛있는 음식을 더 많이 사 드릴걸. 조금 더 대화를 많이 나눌걸…….' 아버지께 더 잘해 드리지 못한 아쉬움이 많이 남으셨을 거예요. 그러면 친정 어머님, 남편, 아이에게는 아쉬움이 남지 않게 마음껏 사랑을 주세요. 다 함께 살아 있는 지금의 순간을 소중하게 생각하고 가족이 서로 의지하며 행복하게 사세요. 이것이 아버지의 갑작스러운 죽음을 통해 배워야 하는 교훈이에요.

인생은 고통스럽고 슬프면 안 되고 행복하고 즐거워야 해요. 인생은 무상하고 모든 사람은 언젠가 이 세상을 떠나요. 언젠가 사라져 버릴 지금 이 순간의 아름다움을 놓치지 마세요. 살아 있을 때 마음껏 꿈을 추구하고 즐기세요.

아버지를 가장 잘 추모하는 방법은 어머님이 자신의 자리에서 열심히 사는 것이에요. 그러면 하늘나라에 계신 아버지도 세상에 남기고 온 딸을 크게 걱정하시지 않을 거예요.

어머님이 기운을 차리고 다시 즐겁게 생활하셨으면 좋겠어요.

"불행한 상황을 가장 잘 처리하는 방법은 상처를 최소한으로 줄이는 것이에요. 가족을 가장 잘 추모하는 방법은 자신의 자리에서 열심히 사는 것이에요."

질문 48 — 도움을 주지 않는 사람들이 원망스러워요

안녕하세요. 저에게는 여덟 살짜리 아이가 있어요. 하지만 전 좋은 엄마는 아니에요. 스스로 많이 부족하다는 걸 알지만 어떻게 하면 좋은 엄마가 될 수 있는지 모르겠어요. 아무래도 지금의 제 상황은 어릴 적 경험과 관계가 있는 것 같아요.

먼저 친정에 대해서 말씀드릴게요. 저는 초등학교 때 부모님이 이혼한 뒤에 줄곧 할아버지, 할머니와 살았어요. 외지에서 일하는 아버지는 집에 올 때마다 다른 여자를 데리고 왔고 어머니가 가끔 저를 보러 오는 것마저 싫어하셨어요. 또한 저를 키워 주신 할머니에게 고마워하기는커녕 할머니 앞에서 제게 "넌 네 할미처럼 능력이 없어"라고 자주 비아냥거리셨어요. 아버지가 말하는 능력은 높은 직위나 재력을 의미했어요. 제가 임신했을 때 아버지는 사소한 일로 저와 다툰 뒤에 아이를 낳을 때까지 보러 오시지도 않았어요.

다음은 시댁 이야기예요. 남편에게는 누나가 있어요. 시누이와 남편, 이렇게 남매예요. 다른 집은 손주가 태어나면 박수를 치고 환영하지만 저희 시댁은 걱정부터 하셨어요. 애는 누가 보느냐가 문제였죠. 남편이 시부모님께 아이를 봐 달라고 부탁했을 때 시부모님은 탐탁지 않아 하셨지만 아예 모르는 척을 할 수 없어서 어쩔 수 없이 키워 주셨어요. 저희 세 가족은 몇 달 동안 시댁에서 생활했어요. 비록 시어머니의 눈치가 보였지만 그럭저럭 살 만했어요. 하지만 어느 날 그동안 서로 간에 쌓였던 모든 불만과 서운함이 한꺼번에 터져 버렸고, 저희 가족은 엄동설한에 시댁에서 쫓겨나고 말았어요. 저희 부부는 아무것도 모르고 새근새근 잠든 네 달 된 아기를 안고 저희 집에 돌아왔어요. 남편은 시부모님과 왕래를 끊고 싶어 했어요. 하지만 문제는 제가 출근하면 아이를 돌볼 사람이 없다는 것이었죠. 친정 엄마는 외국에 계셔서 도움을 받을 수 없었고, 보모에게 맡기려니 마음이 놓이지 않았어요. 하는 수 없이 시어머니께 전화를 드렸고, 어머님은 아이가 두 돌이 될 때까지 마지못해 키워 주셨어요. 남편은 내심 시어머니가 아이를 더 키워 주기를 바랐지만 시어머니는 한사코 거절하셨어요. 결국 저는 멀쩡히 다니는 공기업에 사표를 내고 집에서 아이를 키우기 시작했어요.

첫해는 그럭저럭 지낼 만했어요. 하지만 세 돌쯤부터 아이가 얼마나 말을 안 듣는지 저도 '저기압' 상태에서 아이에게 자주 화를 내고 남편도 아이에게 신경질을 많이 부렸어요. 오죽하면 다섯 살 생일 때 아이의 소원이 "엄마는 화를 내지 않고 아빠는 신경질을 부리지 않게 해 주세요"였을까요(그때 생각을 하니 갑자기 눈물이 나네요). 아이의 생일은 줄곧 저희 부부와 아이만 함께 보냈어요.

저는 여전히 화를 잘 내요. 화를 내지 말아야지 다짐하지만 통제가 안 돼요. 마시면 '벙어리'가 되는 약이라도 있었으면 좋겠어요. 이 모든 것이 제 마음속에 있는 원망과 '운명은 불공평하다'라는 생각에서 비롯된 것을 알아요. 이러다가 아이 인생을 망치게 될까 봐 걱정이에요. 가족이 화목하면 모든 일이 잘 풀린다고 하는데, 저희 가족은 어떻게 하면 화목해질까요? 제가 할 수 있는 일이 있을까요?

 원망하는 마음을 내려놓아야 사랑할 수 있어요

어머님의 메일을 잘 읽었어요. 저를 진정한 친구로 생각해 주셔서 감사합니다. 속에 담아 둔 많은 사연과 아버지, 시어머니에서 비롯된 괴로움을 솔직하게 이야기해 주셔서 감사해요. 어머님은 두 분에게 충분한 관심과 사랑과 도움을 못 받은 것을 운명 탓으로 돌리고 있어요. '내가 운이 없어서 이런 무심한 사람들을 만났다' 생각하시죠. 어머님의 이러한 생각을 전 이해할 수 있어요.

하지만 그렇다고 어머님이 내린 결론에 동의하는 건 아니에요. 단도직입적으로 말씀드릴게요. 어머님의 결론은 잘못되었어요. 어머님이 저를 진정한 친구로 생각해 주셨으니 저도 어머님을 진정한 친구로 생각할게요. 진정한 친구의 가장 큰 특징은 진실함이에요. 진실하게 소통할 때 서로를 이해하고 도움을 주고받을 수 있으며, 가장 진실하고 지혜로운 결론을 얻을 수 있어요.

메일을 통해 본 어머님은 매우 자각적인 사람이에요. 어머님이 설명한 대로 마음속에 가득 들어차 있는 원망이 모든 문제를 일으키는 원인이에요. 어머님은 직감적으로 문제의 핵심을 찾으셨어요. 그러면 이제는 화려하게 변신하실 차례예요. 문제를 해결하면 괴로움은 서서히 줄어들 거예요.

어머님. '원망'은 무엇을 의미할까요? 기쁨, 걱정, 질투, 분노, 고통, 사랑 등의 각종 감정과 정서는 비슷한 감정과 정서를 가진 일을 끌어들이는 생명의 에너지예요. 이것이 우주의 기본 법칙인 끌어당김의 법칙이에요. 옛 사람들이 말한 '유유상종' 역시 같은 파동과 성질을 가진 것끼리 서로서로 모이는 끌어당김의 법칙을 설명해 주는 말이에요. 만약에 어머님이 날마다 누군가를 원망한다면 어떤 일을 끌어당기게 될까요?

어머님은 지혜로우셔서 이미 답을 아실 거예요. 사랑은 기쁨을 가져다주지만 원망은 고통을 불러요. 어머님은 계속 고통스럽기를 바라세요, 아니면 기쁘고 즐겁기를 바라세요? 보나마나 기쁘고 즐거운 생활을 원하실 거예요. 그렇지 않으면 제게 메일을 안 보내셨겠죠. 지금이라도 원망하는 마음을 내려놓으려면 어떻게 해야 할까요?

먼저 생각을 바꾸세요. 기존의 생각에서 벗어나세요. 미운 사람을 원망하며 에너지를 소모하지 마세요. 과거부터 지금까지의 모든 고민과 원망의 기억을 끊으세요. 모든 사람과 '절교'라는 것이 아니라 마음 깊은 곳으로부터 고민과 원망의 기억을 내려놓으시라는 거예요. 다시는 그들과 다투지 마시고, 다시는 그들의 행동에 개의치 마세요. 과거는 이미 지나갔어요. 그들을 너그럽게 용서하시되 다시는 그들이 어머님 인생에 영향을 주는 것을 허용하지 마세요. 그래야 어머님이 상처를 안 받아요. 그들이 또 한 번 어머님의 인생에 영향을 주는 것을 허용하면 원망이라는 감정이 다시 기승을 부리며 어머님을 괴롭힐 겁니다.

관용과 수용은 큰 용기가 필요한 일이에요. 높은 산처럼 넘기 어려울 수도 있지만 한 장의 종이처럼 쉽게 찢을 수도 있어요. 모든 것은 어머님의 의지에 달렸어요. 열심히 노력해서 그것을 한 장의 종이로 만들어 보세요. 만약 어려우면 아버지와 시어머니를 공기라고 생각하고 마음속에서 지우세요. 두 분의 힘에 휘둘리지 말고 서서히 어머님의 힘을 키워 상황을 장악하세요. 원망하는 마음을 내려놓으면 스스로 더 강해질 수 있어요.

하나만 더 말씀드릴게요. 솔직히 친정 부모님과 시부모님은 그 상황에서 할 수 있는 행동과 선택을 하셨어요. 용서 받지 못할 사악한 사람들이 아니라는 말이에요. 어머님은 자신의 지나친 기준으로 양가의 부모님을 평가하셨어요.

다음으로 오늘부터 새로운 활력 거리를 찾아보세요. 어머님이 좋아하는 사람과 일에 생명의 에너지를 쓰세요. 예를 들어 춤을 좋아하면 신나게 몸을 흔들며 즐거움을 만끽해 보세요. 예전에는 이런저런 이유로 좋아하는 일에 몰입할 수 없었을 거예요. 자신을 기쁘게 하는 일을 하세요. 즐거운 기분은 강력한 에너지라서 어머님이 좋아하는 사람과 일을 계속해서 생활 속에 불러들일 거예요. 자녀분에게 무언가를 가혹하게 요구하거나 화를 내는 일도 없어질 거고요.

자녀분을 많이 사랑해 주세요. 어머님은 어려서부터 사랑을 많이 못 받았고 성인이 된 지금도 '애정 결핍' 상태예요. 애정 결핍이 대물림되는 일이 있어서는 안 돼요. 엄마만이 누릴 수 있는 행복과 기쁨을 누리세요. 엄마로서 행복함을 느낄 수 있는 것에 기뻐하고, 자녀분이 건강하게 자라며 날마다 크고 작은 기쁨을 선물하는 것에 감사하세요.

스스로 많은 것을 가진 부자라는 사실을 알면 어떻게 감사해야 하는지, 가진 것을 어떻게 소중히 여겨야 하는지 알 수 있어요. 참, 우주에는 또 하나의 기본 법칙이 있어요. 바로 인과의 법칙이에요. "뿌린 대로 거둔다", "콩 심은 데 콩 나고 팥 심은 데 팥 난다"라는 말은 인과의 법칙을 잘 설명해 줘요. 행복을 수확하고 싶다면 사랑하는 자녀, 이웃, 친구, 동료에게 즐거움을 주세요. 돈을 벌고 싶으면 거리의 걸인이나 경제적으로 어려운 상황에 처한 사람들을 도와주세요. 인과의 법칙은 왜 영험할까요? 사람은 자신이 가진 것만 줄 수 있어요. 다른 사람에게 무엇을 주는 행위는 '나에게 이미 그것이 부족하지 않게 있다'를 의미해요. 스스로 풍족한 것을 알면 우주는 모든 에너지를 동원해서 풍족한 상태를 실현해요. "가는 말이 고우면 오는 말이 곱다", "다른 사람에게 장미를 선물하면 손에 장미향이 남는다" 등의 말은 모두 이 심오한 원리를 뒷받침해요. 이들 말은 너무 많이 인용되고 남용되어 아무도 의미를 주목하지 않지만, 두고두고 음미할 가치가 있어요.

어머님의 내면세계가 변하면 일상생활도 반드시 따라 변해요. 어머님이 경험하고 싶은 것을 경험하세요. 행복은 운명이 아니라 스스로 선택하는 것이에요. 삶의 상황은 내면세계가 거울에 비친 모습이에요. 어머님은 삶이라는 거울을 통해서 스스로 자신을 비추고 있어요. 거울 속의 어머님을 웃게 만들고 싶으면 먼저 웃으세요. 어머님이 누군가를 원망하면 거울 속의 어머님이 어떻게 웃을 수 있을까요? 어쩔 수 없는 운명은 없어요. 운명은 강물과 같아서 때로는 평화롭게 흐르고 때로는 굽이치기도 하지만 어머님이 사공이 되어 배를 저으면 스스로 운명을 지배할 수 있어요.

틈틈이 책을 읽으며 지혜로운 사람들을 만나세요. 즐거운 에너지를 가진 사람들과 교류하고 자신을 진실하게 대하고 좋은 생각을 많이 하세요. 이것이 지혜와 긍정의 에너지를 얻는 지름길이에요.

어머님의 가정이 더 즐겁고 화목해져 자녀분의 생일 소원이 이루어지기를 빌게요.

"사랑은 기쁨을 가져다주지만 원망은 고통을 불러요. 관용과 수용은 큰 용기와 의지가 필요한 일이에요. 하지만 원망하는 마음을 내려놓으면 더 강해질 수 있어요."

선생님, 이럴 땐 어쩌죠?

Q 아이가 손대는 물건은 다 망가져요

선생님 안녕하세요. 열 살인 큰아이는 또래 아이들이 가진 온갖 단점을 다 갖추고 있어요. 양치질은 2초면 끝이고, 숙제는 꼭 잘 시간이 되어서야 해요. 또 물건들과 원수를 진 걸까요? 물건이 멀쩡하면 안 되는 것처럼 만지는 족족 고장을 내요. 하다못해 이렇게 말하면 안 된다는 걸 알면서도 아이에게 "넌 좋은 물건을 가질 자격이 없어"라고 말했어요. 어떻게 하면 좋을까요?

A 지금까지 많은 부모님께 고민 상담 메일을 받았어요. 모두 크고

작은 문제를 가졌지만 메일에서 느껴지는 공통점은 자녀에 대한 사랑과 따뜻한 마음이었어요. 하지만 어머님의 짧은 메일에서는 온기가 느껴지지 않네요. 모든 내용이 냉정하고 객관적이에요. 찬바람이 횡부는 것처럼 마음이 시려요. 사랑하는 마음이 미움으로 변했다고 할까요? 어머님은 큰아이는 물론이고 큰아이와 관련된 모든 것을 미워하고 있군요.

그렇게 말하면 안 된다는 걸 이미 아시니 앞으로는 다르게 말해 보세요. 이제 겨우 열 살인 아이예요. 더욱이 원수가 아니라 어머님의 자식이라고 알려 드리면 냉혹함이 조금 누그러질까요?

좋은 부모가 되기는 쉽지 않아요. 자녀분을 소중하게 생각하세요. 자녀가 좋은 물건을 가질 자격이 있는지는 부모가 좋은 자질을 지녔는지에 달렸어요.

Q 우는 아이에게 화를 냈어요

울음을 그치지 않는 아이에게 그만 짜증을 못 참고 화를 냈어요. 혹시 아이에게 심리적인 영향이 있을까요? 아이는 27개월이에요. 어떻게 하면 좋을까요?

A 심리적인 영향이 있을 거예요. 앞으로는 화를 내지 말고 아이를 더 많이 사랑해 주세요. 우는 아이에게 "그만 울어!"라고 소리 질러도

소용이 없어요. 조금 더 인내하는 법을 배우세요.

Q 욕하고 때리지 않으면 말을 안 들어요

선생님. 아이를 욕하고 때리면 안 된다는 걸 알지만, 문제는 그렇게 하지 않으면 아이가 말을 안 듣는다는 거예요. 아이를 교육하면 꼭 마지막에는 화를 내게 되고, 그러면 또 화를 냈다는 사실에 스스로 실망해요. 어떻게 하면 좋은 부모가 될 수 있을까요?

A 아이를 욕하고 때리면 안 된다는 것을 알면서도 왜 그렇게 하시는 거죠? 그렇게 하는 것이 소용이 없다는 것을 알면서도 왜 멈추지 못할까요? 어머님은 왜 아이를 욕하고 때리는지, 또 어떻게 하면 욕하지 않고 안 때릴 수 있는지 알고 계세요. 감정적으로 반응하지 말고, 자녀분이 어머님께 좋은 부모가 될 수 있는 기회를 주었다고 생각하고 조금씩 노력하세요.

Q 제가 아이를 망쳤어요

초등학교 1학년인 아들이 너무 예민해요. 담임 선생님은 제 아이가 영리하고 인내력이 강하다고 칭찬하시지만 제가 너무 엄격하게 교육한 탓인지 늘 불안해하고 열등감이 심해요. 항상 잘못을 저지르면 남에게 떠넘기기 일쑤고 모든 일에 소극적이에요. 아들이 이렇게 된 것이 모두 제 탓인 것 같아요. 어떻게 하면 아들이 변할까요?

A 너무 많이 먹어서 뚱뚱해졌을 때 날씬해질 수 있는 방법은 뭘까요? 적게 먹는 것이에요. 그러면 문제가 생길 정도로 아이를 엄격하게 교육했을 때 문제의 상황을 해결할 수 있는 방법은 뭘까요? 더 이상 아이를 엄격하게 대하지 않고 너그러운 마음으로 이해해 주는 것이에요. 어머님은 여전히 '아이가 부족하기 때문에 엄격하게 대해야 한다'라고 생각하세요. '항상 잘못을 저지른다'라는 표현에서 아이를 '관용 따위는 베풀면 안 되는 말썽꾸러기'라고 생각하시는 것을 알 수 있어요. 아이를 '문제아'라고 생각하지 말고 '철이 조금 안 든 아이'라고 생각하세요. 아이가 긴장하지 않으면 문제는 저절로 해결돼요. 아이에게는 강력한 치유 능력이 있어요. 어머님이 더 이상 아이를 문제라고 생각하지 않는다면 아이가 차차 좋은 모습을 보여 줄 거예요.

Q 딸이 "용서해 주세요"라고 말해요

오늘 다섯 살 딸아이가 한 말을 듣고 깜짝 놀라고 말았어요. 저녁 식사를 한 뒤에 딸아이가 할머니와 함께 옆집 언니 집에 놀러 가려고 해서 제가 "밥 먹었으니 '응가' 하고 가자"라고 말했어요. 딸아이는 몰래 가려다가 제게 욕을 한 사발 듣고 억지로 대변을 보고 갔어요. 딸아이는 꼭 이런 식이에요. 누가 외출하면 어떡하든 자기도 끼어서 같이 나가려고 해요. 대변도 스스로 못 보고 꼭 제가 시키면 봐요. 이일로 몇 번이나 화를 냈는지 몰라요. 딸아이는 옆집 언니와 놀고 돌아온 뒤에 방에서 나오지 않았어요. 저와 말도 하지 않고 일부러 저를 피하는 것 같았어요. 딸아이를 씻기기 위해서 방에서 데리고 나왔을 때 딸아이가 갑자기 엉엉 울면서 말했어요.

"엄마. 잘못했어요. 용서해 주세요!"

용서해 달라니요. 이 말을 듣고 너무 괴로웠어요. 평소에 저를 얼마나 무섭게 생각했으면 이렇게 말했을까요? 아니면 밖에서 괴롭힘을 당해서 습관적으로 이렇게 말한 걸까요? 무엇이 문제인지 선생님이 알려 주셨으면 좋겠어요.

A 아이가 무서워서 용서해 달라는 말까지 했는데 여전히 본인의 문제점을 모르시네요. 어머님의 메일을 보면 어머님은 '나는 문제없다, 잘하고 있다'라고 생각하시는 것 같아요. 아이의 반응을 보고 어머님이 놀라신 것은 평소에 다른 엄마들이 자녀를 어떻게 대하는지 본 적이 없어서 그래요. 저는 아이를 직접 키워 봤고 지금까지 많은 부모님을 상담했어요. 이메일 내용을 바탕으로 평가한 어머님은 '융통성이 없고 엄격하고 이해심이 부족하고 자기는 뭐든지 옳다고 생각하는 사람'이에요. 거칠게 표현한 점을 용서해 주세요. 하지만 단도

직입적으로 어머님의 문제점을 지적할 필요가 있어서 그러는 거예요.

사실 아이가 왜 이렇게 말했는지 어머님은 이미 알고 계세요. 단지 직시하기 싫고 인정하기 싫은 것뿐이죠. 밖에서 아이를 따로 괴롭히는 사람은 없어요. 아이를 줄곧 괴롭힌 사람은 바로 엄마입니다. 그나마 어머님이 메일을 주셔서 다행이에요. 제 답장을 읽고 속상하셔도 꼭 심리 치료를 받아 보세요.

참고문헌

1. 陶行知, 『陶行知教育文集』, 四川教育出版社, 2005

2. 朱旭东, 『新比较教育』, 高等教育出版社, 2008

3. 인젠리, 『좋은 엄마가 좋은 선생님을 이긴다(공부 편)』, 김락준 역, 다산에듀, 2012

4. 인젠리, 『좋은 엄마가 좋은 선생님을 이긴다(인성 편)』, 김락준 역, 다산에듀, 2012

5. 尹建莉, 『最美的教育最简单』, 作家出版社, 2014

6. 존 듀이, 『민주주의와 교육』, 이홍우 역, 교육과학사, 2007

7. 에리히 프롬, 『자기를 위한 인간』, 강주헌 역, 나무생각, 2018

8. 데이비드 마이어스, 『사회심리학』, 이종택 역, 한올출판사, 2015

9. 장 자크 루소, 『에밀』, 이환 역, 돋을새김, 2015

10. 알렉산더 닐, 『서머힐』, 손정수 역, 산수야, 2014

11. 蒙台梭利, 『蒙台梭利幼儿教育科学方法』, 任代文, 人民教育出版社, 2001

12. 바실리 알렉산드로비치 수호믈린스키, 『선생님들에게 드리는 100가지 제안』, 수호믈린스키 교육사상연구회 역, 고인돌, 2010

13. 알프레드 아들러, 『심리학이란 무엇인가』, 김문성 역, 스타북스, 2011

14. 닐 도널드 월시, 『신이 말해 준 것』, 황하 역, 연금술사, 2015

15. 에인 랜드, 『이기심의 미덕』, 정명진 역, 부글북스, 2017

이럴 땐 이렇게 하세요!

아무리 평소에 자녀 교육에 관심을 갖고 여러 가지 공부를 해도, 막상 아이 문제를 맞닥뜨리면 어떻게 해결해야 할 지 모르는 엄마가 많아요. 표면적으로는 같은 문제처럼 보여도 상황에 따라 해결 방법은 다를 수 있거든요. 그래서 문제 상황에 따라 독자가 해결 방법을 편리하게 찾을 수 있도록 상황별 찾아보기를 제공합니다.

　문제 상황의 해결 방법은 각 주제 끝에 표기된 쪽수를 다시 살펴보면 되고, 그 문제 상황이 아이의 '학습'과 연관될 경우 『아이의 마음을 읽는 연습』 학습 편을 참조할 수 있도록 해당 쪽수를 표기했습니다.

이 책은 훌륭한 자녀 교육서다.
교육의 문제를 정면에서 바라보고 깊이 있게 사고했다.
독특한 교육관과 지혜가 빛나지만 무엇보다도 훌륭한 점은
곳곳에서 사랑을 느낄 수 있다는 사실이다.

– 첸리췬 (베이징대학교 교수)

아이와 엄마가 함께 행복해지는 감동 부모 수업

아이의 마음을 읽는 연습 관계 편

초판 1쇄 발생 2018년 11월 12일
초판 6쇄 발행 2022년 7월 21일

지은이 인젠리
옮긴이 김락준
펴낸이 김선식

경영총괄 김은영
책임편집 임소연 **디자인** 황정민 **책임마케터** 문서희
콘텐츠사업4팀장 임소연 **콘텐츠사업4팀** 황정민, 옥다애
편집관리팀 조세현, 백설희 **저작권팀** 한승빈, 김재원, 이슬
마케팅본부장 권장규 **마케팅4팀** 박태준, 문서희
미디어홍보본부장 정명찬 **홍보팀** 안지혜, 김민정, 오수미, 송현석
뉴미디어팀 허지호, 박지수, 임유나, 송희진, 홍수경 **디자인파트** 김은지, 이소영
재무관리팀 하미선, 윤이경, 김재경, 오지영, 안혜선
인사총무팀 김혜진, 황호준
제작관리팀 박상민, 최완규, 이지우, 김소영, 김진경, 양지환
물류관리팀 김형기, 김선진, 한유현, 민주홍, 전태환, 전태연, 양문현
외주스태프 표지일러스트 키큰나무 본문디자인 이인희 교정교열 임인선

펴낸곳 다산북스 **출판등록** 2005년 12월 23일 제313-2005-00277호
주소 경기도 파주시 회동길 490 다산북스 파주사옥 3층
전화 02-702-1724 **팩스** 02-703-2219 **이메일** dasanbooks@dasanbooks.com
홈페이지 www.dasanbooks.com **블로그** blog.naver.com/dasan_books
종이 (주)한솔피앤에스 **출력·제본** 갑우문화사

ISBN 979-11-306-1868-2 (14370)
        979-11-306-1967-5 (14370) (세트)

다산북스(DASANBOOKS)는 독자 여러분의 책에 관한 아이디어와 원고 투고를 기쁜 마음으로 기다리고 있습니다.
책 출간을 원하는 아이디어가 있으신 분은 다산북스 홈페이지 '원고투고'란으로 간단한 개요와 취지, 연락처 등을 보내주세요.
머뭇거리지 말고 문을 두드리세요.